조선이 뒤흔든 이순신의 바다

조선과 일본은 누구와 싸웠는가

조선이 뒤흔든
이순신의 바다

조선과 일본은 누구와 싸웠는가

최우열

채륜
CHAE RYUN

　나는 어려서부터 임진왜란에 대해 관심이 많아서 이와 관련된 서적을 많이 접했다. 그리고 그러한 여러 역사책에서 "왜군은 얼레빗이고 명군은 참빗"이라는 표현을 많이 보았다. 이 표현은 구원군으로 온 명군이 일본군 못지않게 아니 일본군보다도 더 큰 폐해를 조선에 끼쳤다는 점을 강조하기 위해 여러 차례 역사책에서 인용되었다. 한 권만이 아니라 여러 권의 역사책에서 그 내용을 발견한 나는 물론, 명군이 조선에 심각한 피해를 입혔다는 점만을 기억하게 되었다. 하지만 나중에 이 이야기의 원문 사료를 직접 읽어볼 기회가 있었는데 그것은 내가 그동안 생각했던 것과 크게 다른 것이었다. 명군과 일본군을 종류가 다른 빗으로 묘사한 그 내용은 유성룡의 문집인 『서애선생문집』 16권 '記癸巳冬司天使事계사년 겨울 사천사의 일을 기록함'에 나오는 내용이다.

　사건의 배경은 이러했다. 1593년 겨울에 영의정領議政 유성룡은 명나라 사신인 사헌司憲과 이런저런 이야기를 나누고 있었다. 그런데 갑자기 사헌이 "내가 들으니 조선 사람들이 왜적은 얼레빗梳子 같고 명나라 군사는 참빗篦子 같다고 말한다니 사실입니까?"라고 유성룡에게 질문했다. 그런데 유성룡은 그 기회를 이용하여 명군에 의한 피해가 심각하다는 이야기는 하지 않고 군대가 왕래하다 보면 민간인이 피해를 입는 것은 어쩔 수 없는 일이니 신경 쓰지 않아도 된다는 식으로 답했다.

이 내용을 직접 읽어보고 나서 나는 상당한 충격에 빠지게 되었다. 명나라 사신이 명군이 조선에 끼치는 폐해가 어느 정도냐고 물었을 때 유성룡이 별것 아니라는 식으로 대답한 것은 큰 충격이었다. 하지만 무엇보다도 이상했던 것은 내가 읽어본 그 역사책들에서는 "왜군은 얼레빗이고 명군은 참빗"이라는 말만 나와 있을 뿐, 이 말을 한 사람이 명나라 사신이고 유성룡이 그 질문을 받고도 별것 아니라는 식의 대답을 했다는 내용이 포함되어 있지 않았기 때문이었다.

나는 이것이 일종의 역사왜곡이라는 느낌을 지울 수 없었다. 그 역사책들은 명군이 조선에 입힌 피해를 강조했을 뿐, 이런 피해를 입으면서도 조선정부는 무대응으로 일관했다는 점을 생략해 버렸기 때문이다. 즉 밝히고 싶은 내용만을 알리고 한국인이 부끄러워하는 역사는 사장시켜버린 것이다. 그것도 그 유명한 유성룡이 한 말이니 더욱더 숨기고 싶었을 것이다.

그러면서 나는 일본의 역사왜곡을 생각해 보게 되었다. 일본이 "종군위안부는 없었다."고 주장하거나 한국과 중국에서 자행한 각종 학살을 저지르지 않았다는 역사왜곡을 저지르는 이유는 무엇 때문일까? 사실 일본이 역사왜곡을 하는 이유는 너무나 당연한 일일 수도 있다. 누가 자신의 할아버지나 증조할아버지가 조직적인 성폭행과 살인을 저질렀다는 점을 기꺼이 인정하고 싶을까? 설령 그것이 명확한 사실이라 할지라도 인정하고 싶지는 않을 것이다. 사람은 자신이 믿고 싶어 하는 말이나 주장에 귀를 기울이기 마련이고 이러한 태도는 결국 역사왜곡으로 이어진 것으로 보인다. 하지만 이런 믿음은 결국 거짓 믿음이며 현실을 인정하지 않는 비겁한 자기기만에 불과하다.

한국의 역사도 이러한 태도에서 자유로운 것일까? 역사학자들은 의식적으로나 무의식적으로 알려주고 싶은 사실은 부각시키고 부끄러운 역사는 감추고 있지는 않을까? 나는 앞의 사례 말고도 정말 많은 내용에서 그러한 태도를 보아 왔다. 한국사학계는 일본의 역사왜곡과 중국의 동북공정을 줄곧 비판해 왔다. 그것은 이들 국가들이 역사적 자료들을 자국에 유리한 방향으로, 아전인수 식으로 해석했기 때문이었다. 하지만 자신의 장점은 자랑하고 단점은 감추려고 하는 것이 인간의 본성이듯이 한국역사학자들도 자국의 역사를 미화하고 자신들의 견해에 부합되지 않는 자료는 무시하는 경향이 분명히 있다.

사실 역사를 자신들의 입맛에 맞게 재단하는 사례는 전 세계적으로 흔히 볼 수 있는 현상이며 그 배후에는 국가민족주의가 자리 잡고 있다. 역사의 연구에 있어서 국가민족주의는 양날의 칼과 같다. 국가민족주의의 순기능은 역사연구의 원동력이 된다는 점이다. 예를 들어 한국역사학계가 이순신 장군에 대해 관심을 갖고 연구하는 이유는 그가 한민족을 위해 특별한 공훈을 세운 위인이기 때문이다. 다른 나라 사람들이 이순신에 대해 한국 사람만큼 관심을 가지기는 어려운 일이다. 하지만 국가민족주의를 신봉하는 사람들이 역사를 탐구하는 것에는 분명한 목적이 있다. 바로 자신이 속한 국가와 민족이 훌륭하고 뛰어나다는 사실을 증명하는 도구로서 역사를 탐구한다. 그래서 앞서 언급한 대로 자신들에게 유리한 역사적 사실들은 전면에 드러내는 반면에 불리한 사료는 언급조차 하지 않으며 심지어 숨기려 하기도 한다. 즉 국가민족주의의 역기능은 역사왜곡을 일으킨다는 점이다.

'근대 역사학의 아버지'라 불리는 레오폴트 폰 랑케 Leopold von Ranke 는 역사란 무엇보다도 '사실'을 중요시해야 한다고 주장한 사람이다. 그래서 그는 자아를 소거해서라도 최대한 객관적인 정신에 입각해서 역사를 연구하려 했다. 랑케의 이러한 주장은 나중에 다른 역사학자들에게 비평의 대상이 되었다. 그들은 역사가가 아무리 노력한다고 해도 연구를 할 때 자신의 선입견이나 이해관계가 들어가기 마련이고 사료의 불완전성과 한계로 인해 진실을 정확히 알아내는 것이 불가능하다는 것이었다. 물론 랑케의 비판자들이 하는 말은 타당하다. 역사가가 아무리 노력한다 하더라도 과거에 일어난 일을 한 치의 빈틈없이 정확하게 알아내는 것은 불가능한 일이다. 하지만 이것을 핑계 삼아 역사를 자신의 입맛에 맞게 주관적으로 써서는 안 된다. 그러한 역사는 사실상 소설이나 다를 바가 없다. 비록 완전한 진실에 이르지 못한다고 하더라도 거기에 최대한 근접하기 위해 노력하는 것이 역사가의 일이라 믿는다.

임진왜란에 참전한 한국과 중국 그리고 일본 사람이 쓴 역사책은 아무래도 자국에 유리한 식으로 편파적으로 기록하기 쉽다. 남의 일이 아니기 때문이다. 그래서 나는 제3자적인 시각을 고수하기 위해 나 자신을 임진왜란과 전혀 관련이 없는 국가인 미국이나 프랑스 아니면 브라질 사람이라고 생각하고 책을 저술하기로 했다. 역사를 연구할 때 최소한의 객관적인 시각은 반드시 필요하다.

조선과 일본은 누구와 싸웠는가

또한 사람들이 이 한 가지 점을 인정해야 역사를 올바로 보는 시각이 생길 것이라 믿는다. 옛날의 선조들이 그 후손들이 생각했던 것만큼 완전하며 착하고 모든 점에서 모범이 되는 발자취를 남기지는 않았다는 점이다. 우리의 조상들은 좋은 일도 많이 했지만 실수와 착오를 전혀 저지르지 않았던 것도 아니었고 좋은 사람도 많았지만 나쁜 사람이 아주 없었던 것도 아니었다. 바로 지금 우리들의 모습처럼……..

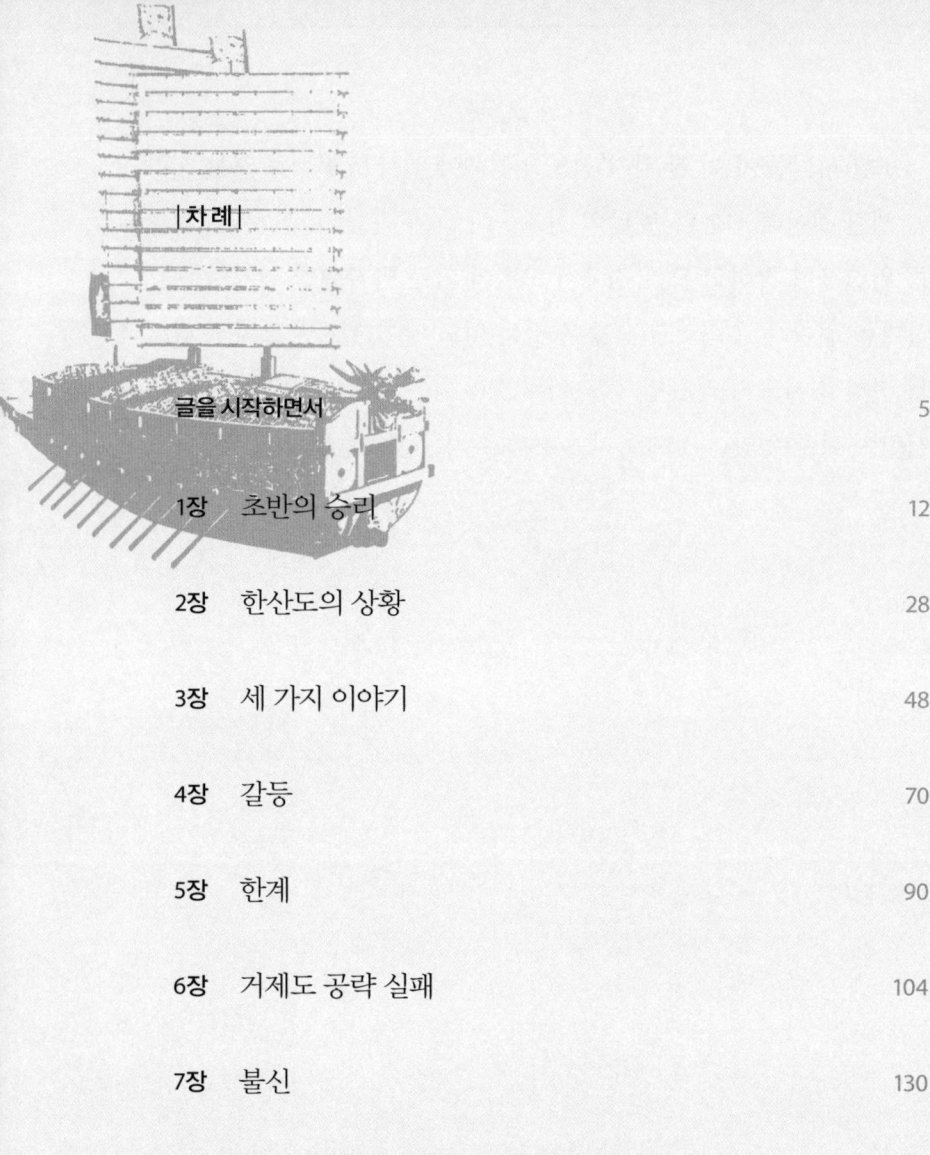

|차례|

1장
초반의 승리

임진왜란王辰倭亂은 1592년 4월 13일에 일본군 선단이 부산에 상륙하면서 시작되었다. 이후 전개된 일본군에 대적하여 벌인 육상전은 몇몇 예외적인 경우가 있기는 했지만 대체적으로 보자면 실패와 좌절의 연속이었다. 전쟁 초반의 전황은 정말 심각해서 조선에 침입한 일본군은 한 달도 지나지 않아 한양에 입성했다. 그동안 조정에서 보낸 관군은 번번이 그리고 너무나도 순식간에 패배했기 때문에 한양의 중신들이 합리적인 판단을 내리거나 후방에서 미처 태세를 정비할 시간조차 벌지 못했다. 이 광경을 본 당시 어느 한 관리는 "(일본군이) 승리한 기세를 타고 마구 달리는 모양이 마치 무인지경無人之境에 들어온 것 같다."고 묘사했다.[1]

이렇게 불리한 육상전의 상황과는 달리 해전에서는 너무나도 대조적인 상황이 벌어졌다. 이순신을 중심으로 하는 조선수군이 5월의 옥포해전에서부터 9월의 부산포해전에 이르기까지 일본수군에 연전연승을 거두었다. 그래서 많은 사람들이 이 전투들에 지대한 관심을 가졌고, 이에 고무된 역사가들은 초반의 해전에 대한 많은 연구자료와 서적을 출간했다. 그렇기 때문에 이 책에서는 수군이 초반에 어떻게 일본수군에 압승을 거둘 수 있는지에 대해 간단히 요약만 하고 넘어가기로 할 것이다.

조선수군의 발전에 대해 설명하려면 고려시대 후기 이후로 빈발한 왜구倭寇의 침입을 짚고 넘어가야 한다. 특히 고려말기 40년 동안의 상황은 매우 심각해서 무려 470여 회나 침입했다. 적선의 규모도 적지 않아서 적게는 20척에서 많게는 100척에 이르거나[2] 때에 따라서는 500여 척에 이르는 경우도 있었다. 왜구는 주로 무방비 상태의 해안지역에 상륙하여 곡식과 재물을 강탈하거나 사람들을 잡아 노예로 삼았다. 대담하게도 내륙 깊숙한 곳까지 들어가 약탈을 자행하기도 했다. 세미税米를 운반하는 조선漕船과 이것을 보관하던 조창漕倉도 이들의 주요 약탈목표였는데, 거듭되는 공격으로 조운로를 바꾸고 조창을 다른 지역으로 옮긴 경우도 있었다. 고려정부는 이에 대한 대응으로 수군을 대대적으로 확충하고 전함을 적극적으로 건조했다. 군사조직의 변화도 있어서 수군만호水軍萬戶, 수군천호水軍千戶, 영선두목領船頭目 등의 수군 관제들이 생겨나기도 했다.[3] 조선시대에 이르러서도 수군의 발전은 계속해서 이어졌는데 그 이유는 그 침구 횟수가 줄어들기는 했지만 왜구의 침입이 꾸준히 지속되었기 때문이다. 고려시대까지 육군과 수군의 구분이 명확하지 않았으며 육군지휘관이 수군지휘관을 겸하는 경우가 많았지만 조선초기부터 수군은 육군에서 벗어나 완전히 독립된 체계를 갖추기 시작했다.[4] 그러므로 임진왜란 당시 일본수군이 조선수군에 연달아 격파당했던 이유는 역설적이게도 그들의 선조들인 왜구가 조선이 수군을 강화하도록 촉진시켰기 때문이었다.

고려시대에 최초로 화약제조법을 터득한 최무선崔茂宣이 1377년에 화통도감火㷁都監을 설치하여 각종 화기를 생산했던 것도 모두 왜구에 대항하기 위해서였다. 최무선이 제작한 화포는 1580년 진포해전鎭浦海戰에서 처음으로 사용되었는데, 겨우 100척의 고려전함들이 500여 척에 달하는 왜구선단을 화포로 불태우는 성과를 올렸다. 이것은 해상전투의 신기원을 여는 획기적인 사건이었다. 그리고 어떤 국가가 화약무기를 처음으로 개발하고 나서 육상전보다 해상전에서 화기를 처음 사용한, 아마도 세계적으로 최초의 사례일 것이다. 이것은 당시 왜구의 문제가 얼마나 심각했는지 보여주는 단적인 예이다.

화기의 발전은 조선시대에도 이어져서 이순신이 활약할 시기에는 천자문의 순서에 따라 천지현황天地玄黃으로 구분하여 총통을 표준화하여 분류했다. 가장 큰 천자총통天字銃筒은 무게가 약 300kg 정도였고 기록에 의하면 약 56근짜리 대장군전大將軍箭이라는 봉화살을 900보까지 쏠 수 있었다고 한다. 하지만 이순신 함대가 주로 사용한 화포는 이보다 가벼운 지자총통地字銃筒과 현자총통玄字銃筒이었다. 발사물은 커다란 봉화살 또는 작은 철환들이었다. 이외에도 커다란 포탄을 쏠 수 있게 설계된 완구碗口라는 화포와 신기전神機箭이라는 로켓무기도 있었다. 조선의 장거리 화기의 발달과 이를 이용한 전술은 이순신이 일본수군을 연속적으로 격파할 수 있도록 하는 가장 중요한 요소가 되었다.

이순신의 연승 요인들 중에는 조선수군의 주력전함인 판옥선板屋船의 뛰어난 성능도 빼놓을 수 없다. 판옥선을 개발하게 된 직접적인 배경은 1555년에 발생한 을묘왜변乙卯倭變으로 다시 왜구의 침입에 대한 위기감이 고조되었기 때문이었다. 판옥선은 기존 배의 선체에 상장上粧을 올린 것이었는데, 이것은 이 배에 많은 이점을 제공해 주었다. 먼저 전체적으로 배가 높아져서 병사들은 높은 곳에서 내려다보며 사격할 수 있었지만 적은 배에 침입하기가 더 어려워졌다. 또 비전투원인 노군櫓軍과 전투원을 나누어서 노군은 안전한 상장 안에 배치하여 노젓기에 전념하고 전투원들은 상갑판에서 싸움에 임하도록 했다.[5] 그리고 배가 전체적으로 커짐으로 더 많은 병력과 무기의 탑재가 가능해졌다. 판옥선 말고도 협선狹船과 사후선伺候船이라는 배도 있었지만 크기가 작아서 독자적인 전투능력은 없었고, 판옥선의 부속선으로 사용

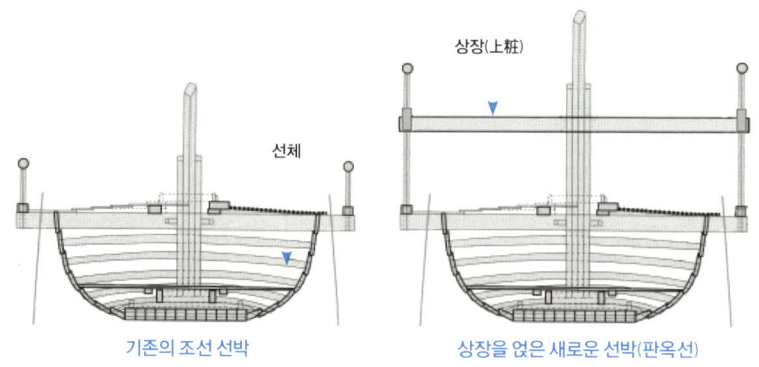

선체

상장(上粧)

기존의 조선 선박

상장을 얹은 새로운 선박(판옥선)

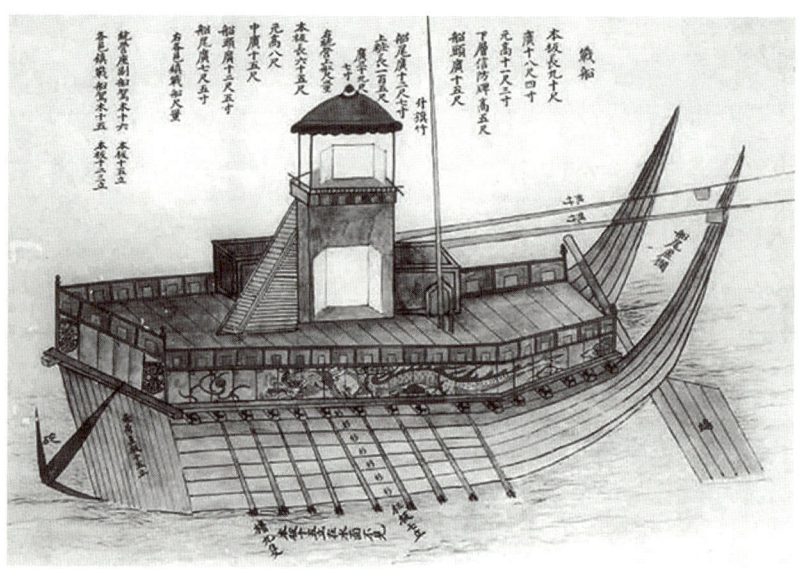

조선의 주력선 판옥선의 모습 (출처: 각선도본 各船圖本)

되거나 정찰 임무를 수행하는 정도의 배였다.[6]

　일본수군의 군선은 크게 대형선 아다케부네 安宅船, 중형선 세키부네 關船, 소형선 고바야 小早로 나뉘었는데, 이것은 이순신이 일본함정을 구

조선과 일본은 누구와 싸웠는가

분할 때 대선大船, 중선中船, 소선小船으로 구분했던 것과 일치한다. 아다케부네는 판옥선과 비슷한 크기의 전함이었지만 주력전함은 아니었다. 일본수군의 주요 전력인 세키부네는 아다케부네와 구조가 비슷했지만 크기가 더 작았다. 일본전함이 조선전함에 비해 전체적으로 크기가 작았던 결점을 비롯해 그 외에서 많은 결점이 있었다.

신숙주申叔舟는 세종世宗때부터 성종成宗때까지 조정에서 봉직한 다재다능한 재능을 가진 신료로, 일본에 사신으로 다녀온 적도 있었다. 이때 그는 조선선박과 일본선박을 비교할 기회가 있었다. 신숙주는 일본선박의 단점들을 다음과 같이 지적했다.

경연經筵에 나아가서 강講을 마치자 영사領事 신숙주가 아뢰기를,
"이제 전교傳敎를 듣건대, 왜인倭人 진성행秦盛幸의 말에 따라 왜선倭船의 체제體制를 모방하여 병선兵船을 만들어서 쓸 만한지를 시험한다고 합니다. 예전 세종조世宗朝에 왜인 등구랑藤九郞에게 호군직護軍職을 제수하고 병선을 감독하여 만들게 하였으나, 공역功役과 비용이 배 이상 댓갑절 들었는데, 판자板子가 얇아서 쉽게 부서져 마침내 시행되지 못하였습니다. 세조조世祖朝에는 유자광柳子光을 삼포三浦에 보내어 왜인倭人의 선장船匠으로 하여금 배를 만들게 하였으나, 또한 마치지 못하고 파罷하였습니다. 신이 왜선倭船을 관찰하니 판자가 매우 얇고 쇠못을 많이 쓴 데다가 몸체는 좁고 배 속은 깊으며 양끝은 뾰족하므로, 왕래하는 데에는 경쾌輕快하고 편便하지만, 동요動搖하면 못구멍釘穴이 차츰차츰 넓어져 물이 새게 되어 쉽게 부패腐敗합니다. 우리나라의 병선兵船은 몸체가 비록 무겁고 크나 나무못木釘은 젖으면 더욱 단단하게 되므로, 견고하고 튼튼하여 10년

은 쓸 수 있습니다. 또 병법兵法에 '높은 곳에 있는 자가 승리한다.'고 하였
는데, 우리나라의 병선은 왜선倭船에 비하여 3분의 1이나 높으므로 싸움
에 유리합니다. 지난번 신이 사명使命을 받들고 일본日本에 갔을 때 갑자
기 적선賊船을 만났는데, 즉시 싸울 준비를 하여 돛을 달고서 간 지 불과
수리數里도 못되어 적선이 모두 따라 오지 못하였습니다. 이는 우리나라
의 병선이 빠르게 간다고 하는 증거입니다."

성종실록, 4년 12월 26일 2번째 기사

신숙주의 말에 따르면 일본선박은 얇은 판재를 쓰고 또한 쇠못을
박아 판자를 연결했는데, 배가 움직일 때마다 못구멍이 차츰 넓어져
서 물이 새거나 부패하기 쉬웠다고 되어 있다. 그래서 일본선박은 가
볍고 왕래하기에는 좋지만 약하고 부서지기 쉬웠다. 이에 비해 조선선
박은 두꺼운 판자를 쓰고 쇠못이 아닌 나무못을 썼는데, 참나무로 된
나무못은 물에 닿게 되면 팽창하게 되어 결합부위를 더 단단하게 만
드는 이점이 있었다.[7] 그래서 조선선박은 무겁고 둔하기는 하지만 튼
튼하게 건조되었다. 신숙주가 이 발언을 한 시기는 1473년으로 전쟁이
발발한 1592년과 119년이나 차이가 나지만, 임진왜란의 시기에도 일
본선박은 여전히 이전의 약점을 극복하지 못했다. 이러한 점은 유성룡
이 이순신의 의견을 빌려 다음과 같이 말한 내용을 통해 알 수 있다.

대체로 왜적이 해전에 익숙하지 못한 것이 아니라, 다만 그들의 배가 멀
리서 왔고 선제船制가 견고하고 장대壯大하지 못하여 그 위에 대포를 안치
할 수 없어서 우리나라 배에 제압된 것입니다. 지금 왜적이 오랫동안 제

목이 많은 거제巨濟에 있으니, 만일 우리나라의 선제를 따라 판옥선板屋船
을 많이 만들어 포를 싣고 나온다면 대적하기 역시 어려울 것입니다.

선조실록, 28년 3월 18일

　대포를 발사할 때에는 강한 반동이 생기는데 배에서 화포를 쏘려
면 이 반동을 견뎌낼 정도로 선박이 강하지 않으면 안 된다. 위의 기록
은 당시 일본함선의 내구력에 여전히 문제가 있었으며 그로 인해 배에
서 화포를 쏘지 못하는 지경에 이르렀음을 설명하고 있다. 그래서 일
본수군은 배의 들보에다 포를 매달아 놓고 화포를 쏘기도 했다. 게다
가 당시에 일본은 조총鳥銃과 같은 소형화기의 생산은 가능했지만 대
포를 제조하는 기술은 없어서 서양에서 전량 수입했으며 에도시대江
戶時代에 들어서야 포를 자체 생산할 수 있었다.[8] 그래서 일본수군은 대
포를 이용한 포격전술을 할 수가 없었다.

　조선수군은 많은 장점을 갖고 있었지만 전쟁이 발발한 초기의 상
황은 그다지 녹록지 않았다. 일본함대가 부산에 도착했을 때 경상좌
도수군절도사慶尙左道水軍節度使: 이하 경상좌수사 박홍朴泓은 그 누구보다도 적군
을 막을 책임이 있었지만 싸워보지도 않고 도망쳤고, 그로 인해 남은
수군 장병들은 제대로 된 저항도 못하고 도주하거나 적군에게 제압당
했다.[9] 경상우도수군절도사慶尙右道水軍節度使: 이하 경상우수사 원균元均도 감히
일본군을 공격할 생각도 못하고 함선 대부분을 물에 침몰시켰다. 하
지만 원균이 이순신에게 보낸 공문에서 그는 해전을 벌여 적선 10척
을 불태웠다고 주장했다.[10] 전함들을 모두 자침시켰든 교전 중에 격침
당했든 어쨌든 간에 전함 대부분을 잃은 원균은 육지로 피하려 했지

만 휘하 장수인 옥포만호玉浦萬戶 이운룡李雲龍이 이에 항거하며 전라수군의 도움을 청해야 한다고 했고, 원균은 그의 계책에 따라 전라좌도수군절도사全羅左道水軍節度使·이하 전라좌수사 이순신에게 구원을 요청했다.

　경상좌·우도수군이 전투 불능에 빠져 일본수군을 토벌할 임무가 이순신에게 넘어간 상황에서 그는 의외로 출진을 상당히 망설였다. 이순신이 처음에 출격할 당시 전라좌수군의 함대는 판옥선 24척, 협선 15척, 포작선鮑作船 46척으로 구성되어 있었고 나중에 합류하게 되는 경상우수군은 판옥선 4척, 협선 2척이 전부였다. 즉 당시 수백 척에 이른다는 일본수군을 상대하기 위한 조선수군의 전력은 판옥선 28척, 협선 17척, 포작선 46척이 전부였으며 이중에 판옥선 28척을 제외한 나머지 배들은 실질적인 전투력이 거의 없었다. 하지만 이순신은 이후로 4차례에 달하는 출전을 감행하여 10여 차례의 크고 작은 전투를 모두 승리로 이끌었다.

　이순신이 계속해서 성공을 거두었던 요소 중에는 조선수군이 이전부터 가지고 있던 장점인 독자적인 지휘체계, 장거리 화기, 강력한 신형 군함 등의 덕을 많이 보았다. 하지만 이순신의 탁월한 지휘능력과 전술능력 또한 무시할 수 없다. 잘 알려져 있지 않은 사실이지만 이순신은 조선군의 수적인 우세를 무척 중시했다. 뒤에서 더 확실히 다룰 내용이지만 원균이 이순신에게 참전을 요청했을 때 그는 한참 동안 원균을 돕는 것을 망설였는데, 그 가장 큰 이유는 오기로 한 전라우도수군절도사全羅右道水軍節度使·이하 전라우수사 이억기李億祺의 병력과 합류가 늦어졌기 때문이었다. 그래서 1차 출전을 나서기 직전에 이억기에게 빨리 오라는 공문을 보냈다. 이순신이 46척이나 되는 포작선, 즉 어선과 같이 출정한 것도 아군이 수적으로 많아 보이게 하도록 하기 위한 묘안이었을 것이다. 1차 출전에서 일본수군이 생각보다 약체라는 점이 드러나자 2차 출전 이후부터는 다시는 함대에 어선을 포함시키지 않았다. 2차 출전 때에도 이순신은 이억기가 6월 3일까지 전라좌수영으로 도착하고 나서 출정하려 했지만 일본수군의 동향이 심상치 않음을 보고 더 이른 5월 27일에 출발했다. 하지만 출발 전에 이억기에 사유를 갖춘 공문을 보냈다.[11] 이순신은 사천四川과 당포唐浦에서 일본수군을 격파했지만 또 다른 일본수군 정박지인 고성固城으로 진격하는 것을 꺼려했다. 이순신은 그 이유를 6월 3일자 일기에 "우리 병사의 형세가 외롭고 약하기 때문"이라고 적었다. 하지만 그날 밤에 이억기의 함대가 거의 도착했다는 소식을 들었다.[12] 다음 날인 4일에 드디어 이억기와 합류한 이순신은 바로 다음 날인 5일에 고성 당항포唐項浦의 일본함대를 공격해 대승을 거두었다.[13] 이순신이 "우리 병사의 형세가 외롭고 약하기 때문"이라는 뜻에는 분명히 아군의 수적 열세가 포함되어 있었을 것이다.

사실 군지휘관이 아군과 적군 병력의 수적인 차이에 너무 신경을 쓰는 것도 문제지만 그렇다고 전혀 신경을 쓰지 않는 것은 지나친 무모함이라 할 수 있다. 1592년에 벌어진 해전을 종합적으로 살펴보면 의외로 조선수군의 병력이 일본수군보다 우세한 경우가 더 많았으며 일본수군이 더 많은 경우라도 두 배 이상 차이 나는 경우는 없었다. 그래서 일단 작전이 전개되면 이순신은 신속하고도 결정적인 승리를 거두었다.

유일한 예외가 9월 부산포해전에서 470여 척에 달하는 적선과 마주친 것이다. 하지만 조선에 주둔한 일본군에게 필요한 군수물자를 실어 나르기 위해서는 수많은 화물선들이 일본과 부산을 왕래해야 했을 것이라는 점을 고려해 볼 때, 부산에 정박한 470여 척의 배들이 모두 전함이라고 보기는 어려운 일이다. 게다가 부산포해전 이전에 한산도閑山島해전의 패배로 히데요시는 자국 수군에 해전을 금지하라는 명령을 하달한 상황이었다. 그래서 부산의 일본군은 육지에서 화포와 조총을 쏘아댔을 뿐 감히 배를 타고 나와서 조선수군에 도전하려 하지 않았다. 이런 상황에서는 일본선박이 아무리 많더라도 조선수군에 아무런 위협요소가 되지 못했다. 오히려 부산에 정박한 빈 배들은 이순신의 손쉬운 먹잇감으로 전락했다. 이 해전에서 조선수군은 100여 척에 달하는 일본선박을 격침시켰다.[14]

이순신이 즐겨 쓴 또 다른 전술은 기만전술이었다. 이순신이 쓴 기만전술은 일단 공격을 했다가 일부러 후퇴하는 방식이었는데, 이때 일본수군은 자신들이 우세하다는 착각에 빠지게 되어 방어적인 태세를 풀고 진격하려 하거나 아니면 그 틈을 이용해 배를 타고 도망치려 한다. 그 순간 이순신은 다시 방향을 돌려서 일본수군에 통렬한 타격을 가하곤 했는데, 아주 효과가 좋았다.

이순신은 정찰활동과 같은 기본전술도 소홀히 하지 않았다. 옛날도 그리고 지금도 마찬가지지만 전쟁 시에 적군이 아군을 포착하기 전에 먼저 적군의 위치를 알아내는 것은 아주 중요한 일이다. 조선수군은 언제나 일본수군을 먼저 발견했는데, 이 사실은 항상 조선수군의 선제공격으로 시작되었지 일본수군의 선제공격으로 시작된 전투는 단 한 번도 없었다는 점에서 잘 드러난다. 당시 전투는 처음의 기세가 무척 중요했기 때문에 싸움이 벌어졌을 때 선수를 빼앗느냐 빼앗기느냐는 승패를 판가름 내는 중요한 요인이었다. 조선수군이 일본수군에 비해 정찰활동이 앞섰던 것에는 전쟁이 자국에서 벌어졌기 때문에 지리에 익숙했던 데다가 자국 주민에게 일본군에 대한 정보를 얻기 쉬웠던 반면에, 일본수군은 처음 들어온 낯선 지형에서 작전을 수행했을 뿐 아니라 자신들을 적대시하는 현지 주민들에게서 정보를 얻는 것도 쉬운 일은 아니었을 것이다. 하지만 이순신이 정찰활동을 중시했던 것도 무시할 수 없다. 실제로 실전경험이 없었던 조선 육군지휘관 상당수가 이러한 기본적인 전술도 시행하지 않아 패배한 경우가 적지 않았다.

이순신이 연승을 거둔 요인 중에는 일본의 준비부족과 실책 또한 무시할 수 없다. 당시 대륙침공을 계획한 일본의 실질적인 통치자였던 도요토미 히데요시豊臣秀吉는 육군의 조직에 심혈을 기울였다. 육군은 15만으로 총 9개의 군으로 구성되었으며 치밀한 구상 아래 육군을 조직했다. 그에 비해 개전 초기 일본수군은 침공 전진기지인 나고야名護屋와 부산 사이를 왕래하는 운송선 역할과 운송선을 호송하는 임무 이외에는 다른 것이 없었다.[15] 나중에야 구키 요시타카九鬼嘉隆, 와키자카 야스하루脇坂安治, 도도 다카토라藤堂高虎 등의 장수 휘하의 9,200명 또는 9,450명의 병력으로 수군을 조직했다. 하지만 이것은 1592년 7월에서 1593년 사이의 상황이 반영된 것으로 이미 조선수군으로 인한 피해가 상당히 누적된 상태였다.[16]

조선수군에는 또 다른 비밀병기인 귀선龜船 즉 거북선이 있었다. 거북선은 태종 13년(1413)에 사료상 처음으로 잠깐 등장했다.[17] 하지만 거의 190년 가까이 자취를 감췄다가 『난중일기』에서 다시 모습을 드러냈다. 일기에 의하면 1592년 2월 8일에 거북선의 돛에 쓸 범포帆布를 얻었다는 내용과 같은 해 3월 27일과 4월 12일에 거북선에서 포격연습을 했다는 내용이 있는데, 이를 통해 임진왜란이 터지기 직전에 거북선을 거의 완성했음을 알 수 있다. 그러면 이순신은 왜 오랫동안 잊었던 전함을 다시 만들 결심을 했을까? 그 이유를 알기 위해서는 먼저 거북선의 특징을 잘 살펴보아야 한다.

거북선의 가장 큰 외형적인 특징은 잘 알려진 것처럼 갑판 위에 덮인 나무 장갑裝甲이다. 그리고 그 위에 얇은 철판을 깔고 뾰족한 송곳을 꽂아서 거북선으로 들어오려는 적군이 발붙일 곳이 없도록 만들었다. 그리고 선수부에 용머리를 달았는데 입으로 현자총통을 발사하도록 설계되었다.[18] 용머리에 대포를 쏘게 만든 것은 적함정에 타격을 줄 목적도 있었겠지만 마치 불을 뿜는 용을 연상시키게 하여 적군에 심리적인 타격을 가하는 것도 분명히 염두에 두었을 것이다.

거북선의 역할은 돌격선으로 가장 최전방에서 적군을 상대하는 것이었다. 거북선에 장착된 송곳 꽂힌 장갑이 적군의 침입을 저지함으로써 그것이 가능했는데 거북선을 지휘하는 장수의 명칭 또한 귀선돌격장龜船突擊將이었다. 거북선이 가장 앞서서 적함대에 타격을 가하고 적을 혼란에 빠뜨려서 발을 묶어두면, 후방의 전함들은 여유 있는 상태로 포격을 가했다. 만약 판옥선과 같은 일반 전선이 돌격역할을 수행했다면 일본수군의 백병전에 노출될 위험이 컸을 것이다.

하지만 거북선의 방호력이 그렇게 완벽한 것은 아니었다. 실제로 일반 판옥선에 비해 거북선에서 사상자가 더 많이 발생했다.[19] 거북선은

　조선과 일본은 누구와 싸웠는가

그 구조상 백병전에 피해를 입을 확률이 거의 없었을 것이라는 점을 비춰볼 때 사상자는 모두 일본군의 총포 사격에 의한 피해였을 것이다. 게다가 당시 일본전함은 대포를 탑재하지 않았고 조총과 같은 개인화기만 있었던 상황에서 거북선에 탑승한 선원들이 피해를 입었다면 거북선의 장갑과 선체도 아주 근거리에서는 조총에 뚫렸음을 의미한다. 이 정도 방호력으로는 대포에 의한 포격을 막아내기에는 역부족이었을 것이다. 거북선은 어디까지나 일본수군의 백병전을 막아내기 위해 만든 것이었다. 만약 일본수군이 함포전 위주의 전법을 구사했다면 거북선을 굳이 만들 필요는 없었을 것이다.

이순신은 수군의 여러 무기와 전함들을 이용해서 전투에서 하나의 패턴을 형성시켰다. 그는 선조宣祖에게 해전에서 승리한 과정을 대체로 이렇게 묘사했다.

거북선이 먼저 돌진하고 판옥선이 뒤따라 진격하면서 연이어 지·현자 총통을 쏘고 또 따라서 포환과 시석을 빗발치듯 우박 퍼붓듯 하면 적의 사기가 이미 꺾이어 물에 빠져 죽기에 바쁘니 이것은 해전의 쉬운 점입니다.

이충무공전서 상권, 197쪽

이순신의 설명처럼 먼저 돌격선인 거북선이 가장 먼저 나아가 공격해서 적의 진격을 막는다. 그리고 나머지 판옥선 본대는 뒤에서 포격을 가해서 적함대에 치명타를 가하는 방식으로 해전이 진행되었다. 즉 조선수군은 장거리 포격전을 중심으로 전술을 운용했다. 물론 조선수군도 판옥선의 튼튼한 선체로 적선을 들이받는 당파撞破공격과 같은 근거리 공격을 가하는 경우가 있었다. 하지만 당파전술을 가하기 위해 적선에 접근하는 것은 백병전에 능한 일본군에게 오히려 역습을 당할 위험이 컸다. 일본함대에 일단 포격을 가해서 적의 전열을 흐트러뜨리고 심각한 타격을 가한 이후거나, 적보다 압도적으로 병력이 많은 경우가 아니고서야 당파전술을 시행하는 것은 너무 위험한 일이었다.

이순신 장군이 이끄는 조선수군의 활약으로 인해 바다를 통한 일본의 보급선은 위협을 받았고 이 일로 인해 히데요시가 대륙침공의 꿈을 재고하지 않을 수 없게 만들었다. 그리고 강력한 적과의 싸움에서 힘겨워하던 조선의 관원들과 백성들에게 있어 이순신의 연승은 일본을 상대로 최종적인 군사적 승리가 불가능하지만은 않다는 희망을 품도록 했다.

하지만 일본의 전술변화로 인해 임진년의 성공은 계속 이어지기에는 한계가 있었다. 그리고 서전의 화려한 성공으로 인해 오히려 이순신에게 비난의 화살이 날아오게 되었다.

2장
한산도의 상황

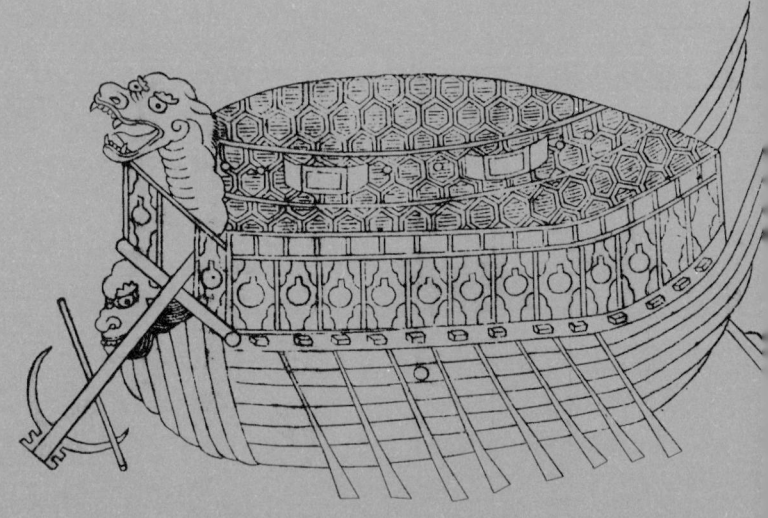

삼도수군의 본영이었던 한산도와 인근 섬들에는 수군과 관련된 많은 지명들이 아직까지 남아 있다. 한산도 인근에는 대섬이라는 작은 섬이 있는데 화살에 쓸 대나무를 재배하였기 때문에 붙여진 지명이었다. 그 외에도 식용소금을 제조하던 염개, 숯과 기타연료를 제조하던 숯덩이골, 수군에서 필요한 질그릇을 생산했다는 뜻의 독안바위, 군기를 제작하는 곳이었다는 야소, 수군의 군복을 제작했던 옷바위 등이 있다. 이러한 지명들이 지어진 이유는 기본적으로 군대라는 조직이 지닌 자급자족적인 특성에 비춰보면 당연한 일이지만, 한산도와 같이 외진 섬에서는 이러한 시설들을 설치하지 않을 수 없었을 것이라고 추측해 볼 수 있다.

그 당시 전라좌수영과 전라우수영은 각각 오늘날의 여수麗水와 해남海南에 있었다. 이들 지역은 일본군 점령지역인 경상좌도의 연해지방과 먼 거리에 있었기 때문에 비교적 가까운 경상우수영의 통영統營을 제외하고는 적수군의 움직임에 즉각 대처하기 어려웠다. 각 도 군사들의 연합작전이 중요한 때에 각 진포에서 수영으로 병선을 모으고, 이 배들을 이끌고 다시 각 도의 수군절도사들이 어디에서 만날 약속을 하여 연합한 후에야 출전하는 방식으로 이루어졌기 때문이다. 그중 가장 합류가 불안정했던 함대는 제일 거리가 먼 이억기의 전라우수군이었다. 하지만 전라우수군은 당시 가장 많은 병력을 보유하고 있었기 때문에 이들과 합류하지 않고 전투를 벌이기는 힘든 일이었다. 1593년 2월에 웅포熊浦를 공격하기 위해 모일 때에도 이억기 군의 도착이 늦어져서 원균이 먼저 떠나겠다는 것을 이순신이 말린 적도 있었다.[1] 적이 언제 공격할지 모르는 상황에서 다른 진영의 병력이 올 때까지 목이 빠지도록 기다리는 경우가 자주 벌어졌고 이로 인해 군대 전체의 작전과 사기에 좋지 않은 영향을 주었다. 이순신은 각각의 함대를 하나의 진에 모아서 주둔할 필요가 있다는 사실을 점차 느끼게 되었고, 1593년 7월 중순경 한산도에 합동 수군기지를 설치하였다.

부산과 안골포安骨浦 등지의 일본수군이 거제도 이서지역으로 진출하기 위해 선택할 수 있는 해로는 2개였는데, 첫 번째는 해안선을 따라가다가 통영과 거제도 사이의 좁은 해협인 견내량見乃梁을 통과해서 진출하는 길이 있고, 또 다른 길은 거제도 외양外洋을 통하는 길인데 이 해로는 견내량을 통과하는 길보다는 비교적 외진 길이었다. 한산도는 전략적 요충통로인 견내량의 출구에 위치하고 있어서 일본수군의 침입에 즉각 대처할 수 있었고, 거제도 외양길과도 가까워서 혹시 그 길로 침입하더라도 효과적으로 요격할 수 있었다.[2] 또한 이 섬에는 넓은 해변이 있어서 많은 배를 정박시킬 수 있었고 높은 산도 있어서 밖에서는 배를 볼 수 없는 지형으로 이루어진 곳이었다.[3]

마지막으로 한산도는 섬이라는 이유 자체만으로도 기지로 선택되었을 것이다. 당시 일본육군은 원래의 점령지 대부분을 내주고 퇴각했지만 여전히 막강한 군사력을 보유하고 있었다. 대표적인 예가 2차 진주성전투였다. 1차 진주성전투에서의 패배를 설욕하기 위해서 일본군은 93,000여 명에 달하는 대규모 병력으로 진주성을 함락시키고 군사와 주민 모두를 도륙했다. 만일 육지에서 진입이 가능한 해안에 수군기지를 설치했다면 일본육군의 공격에 노출될 수 있었다. 이순신은 이후에 해군기지를 여러 차례 옮겼는데 그때마다 본진을 섬에 건설한 것은 우연한 일이 아니었을 것이다.

조선과 일본은 누구와 싸웠는가

한산도는 전략적 요충지였지만 다른 지방에서 입방하러 오는 수군에게는 악몽 같은 곳이었다. 복무기한을 채운 병사들이 집으로 귀환할 때 한산도와 거리가 가까운 경상우수군과 전라좌수군은 별 불편이 없었지만 거리가 먼 전라우수군의 군사들은 전라우도와 한산도를 왕복하는 데 걸리는 기간이 걸핏하면 1개월이 넘었다.[4] 나중에 전라우도보다 거리가 더 먼 지역인 충청도에서 한산도에 입방하기 위해 오가는 군사들은 이보다 더 오랜 시간을 허비해야 했을 것이다.

수군을 한산도로 모아 합친 지 얼마 되지 않아서 조정에서는 해당지역 수군절도사의 지휘권도 통일해야 한다는 의견을 받아들여 삼도수군통제사라는 새로운 직책을 만들게 되었는데, 그동안 두각을 드러낸 이순신이 본 직은 그대로 겸하게 하고 그 자리에 올랐다. 삼도수군통제사는 3도경상·전라·충청도 수군의 절제권을 가진다는 것으로 임시로 만들어진 것이지만 이는 전례가 없는 파격적인 직위였다. 이를 기회로 이순신은 얼마 되지 않아 수군의 대규모 증강계획을 세웠다.

당시 수군의 모병방식은 크게 두 가지 체제로 구성되어 있었는데, 원래는 수군에 병적兵籍이 있는 각 지역의 양민들이 해안지역의 요충지에 위치한 '진포鎭浦'라 불리는 수군기지에 모여서 복무하는 방식이었기 때문에 수사는 이들만을 통솔할 수 있었다. 그러나 이후에 수군의 확장이 필요해지자 연해지역의 모든 읍邑에 '선소船所'라는 수군기지가 설치되었는데, 처음에는 이를 병사가 관장했다가 곧 폐지되고 정확히 어느 시기인지는 알 수 없지만 적어도 명종 초에는 수사가 담당하게 되었으며, 해당지역 수령들 또한 수사의 절제를 받아야 했다.[5] 예를 들어 이순신의 전라좌수군은 5개의 진포인 사도蛇渡, 여도呂島, 발포鉢浦,

녹도鹿島, 방답防踏에 소속된 수군만을 일컬었지만 나중에는 선소가 있는 5개의 고을인 순천順天, 광양光陽, 흥양興陽, 보성寶城, 낙안樂安의 군사들도 이에 포함되었다.

당시 삼도의 수군절도사는 실질적으로는 5명이었다. 이들 수군절도사는 각각 경상좌도, 경상우도, 전라좌도, 전라우도 그리고 충청도를 관할하고 있었고, 이순신이 병력과 물자를 수집할 수 있는 곳도 이다섯 지역이었다. 하지만 이중 경상좌도의 연안지역 상당부분을 일본군이 점령한 상태였다. 경상좌도에도 수군이 존재하기는 했지만 전과도 미미했고[6] 그 활동 역시 미미했다.[7] 그래서 유명무실한 경상좌도를 제외한 4개의 지방에 이순신은 1593년 9월 초부터 대담하고도 야심찬 병력증강계획을 실행하기 시작했다. 5개의 진포와 5개의 고을이 소속된 전라좌도에 60척, 12개의 진포와 14개의 고을의 전라우도는 90척, 경상우도 40척, 충청도에 60척을 정비해서 총 250척에 달하는 판옥선을 거기에 더해 같은 수의 사후선을 갖출 계획을 세웠다. 이 계획이 발표되기 4개월 전만 해도 전라좌수군과 전라우수군이 합한 판옥선과 사후선의 수효는 각각 96척과 106척이었다.[8] 하지만 새로운 계획에 따르면 전라좌·우도는 판옥선과 사후선을 각각 150척까지 늘려야했는데, 이 많은 전함에 병력을 채워 넣으려면 이순신이 계산하기로는 약 29,000명에 달하는 병사들이 필요했다. 판옥선과 사후선 각각 250척에 달하는 모든 함선에 필요한 병력은 적어도 4만이 넘었을 것이다.[9]

이 계획은 해당지역의 평화와 안전이 보장되어 풍족한 상태라 해도 이루기 어려운 일이었다. 하지만 당시는 전시였고 병력과 물자는 심각할 정도로 부족한 상황이었다. 원래 전라도는 타도에 비해서 넓은 평야가 있는 곡창지대인 데다가 인구도 많은 지역이었고 일본군의 침입도 거의 받지 않아서 전쟁 초반에는 대부분의 군사와 전쟁 물자들이 이곳에서 수집되었다. 하지만 점차 한계에 부딪치기 시작했고 명군이 남하하면서 이들에 대한 지공비용으로 인해 상황이 더욱 악화되었다. 번잡한 지휘체계 또한 문제였다. 체찰사體察使, 병마절도사兵馬節度使·이하 병사兵使, 방어사防禦使, 순찰사巡察使, 소모사召募使와 여러 지역에서 궐기한 의병장 등을 포함한 수많은 지휘관들이 각자 임의대로 장정들을 중복해서 모병하여 여기에 거주하는 백성들은 견디지 못하고 도산해 버렸다. 이순신이 1592년 12월 10일에 조정에 보낸 장계를 보면, 전라도지역에서 육지든 해안이든 가리지 않고 여러 지휘관들이 중복해서 징집하여 많은 군사와 물자를 빼내어 가 수군에 소속된 백성들이 견디지 못해서 도산하고 이로 인해 수군의 병력이 부족해졌다고 되어 있다.[10] 이처럼 한정된 자원으로 장수들이 서로 직무를 수행하려 하자 결국 이순신은 이들과 필연적으로 갈등을 빚지 않을 수 없었다. 해상작전이 한창일 때도 수군에 소속된 진포의 장수와 고을 수령들을 멋대로 불러와서 육상전에 투입시키든가 아니면 차사원으로 보내기도 했고,[11] 도원수都元帥 권율權慄은 전라도에서 육군정예병 3만을 양성하려 할 때 이를 위해 전혀 다른 병종인 전라좌·우도의 수군에서 각각 2,000명씩 뽑아 올리라고 하기도 했다.[12] 수군 4,000명을 육군에 소속시키려는 권율의 계획은 다행히 수군을 중시하는 선조의 반대로 무산되었다.[13] 하지만 그와 가장 심한 갈등을 겪은 지방관은 1593년 7월에 전라도관찰사全羅道觀察使로 임명된 이정암李廷馣이었다. 이정암은 예조좌랑禮曹佐郞, 장단부사長湍府使, 양주목사楊州牧使, 대사간大司諫, 이조참판吏曹參

判 등의 내·외직을 두루 거친 관리였다. 하지만 그는 단순히 노숙한 문관이 아니었다. 관찰사로 임명되기 약 1년 전에 이정암은 의병을 일으켜 황해도 연안성延安城을 수비한 적이 있었다. 그때 적군이 포위공격을 가해서 수비군의 사기가 꺾인 상황에서도 끝까지 성을 사수하여 수적으로 우세한 일본군을 물리치는 무공을 세웠다.

당시 이순신은 수군에 소속되어 있으면서도 도피한 사람이 있으면 일족이나 이웃에게 그 책임을 물어 강제로 징집하는 연좌제를 시행하고 있었다. 그도 비정한 조치라는 사실은 알고 있었지만 수군을 유지하기 위해서는 어쩔 수 없다고 생각해서 시행하고 있었는데, 이정암은 도피하는 자가 있어도 그 일족을 징발하는 일을 금지할 것을 요구했다.[14] 거기에 더해서 일족 징발을 금하는 공문을 돌리는 바람에 수령들이 이를 핑계로 수군을 잡아 보내지 않았다.[15] 이정암은 알고 있었는지 모르지만 이미 조정으로부터 친족이나 이웃을 징발하지 말라는 명령이 하달된 적이 있었다. 이순신은 그 명령을 철회해 달라는 계본을 2번이나 보내서[16] 겨우 취소시켰는데,[17] 이정암은 이순신의 노력을 다시 원점으로 되돌려 버린 것이다. 이순신은 조정에 다시 일족을 징발하는 일을 할 수 있게 해 달라고 요청하지 않을 수 없었다. 그 후에도 이순신이 순천의 유방군留防軍들로 하여금 돌산도突山島의 둔전을 개간하도록 시키려 했을 때, 이정암은 그와 상의도 없이 육군에 편입시키기도 했다.[18] 그렇지만 무엇보다도 이순신을 곤혹스럽게 만든 사건은 전라우수군에 소속된 14개의 지역들 중에서 강진康津, 해남海南, 장흥長興, 영암靈巖, 진도珍島의 5개 고을을 제외한 나머지 9개 고을을 이정암이 일방적으로 육군에 배속해 버린 일일 것이다.[19] 거기에 더해 이정암은 육군에 소속되어 버린 9개의 지역에 이순신이 만들도록 명한 판옥선들을 건조하지 말라고 명령했다.[20] 이순신은 당초 1594년 1월 25일까지 이억기가 전라우도에서 계획대로 90척의 판옥선을 몰고 한산도에 당도하리라고 기대했지만, 육군에 소속된 탓에 더 이상 전함을 건조할 의무가 없는 고을들에 배정된 27척과 새로 건조했지만 격군이 없어서 오지 못한 배들로 인해, 기한보다 더 늦은 2월 17일까지 겨우 46척밖에 가져오지 못했다.[21] 더 큰 문제는 이들 지역은 당시 수군에 입번할 군사와 이들이 먹을 양식, 사용할 각종 물자들 대부분이 충당되는 곳이라는 점이었다. 즉 이곳들을 잃을 경우에는 수군의 확충은 고사하고 존립 자체가 위협당하는 셈이었다. 이순신은 즉시 장계를 올려 빼앗아 간 고을들을 반환할 것을 요구했다.[22] 그의 요구는 어느 정도 받아들여져서 빼앗긴 고을들 중에서 5개 지역을 돌려받을 수 있었던 것으로 보인다.[23] 1597년 말이 되어서야 나머지 지역들을 반환받았다.[24]

전쟁이 일어난 1592년과 이듬해까지 일본해군을 상대한 군대는 전라좌수군과 전라우수군 그리고 경상우수군이었다. 충청수군은 그때까지 남해로 와서 같이 작전을 펼친 적이 없었다. 충청수군이 여기에 합류한다면 이순신의 군대는 병력부족을 어느 정도 해결할 수 있었다. 마침 이순신이 삼도수군통제사에 오르게 되자 충청도수군에 대해 공식적인 절제권을 가지게 되었다. 하지만 그는 충청도에서 수군을 모으는 작업이 결코 쉽지 않으리라는 점을 예상했을 것이다. 이순신이 통제사에 임명되기 전에 이미 충청수사 정걸丁傑이 이순신의 진에 수군을 전혀 거느리지 않은 채 혼자서만 와 있었기 때문이다. 문제는 정걸이 충청수군 소속의 장수들에게 수군을 이끌고 내려오라는 공문을 여러 번 보냈지만 이에 응하는 사람이 아무도 없었다는 사실이었다. 자신의 상관의 명령도 듣지 않는 충청수군의 장령들이 과연 이순신이 통제사에 취임했다고 해서 명령을 순순히 따르리라고 기대할 수 있었을까? 일단 이순신은 자신의 부하장수였다가 정걸 대신에 충청수사로 임명된 구사직具思稷을 충청도로 보내면서 이전 계획대로 판옥선과 사후선 각각 60척을 마련해서 1594년 정월 안에 오라는 명령을 내렸다.[25] 하지만 기한이 지난 지 한 달이 넘도록 충청수군은 이순신 앞으로 나타나지 않았다.[26] 구사직이 그동안 태만히 있었던 것은 아니었다. 그는 충청수군 소속의 수령들과 첨사, 만호들에게 2월 2일까지 지정된 지역으로 수군을 거느리고 오라는 공문을 보냈지만, 기한 안에 도착한 장수는 결성현감結城縣監 1명에 불과했다. 여기에서 포기할 수 없었던 구사직은 군산포群山浦 앞바다에서 더 기다려 보기로 했다. 다른 장령들이 오긴 했지만 오지 않은 장수들이 더 많았다. 결과적으로 구사직은 약속한 시한을 훨씬 넘긴 3월 16일에야 겨우 11척의 판옥선을 거느리고 본진에 도착했다. 게다가 이런 우여곡절 중에 이순신이 충청지역에 할당한 판옥선 60척을 충청도관찰사 윤승훈尹承勳이 40척으로 삭감해 버렸다.[27]

이정암과 윤승훈 같은 각 도의 관찰사들은 왜 이순신의 수군증강 계획에 자꾸 훼방을 놓았을까? 적어도 이정암은 수군보다는 육군의 강화를 원하고 있었던 탓도 있었지만,[28] 더 근본적인 원인이 있었다. 이 점을 이해하기 전에 당시의 지방조직체계에 대해서 알아야 할 필요가 있다. 당시 조선의 기본적인 상위 행정구역은 '도道'였고, 이러한 도는 수많은 군현들을 포함하고 있었다. 각 군현들은 면적과 인구 그리고 경제력이 상이했기 때문에 각 군현 수령들의 품계 또한 큰 차이를 보였다. 하지만 읍격邑格의 고하에 관계없이 독립적이고 병렬적으로 이루어져 있었으므로 큰 군현의 수령이 작은 군현의 수령에게 이래라 저래라 할 권한이 없었다. 군현들을 지배하고 감독하는 역할은 수령의 직속상관인 관찰사에 의해 수행되었다. 모두 문관만이 임명을 받을 수 있었던 관찰사는 도내道內의 관리들 중 가장 품계가 높았고 그 도를 총괄하는 자리였다. 그렇지만 동시에 수령들은 모두 거진巨鎭과 제진諸鎭의 군지휘관인 병마절제사兵馬節制使, 첨절제사僉節制使, 동첨절제사同僉節制使, 절제도위節制都尉 등의 군직을 예겸하고 있었다. 이들은 유사시에는 병사나 수사의 휘하에 모여서 목숨을 걸고 전투에 참여해야만 했다. 이러한 수령직임의 이중적인 구조는 수령을 통제하는 데 있어서 관찰사와 병·수사간의 갈등이 일어날 소지를 남기는 셈이었다. 그러나 관찰사는 관할하는 도내의 최고 통치자로 행정·사법·군사적 책무를 포함한 모든 권력을 행사할 수 있었다. 수사는 물론 병사도 관찰사의 하위직자로 인식되었으며, 전시에는 순찰사를 겸하게 함으로써 관찰사의 군사적 지위를 강화시켰다.[29]

이러한 체제에서 이순신은 수군에 자원을 제공하는 지역들에 대한 자신의 통제력을 더 강화하려 했다. 예를 들어 내륙지방에도 수군에 소속된 인정人丁들이 있었는데 이들이 입방하지 않는 수가 점점 늘어났다. 창평昌平, 광주光州, 남원南原, 남평南平, 능성陵城, 옥과玉果 등의 지역에서 많으면 700~800여 명, 적은 군현은 200명 정도가 궐석했다. 특히 남원은 궐석한 인원이 1593년 12월 말에는 1,000여 명, 이듬해 1월에는 1,856명이나 되었다. 이순신은 그 원인이 수령들이 징집을 소홀히 했기 때문이라고 여겨서 해당수령들을 처벌하려 했지만, 이들 지역들은 수군에 소속된 군현들이 아니어서 마땅한 수단이 없었다.[30] 즉 선소가 설치된 군현의 수령들은 수군에 소속되어 직접 배를 타고 이순신의 군진에 머물러 있어야 했기 때문에 이들이 모병을 제대로 수행해 내지 못하면 직접적인 압박을 가할 수 있었지만, 직접 접촉할 기회가 없었던 내륙지방의 수령들에게 압력을 가할 수단은 거의 없었던 것이다. 이 문제가 표면화되기 전부터 그는 사변이 평정될 때까지 병마절도사와 관찰사의 예에 따라 수령을 지휘할 수 있게 해 달라고 조정에 요청한 적이 있었는데, 아마 이러한 이유 때문이었을 것이다.[31]

어떻게 일개 수사가 도내의 최고 통솔자인 관찰사와 동등한 권한을 달라고 요구한단 말인가? 물론 이순신은 삼도수군통제사를 겸하고 있었으니 단순히 수사로만 볼 수는 없다. 그렇지만 그를 삼도수군통제사로 임명한 교서에는 "수사 이하로 명령을 받들지 않는 자가 있거든 그대가 충효로써 격려"하라고 적혀 있었지, 삼도의 모든 수령들을 통솔하고 군사와 물자를 징발할 독자적인 권한을 허가한다는 내용은 쓰여 있지 않았다.[32] 이순신이 권위에 반항적인 태도를 지니고 있었던 것은 결코 아니었지만, 전쟁이 발발하고 수군에 사용될 인력과 물자가 점점 늘어나자 관찰사들과의 마찰은 피할 수 없는 일이 되고 말았다. 그러지 않고서는 수군을 유지하기 어렵다는 판단이 섰기 때문이었을 것이다. 하지만 제도적인 뒷받침을 받지 못한 상태에서 수군의 군사력증강은 결국 벽에 부딪쳤다. 이순신의 이러한 움직임들은 관찰사들의 눈에는 자신들의 영역을 침범하는 행위로 비춰졌을 것이다.

예를 들어 이순신은 수군이 개간한 둔전을 감독하기 위해 정경달丁景達을 종사관從事官으로 파견한 적이 있었다. 이 사실을 알게 된 이정암은 자신의 불쾌한 감정이 담긴 공문을 보냈는데, 그 내용은 "관찰사 이외에는 둔전을 계속 경작할 수 없고 일체 검사하지 말라."는 것이었다.[33] 게다가 모든 자료를 종합해 보면 이순신의 수군 병력확충계획은 도원수나 관찰사들과 사전에 충분한 토의를 거치지 않고 일방적으로 시행된 것으로 보인다. 해군력의 증강이 육군의 위축이나 양민들의 부담의 가중과 같은 부작용을 일으킬 소지가 큰 이상 이순신은 이들을 어느 정도 납득시켜야만 했다.

수사가 관찰사에 대항할 수 있는 유일한 제도적 수단은 국왕에게 직계할 수 있는 권리 정도였다.[34] 이순신은 수군을 위해 여러 가지를 요청하는 장계들을 조정에 보냈다. 장계들 중에는 관찰사의 협조가 필요하거나 관찰사와 마찰이 벌어질 가능성이 있는 요구를 담은 내용도 많았는데, 그러한 장계의 글 말미에 조정에서 해당지역 관찰사나 도원수에게 자신이 요구한 사안들에 대해 협조하도록 각별히 분부해 달라는 식의 글을 적어 넣었다.

수군은 중앙으로부터 물적 지원을 거의 기대할 수 없었다. 1592년에는 선조의 피난정부가 곤경에 빠져 있었기 때문에 오히려 수군이 곡식, 종이, 군기 등을 비롯한 각종 물자들을 제공하였다.[35] 이순신이 정부로부터 지원받기를 원하거나 받은 물품은 유황과 흑각黑角 정도로 이것들은 관할지역에서 생산되지 않았다. 화약의 필수재료인 유황과 활의 탄성을 강하게 하는 흑각은 전량 수입에 의존하고 있었다.[36] 수군은 물자 일체를 해당지역에서 공급받고 있었지만, 이들 지역은 가중

되는 부역과 물자의 징발 그리고 1593년과 1594년에 있었던 흉년으로 인해 서서히 기력을 잃어가고 있었다.

1593년 6월 하순에 벌어진 2차 진주성전투는 형국을 더욱 곤궁하게 만들었다. 2차 진주성전투는 진주가 위치해 있는 경상우도에서 벌어졌고, 전라도에는 일본군이 거의 침입하지도 않았지만 7월 초순에 광양 두치豆峙를 방어하던 복병장이 지레 겁을 먹고 도망치면서 적군이 온다는 거짓소문을 퍼트려 혼란이 발생했다. 이때를 틈타 난민들이 전라도의 순천, 광양, 보성, 낙안, 강진 등 수군 소속의 고을들을 습격하여 이들 지역에 모아 놓은 수군의 군량미 모두가 불타거나 산실되었다.[37] 일본군에게 직접 타격을 입은 경상우도의 수군 소속지역의 피해 정도는 더 말할 것도 없었을 것이다.

이순신이 8월 10일에 작성한 장계에는 군사들이 굶주림에 전염병까지 번져서 자신이 거느린 6,200명 중 이제까지 전사자와 병사자를 합친 수가 600여 명에 달하며 나머지도 기아에 시달리고 있다고 했는데, 그동안의 여러 전투에서 언제나 경미한 피해만 입고 승리를 거둔 것을 고려해 볼 때 600여 명 중 대부분은 병사자였을 것이다.[38] 이듬해인 1594년 정월에 발병한 역병은 더욱 심각해서 4월까지만 해도 총 사망자수가 1,904명, 감염자들만 3,759명에 달했다.[39] 군량부족은 더 심각해져서 이순신은 수군식량이 5월 15일 정도면 바닥을 드러낼 것이라고 조정에 하소연했다.[40] 그때까지 전투 중에 사망한 수보다 훨씬 많은 군사들이 외딴 섬에서 영양실조와 전염병으로 죽어가고 있었다. 이 기간에 이순신도 전염병에 걸렸지만 업무를 중단하지 않고 정신력으로 견뎌냈다.[41] 그러나 그가 아끼던 유능한 부하장수인 방답첨사 어

조선과 일본은 누구와 싸웠는가

영담魚泳潭은 그렇지 못했다. 그가 역병으로 사망하자 이순신은 크게 낙심했다.[42] 상황이 나날이 악화되자 이순신은 조정에 실력 있는 의원을 보내 달라고 요청했다.[43] 그 때문인지 감영에 있던 심약審藥이 오긴 했지만 실력이 좋지 않아서 이순신은 일기에 "너무 못나서 한심스럽다."라고 썼다.[44]

상황이 여기까지 이르자 더 이상 병력의 증강이 문제가 아니었다. 이순신은 수군의 생존 자체를 걱정해야 했다. 시간이 지나면서 한산도에 대한 상황이 점차 중앙에 알려지기 시작했다. 조정에서는 "계속 지탱할 군량도 없어 굶어 죽도록 내버려두고, 시체를 바다에 던져 한산도에는 백골이 쌓여 보기에 참혹하다."든가 수군에 "백 사람이 가면 한 사람도 살아서 돌아오지 않는다."는 등의 흉흉한 소문이 퍼지고 있었다.[45] 거기에 조당에 올라온 한 문서로 인해 이순신의 입장은 더욱 불편해졌다. 1595년 3월 중순에 한산도를 방문한 경험이 있었던 비변사備邊司 낭청郎廳 조형도趙亨道가 "한산도의 주사 격군 1명에게 주는 양식은 쌀 5홉과 물 7홉이다. 그런데 한 번 배에 타게 되면 교체되어 돌아갈 길이 없으며 병이 들면 물에 밀어 넣어버리고 굶주리면 산기슭에 죽게 내버려두어 한산도의 온 지역이 귀신 동네와 같다."는 내용의 서계를 조정에 냈다.[46] 그동안 조정에서 한산도의 열악한 상황에 대한 논의는 단지 소문을 기초로 한 것이었지만, 직접 방문한 고위직 관인으로부터 이런 보고가 들어오자 소문이 사실이라고 단정 짓는 근거가 되기에 충분했다. 그래서 조정에서는 이순신에게 군사들을 구제하는 데 각별히 신경을 쓰라는 뜻의 공문을 보냈다. 공문에는 "수군 1명에게 날마다 양식 5홉과 물 7홉을 준다."는 조형도의 주장이 그대로 실려 있었다. 모욕을 당했다고 느낀 이순신은 불쾌감을 드러내며 조형도가 헐뜯기 위해 자신을 무고했다고 일기에 적었다.[47]

수군을 지원할 의무가 있는 지역들과 둔전에서 걷은 식량만으로는 버티기 어렵다는 사실이 점차 확실해지자 군량을 얻기 위해 한산도의 민간인들과 병졸들에게 가외의 일을 시키지 않을 수 없었다. 이때 했던 일은 주로 고기잡이였는데 잡은 물고기는 곡식과 교환했다.[48] 그 외에 소금과 질그릇을 제조하거나 나무를 해서 육지에 내다 팔기도 했다.[49] 이러한 조처는 빈곤한 식량사정에 어느 정도 성과를 거둔 것으로 알려져 있다.

이순신의 노력으로 식량부족은 어느 정도 해결했는지는 모르지만 병사들이 부족해지고 있었다. 게다가 주민들은 그들대로 징집을 모면하기 위해 여러 수단을 강구하고 있었는데, 이 당시 성주에 거주하던 어느 양반의 일기에 실린 경상우우후慶尙右虞侯 이의득李義得의 사례는 이러한 예의 전형을 보여준다. 기록에 의하면 경상우도의 마을들을 훑으면서 장정들을 징병하고 있던 이의득에게 그 지역에서 종사관으로 일하고 있던 친척과의 연줄을 이용해서 필자의 형이 접근하여 부유한 어느 지역민의 군역을 면제시켜 달라는 청탁을 두 번이나 했는데, 만약 일을 성공하면 그의 형은 그 지역민으로부터 물질적 보답을 받기로 약속받은 상태였다. 하지만 이의득은 그 부탁을 들어주지 않았다.[50] 이의득은 이처럼 양심적으로 모병업무를 수행했지만 이후에 이순신은 그에게서 "수군을 많이 잡아오지 못한 일로 그의 수사(원균)에게서 매 맞고 또 발바닥까지 치려 하였다."는 하소연을 들었다.[51]

이러한 예는 징병업무를 수행하는 관인들이 수사는 위에서 누르고 입영을 거부하려는 백성들에게 밑에서 치받는 심한 압박을 받고 있었다는 사실을 알려준다. 이순신은 원균의 이러한 심한 처사에 관해 비판하기는 했지만 그가 징병할 때 쓴 방식도 별반 다르지 않았다. 사수와 격군이 없어서 새로 건조한 군선들이 방치되어 있었는데 이러한 병력부족은 각 군현에서 군사를 보내지 않고 있었던 것이 주원인이었다. 이순신은 이들 지역에서 병사들을 징집해서 한산도로 보낼 의무가 있는 수령과 향리들을 처벌하려 했다. 말단 하급 관리인 향리를 처벌하는 일은 어렵지 않았다. 그중에서도 해당지역 군사들을 징집하여 보낼 책임이 있는 병방兵房들이 가장 심한 처벌을 받았는데 때로는 목을 베어서 효시하기도 했다.[52] 하지만 정규 관인인 수령들은 처벌이 쉽지 않았는데 고위 관리들과 연줄이 있어서 더욱 그러했다. 한 예로 1594년 초에 특별히 많은 결원을 낸 전라도지역의 수령들에게 이순신은 군관을 보내 잡아오려고 했지만 남원부사는 이정암에게 보고하고 옥과현감은 차사원에게 청탁하여 나타나지 않았으며, 어떤 수령은 자신을 잡으려고 이순신이 보낸 군관들을 조정에서 내려온 사신에게 청하여 잡아 가두게 하기도 했다.[53] 이순신은 포기하지 않고 조정에 정해진 징집에 태만한 수령들을 처벌해 달라고 요청하면서 지속적으로 압력을 행사했다. 하지만 전쟁으로 인한 혼란 때문에 서서히 줄어드는 가용인력을 수령들이라고 해서 늘릴 능력은 없었으므로 이들은 강압적인 방법을 써서라도 백성들을 차출하지 않을 수 없었다. 『난중잡록』에는 이런 내용이 있다.

(병사들이 줄어드는 것을) 이순신이 걱정하여 이에 수군에 속한 각 관으

로 하여금 촌백성을 수색하여 잡아서 군사를 채우고, 군관과 모든 장수를 연해의 시장에 나누어 보내어 장사꾼을 덮쳐잡아서 배에다 실어서 군사를 만드니, 이로부터 연로沿路의 시장이 다 파하고 마을이 황량해져서 사람들이 모두 풀 속에 엎드리고 구멍에서 살다가 틈을 엿보아 농사 짓고 수확하니, 마치 밭에 있는 제비의 괴로운 생활과 같았다.

난중잡록, 1595년 3월 2일

『난중잡록』의 다른 날짜 문헌에서도 수군에 충군시키기 위해 시장에서 상인들을 마구잡이로 잡아들였다는 내용을 찾아볼 수 있다.[54] 기록된 대로 상인까지 잡아서 강제로 수군으로 삼는 일을 이순신이 직접 지시했으리라고 생각하기는 어렵다. 하지만 적어도 수령과 장교들이 폭압적인 방법을 써서라도 할당된 군사들을 보내지 않고서는 견디지 못하게 만든 것은 사실인 듯하다.

군현에서 징집되는 백성만으로는 수군이 유지되기 어렵게 되자 비변사에서는 수군증강을 위한 여러 가지 해결책을 냈는데 그중 하나가 난민이나 적으로부터 도망쳐 나온 백성들을 수군으로 삼도록 하는 것이었다.[55] 이 의견이 나오기 전에 이미 이순신은 난민을 모아서 격군으로 삼은 적이 있었다. 하지만 난민들을 다루는 방식은 인도적인 차원으로 접근해야지 계산적인 방식으로 접근해서는 안 된다는 점을 그는 깨닫게 되었다. 이미 오랫동안 굶주리던 사람들이었기 때문에 대부분이 얼마 못 가 죽고 말았던 것이다.[56] 비변사에서 주장한 또 다른 방법은 항왜降倭: 항복한 일본군를 격군으로 채워 넣는 것이었다. 당시는 점차 늘어나는 항복한 일본군들에 대한 처치문제로 인해 골머리를 앓고 있었

조선과 일본은 누구와 싸웠는가

는데, 보통은 남쪽에 주둔한 일본군 진영으로 도주하는 일을 막기 위해서 북쪽의 양계지역으로 보내고 있었다. 비변사에서 낸 의견은 항복한 일본군 중에 기예가 있고 공순한 자는 진에 남겨두고 나머지는 한산도로 보내서 격군으로 삼게 하자는 것이었다.[57] 전에도 일본군 포로들은 한산도에 있었지만 이 이후로 더 많은 항복한 일본군들이 이순신의 진영에 머물게 된 것으로 여겨진다. 그들은 수군이 필요로 하는 노동력을 제공하고 병사의 역할도 어느 정도 수행했지만, 동시에 적지 않은 항복한 일본군들이 탈출을 시도하여 이순신에게 고민거리를 안겨주기도 했다. 게다가 그들 사이에서의 다툼도 끊이지 않았는데 항복한 일본군들은 이러한 분쟁에 대한 판결을 이순신에게 처결해 달라고 요청했다. 같은 항복한 일본군에게 위협을 가하는 자를 고발해서 처형시킨 적도 있었고, 어떤 항복한 일본군이 동료를 살해할 음모를 꾸미다가 이를 눈치 챈 그 동료가 이순신에게 고변을 해서 처형당하는 경우도 있었다.[58] 난민이나 항복한 일본군들을 수군에 채우는 것은 불완전한 임시방편에 불과했다. 결국 이순신은 계속해서 관할지역에 정해진 인원을 보내도록 압박하는 수 외에는 다른 방법을 찾지 못했다. 하지만 수군 소속지역들은 이미 극한 상황에 내몰리고 있었다.

1596년 10월 초순에 선조는 남부지역을 순시하고 돌아온 사도체찰사 이원익李元翼에게 연해지방과 수군의 사정이 어떤지 질문한 적이 있었다. 이원익은 수군은 지난해 이후로 굶어 죽는자는 없고 한산도에 군량이 많이 쌓여 있어 어느 정도 안정을 찾았지만, 연해지역은 수군을 지공하기 위해서 양반들도 요역徭役을 면하지 못하며 소민小民들이 모두 도망하여 촌락들은 모두 비어 있다는 보고를 했다.[59] 이원익이 선조에게 이러한 보고를 하기 약 2개월 전에 이순신은 그 이원익을 만나려고 남해안의 여러 지역을 배를 타고 순시할 기회가 있었다. 예상치 못하게 그것은 그에게 고통스러운 경험이 되고 말았다. 이순신은 지나온 곳들이 온통 쑥대밭이 된 것을 직접 목격하고 큰 충격을 받았다. 수군의 이익을 침해하는 어떤 시도에 대해서 언제나 강경한 입장을 취한 이순신조차도 전선을 정비하는 역을 면제해 주려 할 정도였다.[60] 며칠 뒤에 낙안에 이르렀을 때는 아마도 그 지역의 사족으로 짐작되는 사람들에게 폐단이 모두 수군에게 있다는 비난을 들었다.[61]

이순신은 수군을 강화시키기 위해 전력을 다해 노력했으며 그것이 현실적으로 불가함이 드러나고 오히려 여건이 악화되자 최소한 수군을 약화시키지 않기 위해 모든 수단을 동원했다. 이순신은 병력모집과 예산문제로 위로는 관찰사들과 끊임없이 입씨름을 벌였고 아래로는 군관과 수령들에게 압력을 행사했으며 이 과정에서 백성들의 부담은 가중되었다. 이순신은 소금을 제조하게 하고 고기잡이를 시키며 나무를 베어 내다 팔게 했는데, 일반적인 장수들도 식량이 부족해지면 군사들에게 둔전 정도는 경작하게 했지만 이런 일까지 시킨 예는 거의 찾아볼 수 없다. 이순신의 수군병력 모집방식은 확실히 덕치德治를 표방하던 당시 조선 관리들의 느슨한 운용방식과 큰 차이가 있었다. 그의 효율성 중심의 행정방식은 평시에는 비판을 초래했겠지만 전시라는 비상상황으로 인해 용인되었다. 그리고 이순신의 이런 기민함과 적극적인 태도로 인해 수군은 유지되었으며 전쟁이 끝날 때까지 일본군에게 패하지 않은 원동력이 되었다.

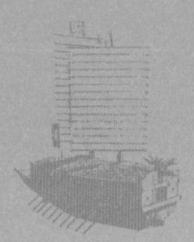

3장
세 가지 이야기

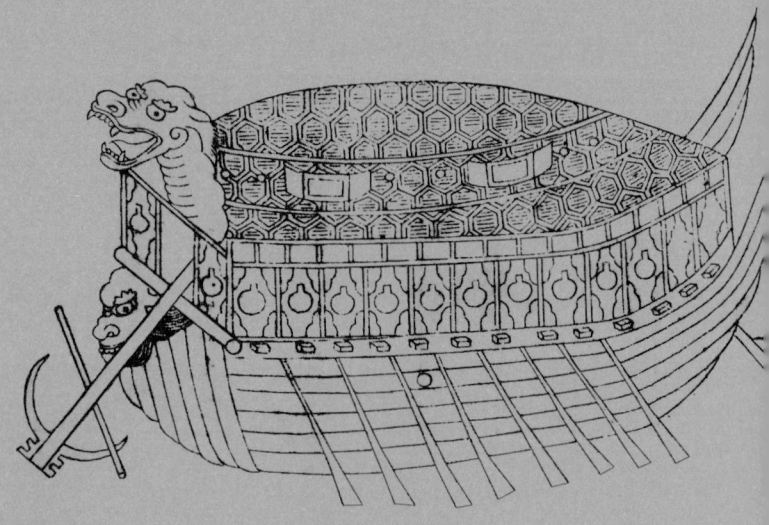

『이충무공전서』에 실린 이순신의 조카인 이분李芬의 「행록行錄」에는 이순신에게 일어난 특별한 사건과 일화가 많이 수록되어 있는데 그중 '세 가지 이야기'를 살펴보도록 하자. 첫 번째 이야기는 그가 무과에 급제한 지 얼마 지나지 않은 후의 일이다. 당시 이조판서吏曹判書로 저명한 문관인 이이李珥가 이순신이 자신과 같은 종씨宗氏임을 알고 평소 이순신과 잘 알고 지내던 어떤 문관을 통해서 한번 만나자고 한 적이 있었다. 하지만 이순신은 이이가 이조판서라는 중임을 맡고 있는 시기에 대면하는 것은 적절하지 못하다고 여겨서 끝내 가지 않았다.[1] 두 번째 이야기는 이순신이 훈련원訓鍊院에서 일할 때 병조판서兵曹判書가 자신의 서녀庶女를 그의 첩으로 주려고 한 적이 있었다. 하지만 이순신은 권력자의 집에 발을 들여 놓을 수 없다면서 중매를 돌려보냈다.[2] 마지막 세 번째는 정승 유전柳㙉이 이순신에게 좋은 화살통이 있다는 소문을 듣고 활 쏘는 기회에 그에게 그것을 달라고 한 적이 있었다. 뇌물을 주고받는 상황으로 오인을 받을지도 모른다고 생각한 이순신은 화살통을 주는 것이 아깝지는 않지만 남들이 어떻게 볼지 걱정된다고 하면서 그 청을 거절했다.[3] 이 세 가지 일화가 「행록」에 실려 있었던 이유는 이 책의 주인공인 이순신의 청렴성을 칭송하기 위한 것이었다. 그것은 여느 행록의 목적과 크게 다를 바가 없다. 하지만 동시에 이 책을 엮은이들이 의도하진 않았겠지만, 이 세 가지 일화는 출세를 원하는 그 시대의 하급 관리가 상급 관리에게 어떤 방식으로 접근했는지에 대해서 알려준다. 첫 번째는 친척을 이용하는 것이고, 두 번째는 권력자의 집안과 인척관계를 맺어서, 세 번째는 뇌물을 사용하여 환심을 사는 것이다. 그리고 이 이야기들에서 주목할 또 다른 점은 이순신에게 인사적인 혜택을 줄 수 있는 인물들로 보이는 세 명의 인사들이 모두 문관이었다는 점이다.

조선사회의 지배신분은 문반文班과 무반武班을 합친 양반兩班으로 불리는 계층이었다. 하지만 당시의 고도로 중앙집권적인 구조로 이루어진 문치주의 경향으로 인해 정치는 문관이 주도하고 있었으며 무관은 그에 비해 열등한 처우를 받았다. 무관이 되고자 하는 사람은 임용시험인 무과武科에 합격하면서부터 차별을 받았다. 무과합격자들은 성적순에 따라 갑·을·병과로 나뉘었는데 가장 높은 갑과는 종 7품, 을과는 종 8품, 병과는 종 9품의 종품계從品階를 받았다. 그에 비해 문과합격자들의 갑과는 정 7품, 을과 정 8품, 병과 정 9품으로 1계가 높은 정품계正品階를 받았으며 문과장원급제자의 경우 종 6품의 참상관參上官에 임명되었지만 무과에는 아예 장원이 없었다.[4] 무과의 필기시험에서 전문적인 군사지식과 전혀 관련이 없는 사서오경이 더 중시되었다. 그 외에도 문관의 최고직인 의정부議政府직은 막강한 실권을 가진 자리였지만 무관의 최고직인 중추부中樞府직은 무소임 문·무관의 대기직에 불과했으며 그 외의 다른 최고위 무관직도 문관이 겸임하는 경우가 많았다. 심지어 전쟁 시에도 최고 군통수권자는 문관으로 임명되었다.[5] 경관만이 아니라 외관직에서도 문관의 우위는 뚜렷했다. 지방행정상 가장 큰 행정단위는 도道로 구성되었는데 관찰사監司는 하나의 도에서 최고 행정통치자로서 모두 문관만이 임명되었다. 반면에 지방의 군사편제상으로는 각 도마다 한 명 내지 두 명의 병마절도사兵使와 수군절도사水使가 있어서 정해진 행정구역내에 있는 각각의 육군과 해군을 관장하도록 이루어져 있었다. 그리고 감사는 예외 없이 병사와 수사

를 겸하도록 했는데 이는 병사나 수사가 감사의 명령을 따르도록 하기 위한 조처였다.[6]

게다가 무관의 인사관리를 하는 병조의 모든 관리는 문관으로 채워져 있어서 하급 무관들은 직속 상급 무관보다 고급 문관에게 더 잘 보이려 했다. 그렇다고 해서 고위 무관들이 하위 무관들의 진급과 강등에 영향을 끼칠 수 없었던 것은 아니었다. 예를 들어 매년 6월과 12월 두 차례 포폄褒貶을 실시하여 관리들의 업적 평정을 매겼는데, 병사와 수사는 감사와의 상의하에이긴 하나 자신의 휘하 장수들의 우열을 평가했다. 이때 저조한 성적을 거둔 관리는 진급을 못하거나 녹봉을 받지 못했으며 심하면 파직까지 당할 수도 있었다. 이순신도 그런 원치 않는 성적을 받을 위기에 처한 적이 있었다. 그가 발포만호로 일하고 있을 때 이순신을 싫어하던 전라좌수사가 포폄에서 그에게 가장 나쁜 점수를 주려고 했다. 그러나 마침 그 자리에 있던 감사의 비서관격인 도사都事는 평소 이순신의 뛰어난 업무능력을 알고 있었다. 도사는 즉시 형평성에 어긋나서 못하겠다고 맞섰고 그 전라좌수사는 자신의 뜻을 접어야 했다.[7] 정 3품이나 되는 무관이 감사도 아닌 자신보다 관등이 낮은 종 5품밖에 되지 않는 문관의 말을 들을 수밖에 없었다는 사실은 당시 문관과 무관의 역학관계를 보여주는 단적인 사례이다.

문관집단은 전통적인 유가철학에 따라 군사력의 사용은 충돌이 불가피할 때 쓸 최후의 수단이라고 여겼으며, 가능한 도덕적으로 상대를 감화시키든가 아니면 대화로 문제를 풀어야 한다고 믿었다. 시대가 지나면서 사회·경제체제는 더욱 복잡해졌지만 도덕적 원칙은 더욱 강조되었으며 사림파土林派가 두각을 드러내기 시작하면서 그런 경향이 더욱 심해졌다. 예를 들어 중종시대에 국경을 넘어 약탈을 일삼는 어느 여진족부족에 대해서 기습공격을 가하려 한 적이 있었다. 그런데 사림파의 영수인 조광조趙光祖가 "도둑과 같은 계책"을 쓴다는 이유로 극력 반대하자 공격계획이 무산되고 말았다.[8] 이 사건을 통해서 당시 문관들이 군사전략과 같은 기술적인 문제마저도 도덕적인 기준으로 재단하고 있었음을 알 수 있다.

문관은 기본적으로 군사적인 요소에 대한 관심이 부족했고 시간이 지나면서 국방력은 쇠퇴해가고 있었다. 문신관료들이 국방력을 방기시킨 데에는 고의적인 측면도 있었다. 그들은 고전과 사서를 읽은 지식인 집단으로 과거에 존재했던 왕조들이 외부의 침입보다 내란으로 붕괴된 경우가 더 많았다는 사실을 인지하고 있었다. 새로운 왕조가 들어설 때 무력은 필수불가결한 요건이었다. 게다가 온화한 분위기를 중시하는 문관들이 보기에는 병사들이 수가 늘어난다는 것은 결코 좋은 징조가 아니었다. 무관들은 언제나 문관들에 의해 감시와 통제를 받았다. 최대한 빠르고 정확한 결단이 요구되는 중대한 군사작전 상황에서도 장교들은 문관의 공격명령을 하염없이 기다리는 처지였다. 문신집단은 무신들에게 적대적이면서 멸시적으로 대했고 아무리 높은 무관이라 하더라도 불학무식한 인물로 여기고 있었다.

점점 벌어져 가는 문관과 무관의 격차를 해소하려는 시도가 없었던 것은 아니었다. 성종재임 시에 문·무관 교체가 실시되어 실제로 무신이 문신만이 임명되던 이조판서에 오르기도 했지만 문신들의 격렬한 반대로 결국 무산되고 말았다.[9] 이 사건은 이미 모든 제도와 법적인

조선과 일본은 누구와 싸웠는가

면에서 문관이 압도적으로 우위인 상황에서 무관들이 문관과 동등한 대우를 받는다는 것은 결코 있을 수 없는 일임을 알려준다. 고려시대에 일어난 무신정변武臣政變처럼 무신들이 극단적인 폭력에 의존하지 않는 이상 문신들과 싸워 이길 가능성은 전혀 없었다. 이런 사회 분위기 속에서 진취적이고 야망이 있는 젊은이들은 당연히 무관이 아닌 문관에 지원했다.

이순신이 태어난 가문의 조상들은 처음에는 무관직에 있다가 나중에 문관으로 방향을 바꾼 사람들이었다. 문관으로 기틀을 잡은 후에 그의 가문에서 한동안 고위직 문관이 배출되었지만, 이순신이 태어났을 즈음에 그의 할아버지는 하급 관직에만 있었을 뿐이고 아버지 이정李貞은 관지에 나갔는지 확인이 안 될 정도로 집안은 쇠락해 있었다. 이순신도 어릴 때부터 그의 두 형들과 함께 유학을 배웠는데 그의 부모는 자식들이 문관으로 성공해서 기울어진 가세를 세워주기를 바랐던 것으로 보인다. 하지만 이순신은 군인이 되고 싶어 했고, 22살이 되어서야 결국 붓을 던지고 무예를 배우기 시작했는데 처음에는 집안의 반대가 적지 않았을 것으로 보인다.[10] 그는 28살에 치른 첫 과거시험에서 말을 타다가 떨어져 다리가 부러지는 사고를 당해서 낙방하고, 4년 후에 식년武年 무과에 병과丙科로 합격했을 때 나이가 32살이었는데, 이때부터 그의 순탄치 않은 관직생활이 시작되었다. 이순신은 능력이 출중하긴 했지만, 청렴하며 원칙을 곧이곧대로 따지는 고지식한 인물이어서 상관들과 마찰이 끊이지 않았다. 그가 1579년에 훈련원 봉사奉事로 일할 때 병조정랑兵曹正郎 서익徐益이 자신과 친한 인물을 사사로이 승진시키려 한 적이 있었다. 이순신은 곧바로 서익에게 특정 인물의 승진에 특혜를 주지 말라고 해서 그 일을 무산시켰다.[11] 이듬해 이순신이 발포만호에 재임 중일 때, 자신의 상관인 전라좌수사가 객사 뜰에 있는 오동나무로 거문고를 만들려고 사람을 보내어 그것을 베어 내려 하자 이순신은 관청의 공적인 물건을 멋대로 쓸 수 없다고 하면서 끝내 허락하지 않았다.[12] 이러한 이순신의 고분고분하지 않은 성격 탓에 상급자들은 계속해서 그에게서 트집을 잡으려 했고, 결국 1582년에 우연히 군기軍器 경차관敬差官으로 수군의 병기 점검을 하러 내려온 서익이 묵은 수모를 갚기 위해 이순신이 군기를 제대로 관리하지 않았다는 허위보고서를 올려서 파직당하게 만들었다.[13] 이때 이순신은 상상치 못했겠지만 이번에 당한 파직은 그가 앞으로 당할 탄핵과 파면의 서막에 불과했다.

다음 해인 1583년에 함경도咸興道 국경에서 이탕개尼湯介 등의 여진족女眞族이 대대적으로 침입해서 갑자기 많은 무관들이 필요해지자, 이순신은 그해 가을에 함경북도병마절도사의 군관으로 다시 관직에 임명되었지만 이듬해 정월에 아버지의 부음 소식을 듣고 다시 낙향하게 되었다. 몇 달밖에 안 되는 짧은 관직생활이었지만 그동안 이순신이 얻은 것도 있었다. 그것은 도순찰사都巡察使로 함경도에 파견된 정언신鄭彦信과 친분이 생긴 것이다.[14] 정언신은 이 이후에 승진을 거듭하여 우의정右議政까지 오른 인물이었다. 그가 우의정이 되기 전에 일본의 침공 위협이 점차 현실로 드러나던 시기에, 조정에서는 쓸 만한 무관을 고위 대신들에게 추천하도록 한 적이 있었는데 정언신은 이순신을 추천했었다.[15] 만약 정언신이 계속 살아 있었다면 이순신에게 큰 도움을 주었겠지만 그는 정여립鄭汝立의 반란사건과 연루되어 유배지로 가는 도중에 사망했다. 하지만 이순신은 정언신보다 더 강력한 문신으로부터 후원을 이미 받고 있었다.

이순신은 부친에 대한 삼년상을 다 치른 뒤인 1586년에 사복시司僕寺 주부主簿로 복직되었고 얼마 후에는 함경도의 조산만호造山萬戶에 올랐다. 여진족과 조선의 국경을 나누는 두만강 기슭에는 여진인의 침입을 막기 위한 병력과 방어시설이 염주처럼 늘어서 있었는데 조산은 그러한 지역들 중에 하나였다. 국경을 지키는 군대는 특히 겨울철 방어에 더 신경을 써야 했는데, 적군이 매서운 추위로 단단하게 얼어버린 강을 건널 수 있었기 때문이었다. 가뜩이나 수비하기 어려운 곳을 맡게 되었지만 이순신은 조산만호에 부임한 지 약 1년쯤 되었을 때 녹둔도둔전관鹿屯島屯田官까지 겸임하게 되었다. 녹둔도鹿屯島는 두만강 하구에 위치한 작은 섬으로, 이순신이 부임하기 몇 년 전부터 둔전을 설치하여 개간하고 있었는데 바로 그곳의 책임자가 된 것이다. 이 섬은 강의 북쪽과 가까워 사람들과 말이 통행이 가능했고, 여진족 부락과 근접해 있어서 적들이 공략해 오기 쉬운 데 비해 조선군 진영과는 멀리 떨어져 있어서 수비하기가 쉽지 않은 곳이었으며, 무엇보다도 지킬 병력이 얼마 없었다.[16] 그는 그 지역 사령관인 함경북도병마절도사咸鏡北道兵馬節度使 이일李鎰에게 여러 번 군사를 증원시켜 달라고 했지만 그때마다 거절당했다. 우려는 현실이 되어 여진족이 녹둔도를 기습했는데, 이순신은 부하들과 함께 사력을 다해 항전했지만 조선군 10여 명이 피살되고 160명과 15필의 말을 빼앗겼다. 이순신은 태세를 재정비한 후에 경흥부사慶興府使 이경록李慶祿과 함께 재빨리 추격해서 일부 아군을 되찾아 왔지만 어쨌든 패배는 패배였다.[17] 이일은 이순신에게 이 사태의 모든 책임을 전가하려 했지만 이순신은 순순히 당할 마음이 전혀 없었다. 자신을 심문하는 이일에게 녹둔도에 수비군을 보내 달라고 요청한 것을 무시하지 않았느냐고 하면서 병력을 요청한 공문을 간직하고 있으니 이 사실을 상부에 알리겠다고 맞섰다. 기가 꺾인 이일은 이순신을 가둬 놓기만 했다.[18] 그리고 녹둔도에서 패배하기는 했지만 신속한 반격으로 납치당한 일부 병사들을 되찾아 온 것을 조정에서 인정하여 이순신과 이경록에게 장형을 집행하고 백의종군白衣從軍하도록 했다.[19] 그 뒤 조선군은 1588년 1월 중순에 시전부락時錢部落이라는 여진족 마을을 공격했는데, 이는 녹둔도 침입에 대한 보복공격의 일환이었다. 이순신은 우화열장右火烈將으로 이 전투에 참전하여 전공을 세우고 특별사면을 받았다.[20]

이순신은 집에 돌아와 얼마간 휴식을 취한 뒤에 다시 관직생활을 했지만 미관말직을 전전하고 있었다. 그러다 정읍현감井邑縣監을 지내던 중 이순신은 1591년 2월 중순에 갑자기 전라좌수사로 보직되었다. 이순신이 정읍현감에서 전라좌수사의 자리에 오르기까지 1년 3개월 동안의 과정은 매우 복잡했다. 1590년 7월에 이순신은 고사리첨사高沙里僉使에 임명되었는데 수령으로서 근무일수를 다 채우지도 않고 승진했다는 대간의 고발이 있어서 무산되었고, 8월에 만포첨사滿浦僉使에 보직되었지만 대간들이 너무 빨리 승진한다는 이유로 반대해서 다시 유임당했다. 마지막 기간에는 더욱 복잡해졌는데 1591년 2월 초에는 진도군수로 발령을 받았지만 미처 부임하기도 전에 가리포첨사加里浦僉使에 전임되었고, 얼마 후 2월 13일에 드디어 전라좌수사로 임명되기까지 13일 동안 직임이 무려 세 차례나 바뀐 것이다. 다시 말하자면 이순신은 정읍현감 기간에 4번이나 이런저런 관직에 임명되었지만, 모두 대간의 반발 등을 이유로 오르지 못하고 있다가 마지막에 결국 전라좌수사에 제수된 것이다.[21] 이순신이 갑작스럽게 전라좌수사로 승진하자 대간들은 다시 이의를 제기했다.[22] 이순신의 엄청난 승진과 그로 인한 적지 않은 잡음은 그가 전라좌수사가 된 것이 그렇게 자연스러운 상황에서 벌어진 일이 아니었음을 알려준다.

그가 일개 현감에서 순식간에 수군 최고위직 중 하나에 오를 수 있었던 것은 당대 최고의 명신인 유성룡의 추천에 힘입은 것이었다. 사실 이순신이 유성룡으로부터 정치적 지원을 받은 것이 이번이 처음은 아니었다. 첫 번째 이야기에서 이이가 이순신과 만나기 위해 그와 친분이 있는 문관을 통해서 만남을 주선하도록 했는데 그 문관이 바로 유성룡이었다. 그리고 나중에 이순신이 조산만호에 임명된 것도 유성룡이 그를 천거했기 때문이었다.[23]

유성룡은 이황에게 사사師事를 받은 인물로 25살에 처음 승문원承文院 권지부정자權知副正字로 벼슬에 오른 이후에 그의 화려한 관직생활이 시작되었다. 그는 사간원司諫院 대사간, 승정원承政院 도승지都承旨, 사헌부司憲府 대사간, 형조판서刑曹判書와 병조판서 등의 청요직을 역임했으며, 홍문관의 관리로 경연經筵에서 경서를 왕에게 가르치는 경연관으로서 오랫동안 활동했는데 이것으로 그는 유교적 통치론에 정통한 이론가라는 평가를 받을 수 있었다. 하지만 경연관의 가장 큰 특권은 국왕과 오랫동안 대면하는 것이 가능해서 개인적인 친분을 쌓을 기회가 많았다는 점이다. 유성룡은 이때부터 선조의 신임을 받기 시작했는데 그것만큼 그에게 앞으로의 관직생활에 크나큰 보탬이 되는 것은 없었다.

1590년에 의정부 우의정에 제수되어 처음으로 삼공三公의 지휘에 이르렀고 조선의 오랜 숙원이었던 종계변무宗系辨誣로 공을 이루고, 광국공신光國功臣 3등에 녹훈되며 풍원부원군豊原府院君에 봉해져서 공신의 반열에도 올랐다. 그가 출세가도를 달리는 동안 그에게도 역경이 없었던 것은 아니었다. 당파간의 분쟁이 점차 격화되던 1587년에 서인西人측 인사인 의주목사義州牧使가 유성룡을 포함한 여러 동인東人들을 공개적으로 비방한 적이 있었다. 당시 사회적 통념상 강직한 선비가 고발을 당했다면 그 고발의 타당성 여부를 떠나서 관직을 내놓는 것이 관례였기 때문에 한동안 낙향하지 않을 수 없었다. 공교롭게도 유성룡을 비방했던 의주목사가 바로 예전에 이순신을 고의로 파직시켰던 그 서익이었다. 하지만 유성룡은 정여립의 모반사건 때에는 위기를 잘 모면했다. 이 사건으로 거의 모든 동인들이 자기 자신의 자리뿐만 아니라 목숨마저도 보장받지 못해 전전긍긍하는 상황이었으나 그는 오히려 이조판서에 특배되었는데, 이 일은 유성룡에 대한 선조의 두터운 신뢰를 반영하는 것이었다.

당시의 문신조직은 학파와 지연, 혈연 그리고 각 문관들 간의 은원관계 등으로 크게 동인과 서인이라는 당파로 나뉘었으며 젊은 시절에 유성룡은 동인의 중진으로 활약했다. 이순신이 전라좌수사에 제수되었을 쯤에는 정철鄭澈의 처벌수위에 대한 견해 차이로 동인이 남인과 북인으로 분당되기 시작하던 상태였다. 유성룡은 남인의 영수가되었으며 그는 남인이 정국을 주도하는 세력이 되는 데 결정적인 역할을 했다.

이분의「행록」에는 유성룡이 이순신과 "같은 동리에서 살던 소싯

적 친구"라는 기록이 남아 있으니 이순신과 유성룡은 아주 오래전부터 친분을 유지하고 있었음을 알 수 있다.[24] 그뿐만 아니라 이순신의 6촌 형제인 이은신李殷臣도 유성룡의 교유인이었는데, 이런 점까지 고려해 보면 유성룡은 이순신만이 아니라 그의 가문 내 다른 구성원들과도 친분이 있었던 것으로 보인다.[25] 경위야 어찌됐든 이순신이 이런 최고위 문관과 오랜 벗이라는 사실은 그의 관직생활에 대단한 이점을 가져다주었다.

이순신이 쓴 일기를 읽어보면 유성룡, 심희수沈喜壽, 심충겸沈忠謙, 윤두수尹斗壽, 윤근수尹根壽, 정탁鄭琢과 같은 중앙의 고급 관료들과 서신을 주고받았다는 내용을 발견할 수 있으며 거기에 더해, 그는 사람을 시켜서 조보를 베껴오도록 하기도 했다. 이상의 사실들은 그가 정치에 전혀 관심이 없는 우직한 장군이 아니라는 사실을 알려 준다.[26]

당시 크고 작은 문제들은 조회나 각종 어전회의에 참석하는 고위직 문관들 간의 의견 조정을 거쳐 결정되었다. 만약 어떤 관리가 잘못을 저질렀을 경우에 중앙에 그 관리에게 우호적인 고관들이 많다면 사소한 실수로 치부되어 처벌을 받지 않겠지만 도리어 적대적인 관리들이 다수라면 그는 파면 또는 유배를 당하거나 심하면 극형에 처해질 수도 있었다. 상황이 이러했으니 이순신이 조정의 동향에 촉각을 곤두세우는 것은 당연한 이치였다.

특히 『난중일기』에는 이순신이 유성룡과 편지를 주고받은 기록이 총 15번이나 나온다. 이것은 이순신이 다른 고위 관료들과 나눈 서신 왕래 횟수를 훨씬 능가하는 것으로 그와 유성룡의 친분 정도를 짐작케 해주고 있다. 이순신이 유성룡에게 보낸 편지가 『이충무공전서』에 두 편 실려 있다. 그중 한 개의 서신에는 종사관인 정경달이 둔전을 관리하는 중임을 맡고 있는데, 갑자기 함양군수成陽郡守로 발령되어 매우 곤란하니 적어도 추수할 때까지 그대로 유임하도록 해 달라고 부탁하는 내용이 있다.[27] 이순신이 유성룡에게 요구한 내용은 그가 사익을 취하기 위한 것이 아니기는 하지만 그가 자신이 추진하는 업무를 수월하게 하기 위해 정치적인 조력을 받으려 했던 점은 분명하다. 게다가 유성룡은 자신과 교유하는 관리들에게 이순신을 소개시켜 주는 경우도 있었다. 유성룡이 경상우도관찰사로 중요한 임무를 수행하던 친구 김성일金誠에게 보낸 편지에는 이런 내용이 있다.

> 전라좌수공(이순신)은 담력과 지략이 남보다 뛰어나다는 것을 내가 매우 잘 알고 있습니다. 현재의 무장 중에서는 그와 비교할 만한 사람이 없을 것 같으니, 수상水上에서의 모든 책임은 오로지 그 사람에게 있습니다. 영공께서도 서로 통하여 그와 모든 일을 논의하고 힘을 합하여 서로 도우면 유익한 점이 기필코 적지 않을 것입니다.
>
> 서애집 1권, 350쪽

이외에도 나중에 우의정 겸 사도체찰사四道體察使에 오르는 이원익은 어느 순간부터 이순신의 떠들썩한 옹호자가 되었는데, 그도 유성룡과 같은 남인으로 이 둘은 상당히 두터운 친분을 유지하고 있었다. 이처럼 표면적으로 드러난 것 말고도 유성룡은 이순신에게 음으로 양으로 많은 도움을 주었을 것이다. 이야기가 여기에 이르면 몇 가지 질문이 생기지 않을 수 없다. 유성룡이 이순신을 도와준 이유는 과연 무엇일까? 단순한 우정 때문이었을까? 아니면 이순신이 '세 가지 이야기'에 있는 방법을 유성룡에게 쓴 것은 아니었을까? 지금까지 어떤 사서에서도 이순신과 유성룡 간에 어떠한 친인척 관계가 있었다는 기록은 없다. 하지만 또 다른 방법 즉 뇌물을 쓴 것은 아니었을까?

고위 특히 고급 문관의 하급 관원에 대한 영향력은 적지 않았다. 예를 들어 천거제薦擧制가 있었는데 일정 품계가 넘는 고위 문·무관은 3년 또는 매년 봄 정월春孟月에 인재 3명 정도를 추천해서 승진시킬 수 있었으며, 이것은 고급 관리의 관습적인 특혜가 아니라 법전에 명시된 규정이었다(經國大典 吏典 薦擧). 이외에도 고위 관직자는 보통 하급 관리에 대한 고과와 포폄을 심사할 책임이 있었다. 하위 관직자에게 인사상에 이익을 주거나 불이익을 주는 것은 고위 관직자의 주관적인 판단이었기 때문에 하급자는 상급자와 원만한 관계를 유지하려 했다. 그래서 고급 관리 특히 고위직 경관은 하위직 그중에서도 지방관들로부터 갖가지 명목의 '예물'을 받았다.

이러한 예물은 봉여封餘, 칭념稱念, 수증受贈이라는 여러 명칭으로 전달되었다. 봉여는 진상하고 남은 물품을 중앙의 관료들에게 나누어주는 것이었다. 하지만 실상은 봉여라는 미명 하에 진상과 같이 준비되었으며 대체로 그 양은 진상품의 약 1/3가량이었으며, 중앙의 관사를 통해서 하사하는 것이 원칙이었던 것으로 보이지만 지방관이 직접 전해 주는 경우도 많았다.[28] 칭념칭념에는 노비칭념과 선물칭념 두 가지가 있는데 여기서는 선물칭념만을 뜻한다.은 중앙의 관직자가 향촌에 물러나 있는 실력자에게 안부 인사를 겸해서 선물을 전하는 방식이었는데 전달방식이 꽤 복잡했다. 지방관이 교체되면 신임 지방관이 부임하게 되는데 그 전에 고위 관직자들과 전별연餞別宴이라는 연회에 참석해야 했다. 만약 그 신임 지방관이 파견될 지역에 실력자가 은거하거나 유배되어 있으면 그에게 친분이 있는 경관이 그 자리에서 신임 지방관에게 칭념을 부탁했다. 근무지에 도착한 신임 지방관은 그 실력자에게 찾아가서 중앙에 있는 친구들의 안부 인사를 전해 주고 임지의 창고에서 재물을 꺼내어 예물로 건네주었다. 결국 칭념을 부탁한 사람이나 그 부탁을 받은 지방관의 주머니에서 물품이 나가는 것이 아니라 그 지방의 재원에서 출연되는 셈이었다.[29] 수증은 앞의 두 가지보다 압도적으로 많은 물품을 받는 방식이었다. 수증은 그 양뿐만 아니라 일상용품에서 사치품에 이르기까지 종류도 다양해서 수증만으로도 생활을 영위하는 데 불편함이 없을 정도였다. 그 물품의 대부분을 지방관에게 받은 것이다.[30] 이외에도 고위직 경관이 고향에 저택을 건축하거나 연못을 팔 때 그 인근의 지방관들에게 부탁해서 물자와 노동력을 제공받기도 했다. 노동력 제공에는 수령이나 병·수사의 병졸들이 동원되었다.[31] 당시 병사들은 대부분이 징집된 일반 농민들이었던 만큼 이런 행위는 백성들의 노동력을 착취하는 것이나 다를 바가 없었다. 고급 관료들의 조상의 묘를 정돈할 때 드는 인력과 물품도 지방관이 지불했다. 심지어 지방관들은 고위 관료가 제사를 지낼 때 제사상까지 차려서 바치기도 했다.[32] 고관의 친인척과 지인들도 지방관이 보내준 물품을 받거나 여러 가지 혜택을 제공받았다. 여기에 드는 비용은 물론 지방관이 관할 지역민으로부터 착복한 재물과 부역으로 충당했다.

고급 관료들이 지방관들에게 지속적으로 상납을 받은 것은 조선의 재정적 취약성과 깊은 연관이 있었다. 당시 직전법이 사실상 폐지되고 관리들은 녹봉을 받고 있었다. 관리들은 각 품계에 맞춰 18등급으로 나누어 1·4·7·10월에 쌀, 콩, 밀, 정포正布, 비단으로 녹봉을 지급받았는데, 그 양이 적어서 하급 관리는 허기를 면하기도 어려운 정도였고 사정이 더 나은 고급 관리라도 녹봉만으로 상류층의 품위 있는 생활을 유지하기는 불가능했다. 게다가 흉년이 들거나 명나라 사신의 방문 등으로 인해 적자가 발생하면 국가는 관리들의 녹봉을 삭감하거나 아예 주지 않기 일쑤였다. 결국 관리들은 녹봉을 규정대로 받을 때보다 받지 못할 때가 더 많았다.[33] 더 큰 문제는 현대의 지방 하급 행정공무원 격이라 할 수 있는 향리였다. 향리는 관리라는 피라미드의 기층 계층으로 지방관아를 실질적으로 운영하는 매우 중요한 조직이었지만, 이들은 품계에 들지 못했으며 국가로부터 아무런 보수도 받지 못한 데다가 다른 직업도 가지지 못하도록 강제했다. 이러한 직무 환경은 향리의 부정부패를 조장하도록 만드는 것이나 다름없었다. 몇몇 뜻있는 문관들이 향리의 비리를 척결하기 위해 대책을 강구하기도 했다. 이이는 『동호문답』에서 벌금으로 내는 속포贖布와 통상적인 조세에 덧붙여서 문서文書를 꾸미는 데 쓰는 종이 값으로 거두는 세금인 작지作紙로 향리의 녹봉을 충당하자고 했으며,[34] 유성룡의 문집인 『서애집』의 「연보」에는 유성룡이 상주목사로 재직하고 있을 적에 "아전의 급료제도를 중국 관리의 월급 규정과 같게 매월 1일마다 성적평가를 하여 거기에 따라 급여를 올려주거나 내려주도록 하려다가 결과를 매듭짓지 못하였다."고 했다.[35] 그러나 이이가 주장한 대로 몇 개의 잡세雜稅를 모은 것 정도로 수많은 향리들의 급여를 댈 만큼 적절한 재원이 될지 의문이며 설사 시행됐다고 하더라도 그 정도로는 호구지책도 면하기 어려웠을 것이다. 그리고 유성룡의 경우에도 논란을 일으킬 소지가 컸다. 그가 자의적으로 만든 급여제도로 상주의 향리에게 임금을 실제로 주었다면 무급으로 일하는 타 지역 향리들과의 형평성 문제에 휘말렸을 것이 분명하다. 이 문제의 근본적인 해결을 위해서는 모든 지방의 향리에게 적절한 급여를 지급해야만 했다. 이를 위해 세입을 대폭 늘려야 했는데, 그렇게 하기 위해서는 전국적인 규모의 양전量田사업과 호구조사를 실시하여 공정하고 실용적인 조세제도를 마련해야만 가능했다. 아무리 출중하고 막강한 영향력을 가진 관료라 하더라도 대대적인 세제개혁을 추진하려면 엄청난 시간과 노력이 필요했으며 필시 각종 난관에 직면했을 것이다. 즉 향리의 부정은 도덕적 문제라기보다는 재정상의 문제에 가까웠다. 그리고 바꾸어 생각해 보면 재정문제가 돌파되지 않는 이상 당시 관봉을 받는 정규 관리들에게 현실적인 정도의 급료를 지급하는 것도 사실상 불가능함을 의미했다.

그리고 고위 관리에게 물품을 주는 것을 모두 뇌물이라고 매도할 수만도 없다. 갑자기 엄청난 양의 물품이 오고 가서 확연히 뇌물이라는 점이 드러나도록 선물을 보내는 경우는 아주 드물었다. 보통은 안부 편지를 보내거나 축하할 일이 있으면 지인에게 간단한 선물을 주고받는 것이 당시의 관례였기 때문이다. 그리고 지방관이 물건을 준다고 해도 단지 관례적으로 선물로 보내준 것일 수도 있으며 각각 선물의 양도 대부분 그리 크지 않았다. 문제는 어디까지가 관례적인 '예물'이고 어디까지가 '뇌물'인지를 가리는 정확한 준거가 없었다는 사실이다. 예를 들어 당시에 칭념은 어느 정도 정형화되어 있어서 한 번에 보내는 양은 보통 쌀 1석과 콩 1석 정도였다.[36] 하지만 이보다 약간 더 많은 쌀 2석과 콩 1석 또는 쌀 1석과 콩 2석을 칭념하면 이것을 단순한 예물로 봐야 할까? 아니면 뇌물로 간주해야 하는가? 그리고 쌀 1석과 콩 1석을 칭념으로 보내더라도 어떤 관리는 한 번만 보내고 다른 관리는 두 번을 보냈다면 한 번 보낸 사람은 청렴한 관료이고 두 번 보낸 사람은 부패한 탐관오리라고 할 수 있을까? 이런 애매한 형편으로 인해 관리들 간의 물품수수는 개인의 양심에 맡길 수밖에 없었다. 그리고 관례적으로 선물을 주고받는 관습은 관리들에게 분명히 물품수수 행위에 대한 양심적인 피난처를 제공했을 것임이 분명하다. 관리들은 분명히 유교 경전을 공부한 지식인으로 일반 양민들보다 도덕적 원칙을 더욱 충실히 지켜야 하며 필요하다면 빈한한 생활도 견뎌내야 한다고 믿었지만, 그들도 사람이었으니 어느 정도 사적인 이익을 추구하지 않을 수 없었고 결국 이런 반쯤 관례화되고 또 반쯤 비합법적인 방식의 수입을 챙기게 된 것이다.

그 당시 어떤 선비가 과거에 합격한 후 승승장구하여 높은 관직을 얻게 되었을 때 그로 인해 발생하는 성공의 과실들을 모두 독차지할 수는 없었다. 그런 관리는 높은 관직으로 인해 가문에서 특별한 위치를 점유하게 되었으며, 사회적 통념상 그런 인물들은 가문의 다른 구성원들을 보살펴 줘야 한다는 도덕적 압력에 시달렸다. 그것도 그럴 것이 보통 그 자리에 있기까지 학업에 몰두할 수 있도록 가족은 계속해서 경제적인 도움을 주었기 때문이다. 가족이 그런 희생을 치렀는데 과거에 합격한 후 일족을 모른 채 한다는 것은 있을 수 없는 일이었다.

임진왜란이 발발하여 물자부족과 빈곤이 만연하자 관직을 통해 얻게 되는 수입은 가솔들을 먹여 살려야 하는, 생존하는 데 없어서는 안

될 경제적 요소로 부각되었다. 예를 들어 피난생활을 하던 오희문吳希文이라는 인물이 있었는데 그 아들이 지방수령에 임명되었다. 오희문은 아들의 부임지에 가족들과 함께 들어갔다. 오희문의 가족들은 그 지역에서 국가 소유의 관둔전官屯田과 역전驛田을 경작하여 수확물을 자신들의 식량으로 삼거나, 인근의 수령들에게서 수증품을 받았고 심지어 관청의 창고에 있는 곡식을 마음대로 가져다 쓰면서 어려운 시기를 견뎌냈다.[37] 위의 예에서 관리와 그 가족들은 그다지 양심의 가책을 받지 않았던 것 같다. 관리와 가족들이 그 정도의 편의를 받는 것은 보통이었고, 일본군의 침입으로 인한 혼란으로 안 그래도 제대로 지급되지 않았던 관리들의 녹봉은 더욱더 받기 어려웠기 때문이었을 것이다. 하지만 청렴한 관리로 유명했던 이원익은 그렇게 생각하지 않았다. 이원익은 나중에 염근리廉謹吏: 청렴하고 근면한 관리로 뽑힌 적이 있었다. 이는 대단한 영예였지만 그는 자신을 염근리로 뽑는 것을 사양하는 차자를 올렸는데 그 일부 내용은 이러했다.

신은 세업世業이 풍부하지 못한 데다 전란 뒤에 더욱 피폐하였으니, 생활에 힘입을 만한 전택이나 노비가 없고 10년 전쟁 속에 늠료廩料: 녹봉가 이어지지 못한 때가 허다하였는데, 가족들이 춥지 않게 옷 입고 굶주리지 않게 밥 먹으며 편안히 살아온 것은 어찌 스스로 농사를 짓고 스스로 길쌈을 해서이겠습니까? 자세히 따지면 터럭끝 만한 것도 모두 다른 사람의 물건인 것입니다. 다른 사람은 물건이 한사寒士와 필부匹夫에게 미치지 않고 반드시 이 신에게 미치는 것을 신이 총질寵秩에 있다하여 사람이 별도로 대우한 것이 어찌 아니겠습니까? 이것은 모두 국가에서 주는 것이니 그 은덕 마음에 잊혀지지 않습니다. 친구로서 외직에서 있는 자가 선물을 보내온 것도 일찍이 받지 않은 적이 없었습니다. 종시하는 바가 이와 같은데 무엇 때문에 이런 이름이 신에게 가해진지 모르겠습니다.

오리선생문집, 109쪽

이원익의 이런 솔직한 자기반성은 제대로 관봉이 지급되지 않았기 때문에 반쯤 비합법적인 방법으로 이득을 취할 수밖에 없었던 관리들의 양심적 기준이 개개인에 따라 천차만별이었다는 점을 드러내고 있다.

그러면 이런 분위기에 편승해서 이순신도 유성룡에게 모종의 방법으로 경제적인 이득을 안겨주고 유성룡은 그 대가로 그를 지원하고 있지는 않았을까? 이순신이 유성룡과 고위층 인사들에게 편지를 전하면서 전복이나 유자 따위의 특산물도 같이 보냈다는 기록은 이러한 사실을 뒷받침하는 증거가 아닐까?[38] 그러나 아마 그렇지는 않았을 것이다. 『난중일기』에는 유성룡이 죽었다는 소문이 퍼졌을 때에 대한 자신의 심경을 표현한 기록이 있다. 이 헛소문을 들은 이순신은 "유정승을 질투하는 자들이 말을 만들어 훼방하려는 것"이라고 치부하고 잠자리에 들려고 했지만 "유정승이 만약 돌아가셨다면 나랏일을 어찌할 것인가."하는 걱정으로 마음이 어지러워 결국 밤이 깊도록 잠들지 못했다고 한다.[39] 이외에도 『난중일기』의 다른 글에서도 유성룡에 대한 이순신의 존경어린 여러 표현들을 발견할 수 있다. 겨우 뇌물을 주고받는 정도로 유지되는 얄팍한 관계라면 이순신이 자신의 사적인 마음을 적은 일기에 이런 애절한 글을 적었을 리가 만무하다. 유성룡의 문집에서도 이순신의 자질을 높게 평가하는 여러 글들이 있다. 이런 증거들을 통해 유성룡이 이순신을 적극적으로 지원한 것은 오랫동안 같은 동리에 살면서 그의 남다른 자질을 눈여겨 관찰하고 그의 군사적 자질과 인품을 인정했기 때문임을 알 수 있다.

하지만 유성룡이 이순신을 도와준 동기가 고결했는지 아니면 '세 가지 이야기'처럼 다소 이해타산적인 동기에 바탕을 두었는지는 그다지 중요한 문제가 아닐 수도 있다. 확실한 사실은 하급 관리가 아무리 혼자서 발버둥을 친다고 해도 승진에는 분명한 한계가 있었으며 그것을 뛰어넘기 위해서는 상급 관리 특히 고급 문관의 지원은 선택요소가 아니라 필수요소였다는 것이다. 이 점은 「행록」의 다른 기록에도 잘 나와 있다. 여기에 따르면 이순신이 권세 있는 집에 드나들지 않아서 그의 능력을 알아주는 이가 없었다는 내용을 두 번이나 찾을 수 있다.[40] 유성룡이 집필한 『징비록』에서도 이순신이 정읍현감에 이르렀을 때를 묘사하면서 "조정에서 그를 추천하여 주는 사람이 없어서 무과에 급제한 지 10여 년이 되도록 승진이 되지 못하다가 비로소 정읍현감이 되었다."고 기술되어 있다.[41] 그리고 이러한 상황은 이순신만이 아니라 주위의 다른 장령들에게 적용되는 배경이기도 하다.

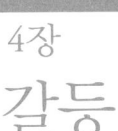

4장

갈등

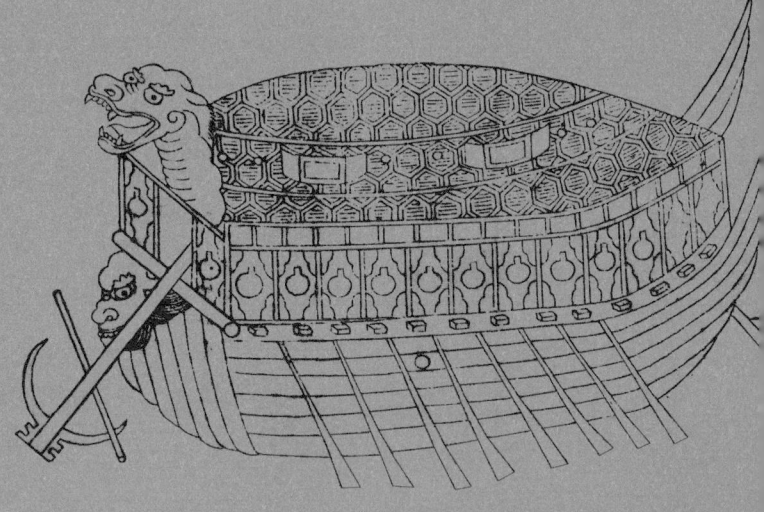

이순신이 쓴 『난중일기』에는 매우 끔찍한 어떤 사건이 기록되어 있다. 이순신이 웅포에 주둔한 일본군에 대한 공세를 지속하던 1593년 2월 28일에 있었던 일이었다. 이날 조선군 함대는 새벽에 출항하여, 감히 도전하지 못한 채 움츠리고 있는 웅포의 일본군에게 포탄과 시석矢石을 쏟아 부은 후 더 동진東進해서 김해강金海江 하구로 향하던 때였다. 그 무렵 이순신은 뜻밖의 변고를 들었다. 경상수군 소속의 군사들이 사후선 2척을 타고 어떤 섬에 있던 어부들의 목을 베고 있다는 소식이었다. 이순신은 곧바로 그 섬을 에워싸고 살인자들을 묶어서 경상우수사 원균에게 보냈는데 원균은 도리어 크게 화를 냈다. 왜냐하면 그 잔인한 학살을 주도한 것이 바로 원균이었기 때문이었다. 원균은 다른 함선들이 전투를 벌이던 틈을 타서 어부들의 머리를 취하여 일본군의 수급으로 속여 이것으로 군공을 삼으려 한 것이다.[1] 4일 후에 이순신은 원균의 부하장수 중 한 명에게서 그 학살에서 살아남은 강진 사람 2명이 고성으로 붙들려가서 문초를 받고 돌아왔다는 이야기를 들었다.[2]

여기에서 이 잔혹한 사건을 기술한 목적은 원균이라는 인물에 대한 인격적인 평가를 내리기 위해서가 아니다. 그것보다는 이 사건을 통해서 당시의 정치적 배경과 관행에 대해 추측을 해보기 위해서이다. 그러기 위해서는 이 참변보다 더 이해하기 어려운 상황에 대해 알아보아야 한다. 그것은 원균이 이 범죄에 대해서 어떠한 처벌도 받지 않았다는 점이다. 즉 당시가 기록된 어떤 사료에도 원균이 그 일로 형을 언도받았다는 기록이 없다. 심지어 『난중일기』 이외의 어떠한 사료에서도 그가 이러한 학살을 저질렀다는 기록조차 발견할 수 없다. 그렇다면 몇 가지 의문이 생길 수밖에 없다. 이순신은 비록 때가 늦어서 원균의 학살을 미처 막지 못했을지라도, 왜 그를 고발하지 않고 사적인 일기에만 그것을 적어두었을까? 혹시 그동안 전투를 치르면서 생긴 전우애 때문에 이순신이 이 일을 덮어둔 것은 아니었을까? 하지만 그럴 가능성은 전혀 없어 보인다. 이 일이 벌어지기 이전에 이 둘은 서로에게 매우 적대적인 태도를 유지하고 있었던 것이다.

『난중일기』를 읽어보면 이순신이 원균에 대해 가졌던 불만과 불편이 자주 드러난다. 예를 들어 원균이 민간인 학살을 벌이기 며칠 전에 웅포에서 일어난 전투에서 전라도 소속의 전함이 적에게 포위되어 거의 구할 수 없는 지경에 이른 적이 있었다. 그런데도 경상수군은 이 광경을 보고도 끝내 구하지 않아서 결국 우후가 들어가 겨우 구조한 적이 있었다. 그는 이것이 모두 주장인 원균 때문이라고 여겼다.[3] 또 명나라 고관이 삼도수군에 화공 무기인 화전火箭 1,530개를 보냈는데 원균은 다른 수군집단에 나누어 보내지 않고 자신의 군대인 경상우수군에게만 지급하려 한 적도 있었다.[4] 특히 한산도 진중에 순무어사巡撫御史 서성徐渻이 왔을 때 벌어진 사건은 둘 사이의 상황을 더욱 악화시켰다. 순무어사는 감찰하는 임무를 맡고 있었기 때문에 이순신은 그를 접대하는 데 각별히 신경을 썼다. 1594년 4월 12일에 주연酒宴이 벌어져 서성과 이순신 그리고 모든 수사들이 모여서 술을 주고받는데 갑자기 원균이 소동을 일으켰다. 이순신은 이 일에 대해서 일기에 "원수사가 짐짓 술 취한 척하고 미친 듯이 날뛰며 억지소리를 해대니, 순무어사가 매우 괴이하게 여겼다."라고만 쓰고 원균이 정확히 무슨 말을 했는지는 기술하지 않았다.[5] 원균이 이 자리에서 무슨 말을 했는지는 뜻밖에도 몇 년 후의『선조실록』에서 찾아볼 수 있다.

김수가 아뢰기를, "서성이 술을 차려 잔치를 베풀고서 두 사람이 화해하
도록 했는데, 원균이 이순신에게 말하기를 '너에게는 다섯 아들이 있다.'
(다섯 아들이란 권준權俊, 배흥립裵興立, 김득광金得光 등을 말한다.) 하였으니,
그의 분해하고 불평함을 알 수 있습니다."

선조실록, 30년 1월 27일

여기에 언급된 순천부사順天府使 권준, 흥양현감興陽縣監 배흥립, 보성
군수寶城郡守 김득광은 모두 전라좌수군에 소속된 장수들이었다. 이순
신은 당시 삼도수군통제사였지만 여전히 전라좌도수군절도사를 겸
하고 있었다. 원균이 이 말을 한 의도는 아마도 이순신이 자신이 예전
부터 거느리고 있던 전라좌수군의 장교들에게만 특혜를 베풀고 있다
고 주장하고 싶었던 것으로 보인다. 원균은 평소에 가지고 있던 불만
을 순무어사가 자리하고 있던 것을 기회 삼아 이순신의 면전에서 터
뜨렸고 이 일로 인해 양자 간의 불화가 조정에 숨김없이 알려지고 말
았다. 이 사건이 벌어진 지 두 달이 채 지나지 않은 6월 4일에 조정에서
유지가 내려왔는데, 그 내용은 수군의 여러 장수들이 서로 반목한다
고 하니 이제부터라도 서로 잘 협력하라는 것이었다. 이 글을 본 이순
신은 "이는 원균이 술에 취하여 망발했기 때문"에 상부에서 이런 공
문을 보냈으리라고 생각했다.[6]

이외에도 이순신이 일기에 원균의 인물됨과 언행에 대해서 평가해
놓은 문장들을 보면 "흉포하고 패악兇悖"하다거나, "흉악하고 음험함과
시기兇險猜忌"하며 "매우 해괴하다極可駭" 등 당시에 쓸 수 있는 모든 고약
한 표현을 써서 그를 비난하였는데 이 글을 보면 마치 이 세상에 원균

과 같은 악인은 없는 것처럼 느껴진다. 이순신은 일기에 자신의 주변 인물들에 대해 흉을 본 기록이 있지만 원균처럼 여러 차례에 걸쳐 혐오감이 강한 표현의 글로 비난한 사람은 없었다. 이순신은 분노를 넘어 진정으로 원균을 경멸하고 있었다.

하지만 더 면밀히 관찰해야 하는 것은 이순신이 조정에 보낸 장계와 계본이다. 이순신이 1차 출전에 대한 결과를 보고하는 장계의 글을 보면 원균이 단 3척의 전선만을 거느리고 와서는 전라좌수군이 노획한 일본선박을 활을 쏘면서 빼앗으려고 해서 군사 2명이 상처를 입었다는 내용이 있다. 그리고 원균은 경상우수사로 부하들을 단속할 책임이 있으니 조정에서 조처해 달라고 요청하고 있다.[7] 이순신이 보낸 다른 장계의 내용에도 이순신은 경상우수군이 전투에 몰두하기보다는 적의 시체에서 머리를 베어오거나 다른 아군이 획득한 적의 수급을 강탈하는 데 더 관심을 기울이는 것처럼 묘사하고 있다.[8] 3차 출전 후의 이순신의 장계에는 "경상도 여러 장수들은 소선을 타고 뒤에서 관망하던 자가 (전라수군이) 거의 적함 30여 척이나 되는 적의 배를 쳐부수자, 구름처럼 모여들어서 머리를 베었다."고 적어 놓았다.[9] 이순신의 또 다른 계본에는 한산도해전에서 함선이 파괴되어 가까스로 한산도에 상륙한 일본군 400여 명을 원균의 어이없는 실수로 모두 놓쳐버렸다는 내용이 있다. 그 당시 이순신과 이억기는 함대의 보급과 휴식을 위해 전라도로 되돌아가야만 하는 상황이었기 때문에 이순신은 원균에게 한산도의 패잔병을 처리하도록 맡겼다. 한산도는 당시에 거의 무인도나 다름이 없어서 먹을 것이 없었기 때문에 그 섬에서 빠져나가지 못한 채 열흘만 있어도 굶어 죽을 것이 확실한 상황이었다. 원균의 임무는 그들을 직접 공격하는 것이 아니라 그 섬에서 도망치지 못하게 포위하고 일본군이 아사할 때까지 기다리기만 하면 되는 간단한 일이었다. 하지만 원균은 많은 적선이 진격해온다는 헛소문을 들어서 포위를 풀어버렸고, 한산도의 적군들은 그때를 틈타 뗏목을 만들어서 육지로 도주해 버렸다.[10]

장계와 계본은 관리가 조정에 직접 보고하거나 청원할 때 작성하는 문서의 일종이다. 일기에 누구의 잘못을 기록했다고 해서 그 사람이 피해를 보는 것은 아니지만 상부에 보내는 공식적인 문서에 그런 내용을 포함시키면 당사자는 처벌을 받기 마련이다. 즉 이순신은 원균이 학살을 벌이기 이전에 사실상 이미 그를 여러 번 고발했었음을 알 수 있다. 그런데 이상하게도 원균은 이에 대해서 제재를 받지 않았다. 만약 그랬다면 『선조실록』이나 다른 사서에 기록이 남아 있었겠지만 그런 흔적을 찾을 수가 없다. 이런 사실은 또 다른 의문을 불러일으킨다. 원균의 범죄행위가 담긴 이순신의 보고서를 받고도 왜 조정에서는 원균에게 별다른 조처를 취하지 않았을까? 혹시 이순신이 원균을 고발했을 당시에는 둘 다 수군절도사로 직급의 고하가 없었던 데다가 관할지역도 전라도와 경상도로 달랐는데, 이 때문에 상부에서는 이순신이 원균을 고발할 만한 위치에 있지 않다고 판단하고 무시해 버린 것은 아니었을까? 하지만 당항포와 그 인근에서 벌어진 해전에 대한 경과를 보고하는 이순신의 계본을 보면 이 가정도 별로 신빙성이 없음을 알 수 있다. 이 문서에는 그 전투에서 삼도수군이 힘을 합쳐서 상당한 수의 일본선박을 불태웠는데, 원균은 이 공로가 오로지 자신과 자신 휘하의 군대에만 돌아가도록 하는 공문을 보내서 모든 진중의 군사들이 분개하고 있다면서 이 점을 조정에서는 참고해 달라는 내용이 있다.[11] 이순신이 이 계본을 보낼 당시에 그는 삼도수군통제사로 임명되어 원균의 상관이 된 지 이미 몇 개월이나 흐른 뒤였지만, 예전과 똑같이 원균은 이 일로 처벌을 받지 않았으며 조정에서 이 사건에 대한 논의를 했다는 기록조차 없다. 그렇다면 단순히 이순신과 원균의 직위가 같아서 원균에 대한 이순신의 고발이 수리되지 않은 것은 아니었음을 알 수 있다. 원균이 처벌을 지속적으로 피할 수 있었던 이유는 과연 무엇이었을까? 이 난해한 문제에 대한 직접적인 해답을 알려줄 만한 문헌은 찾을 수 없다. 하지만 이 이후에 일어난 몇 가지 사건들과 이와 관련된 여러 사건들을 분석해 보면 이 의문에 대한 해답을 어느 정도 추측하는 것은 가능하다.

1594년 12월 1일에 조정의 중신들은 원균을 충청도병마절도사이하 충청병사로 발령 보내고, 원래 충청병사로 일하고 있던 선거이宣居怡를 경상우수사로 발령하는 결정을 내렸다. 이런 일이 벌어지게 된 것은 이순신이 원균과의 불화를 참다못해서 자신의 직책을 갈아 달라고 청한 일이 발단이 되었다. 이분의 행장에 따르면 이순신이 통제사를 그만두겠다고 의사를 표명한 시점은 그해 2월이었다.[12] 그리고 무슨 이유인지는 모르지만 이 일은 약 9개월이 지난 11월 12일에서야 조정에서 최초로 이 문제에 대한 논의가 이루어졌다.[13] 그리고 11월 28일에 비변사에서는 이 두 명의 지휘관이 서로 헐뜯는 것을 법으로 다스리자면 둘 다 파직시켜야겠지만 둘 중에 한 명만을 고른다면 원균을 체차시켜야 한다는 의견을 제시했다.[14] 이틀 뒤에 우의정 김응남金應南이 충청병사 선거이와 원균의 직을 서로 바꾸자는 주장을 했는데 결국

이 안이 받아들여지게 된 것이다.[15] 겉보기에는 이순신이 원균에 대한 불만을 조정에 제기한 것이 받아들여져서 원균이 충청병사로 이직된 것으로 보인다. 하지만 당시의 전체적인 상황을 고려해 보면 그렇게 간단히 설명되기에는 상당히 미심쩍은 부분이 있다. 왜냐하면 11월 28일 비변사가 원균을 체직시키자는 주장을 하기 직전의 정황은 원균보다는 이순신이 파직될 가능성이 더 농후한 상태였기 때문이다.

　9월 말에서 10월 초까지 조선 수륙군이 거제에서 벌인 작전이 실패한 것에 대해서 많은 논란이 벌어졌다.[16] 특히 이 실패의 책임은 과연 누구에게 있느냐는 것으로 관심이 모아지기 시작했다. 실제로 사헌부에서는 10월 23일에 좌의정左議政 겸 삼도체찰사인 윤두수의 체직을 청했고, 얼마 후에 사간원에서는 도원수 권율을 탄핵했는데 이 둘은 거제작전의 최고 책임자였다.[17] 하지만 이때까지는 양사의 이런 탄핵들이 실제로 처리되지는 않고 있었다. 그러다가 경상감사 홍이상洪履祥이 거제전투에서 수륙의 장군들이 패배한 사실을 숨기고 알리지 않았다는 논조의 보고서를 올렸는데, 그 내용을 보면 10월 1일에 적선이 밤의 어둠을 틈타서 사도 소속의 전선에 불을 지르고 나중에 다시 습격하여 남김없이 불태웠다고 되어 있다. 미처 도망하지 못한 이 배의 군사들은 거의 대부분이 피살당했고, 이 와중에 사후선 3척까지 실종되어 이 배들에 탄 군사들마저 거의 다 죽었는데도 이 사실을 전혀 보고하지 않았다는 것이다. 그날 이순신이 쓴 일기에도 사도 2호선이라는 전투함이 육지에 배를 정박하려 할 때 적의 작은 배가 갑자기 와서 불을 던졌으나 별 피해 없이 꺼졌고 제대로 대처하지 못한 사도선 군관의 죄를 무겁게 다스렸다고는 되어 있으나, 이 선박이 적의 공격으로

완전히 침몰했다거나 사후선 3척을 잃어버렸다는 내용은 어디에도 적혀 있지 않다.[18]

이 글을 읽은 선조는 권율과 윤두수에 더해서 이순신까지 처벌하라는 전교를 11월 21일에 내렸다.[19] 선조는 이 세 명을 가볍게 문책하려고 했던 모양이지만, 그 다음 날인 22일부터 책임자에 대한 강력한 징벌을 주장하던 사헌부가 윤두수는 파직시키고 권율과 이순신은 붙잡아서 국문鞠問해야 한다고 주장했다. 지나치게 높은 처벌수위에 놀란 선조는 처결을 거부했지만 그 다음 날에는 사간원까지 동조해서 양사가 이들 세 명을 탄핵하기 시작했다.[20] 이렇게 22일부터 시작된 대간들의 처벌요구는 매우 끈질겨서 28일까지 7일 연속으로 이 세 명의 탄핵을 줄기차게 청했다. 즉 이때 이순신은 윤두수, 권율과 함께 언제 파면을 당할지 모르는 상황이었다. 그런데 갑자기 28일에 비변사에서 이순신과 원균이 사이가 나쁘다는 이유로 원균의 체직을 청했고 이 요청이 받아들여져서 오히려 원균이 충청병사로 전보당한 것인데, 이는 너무나도 이해하기 어려운 일이다. 거기에 더해서 비변사가 청한 원균의 체직요구는 매우 갑작스러운 제안이기도 했다. 앞서 언급한 11월 12일에 있었던 회의에서 원균을 유임시키는 방향으로 결론이 난 상태였으며, 『선조실록』만을 보면 이 이후로 28일까지 조정에서는 이 문제에 대해서 특별히 논의를 했다는 기록도 찾을 수가 없다. 그렇다면 왜 비변사에서 갑자기 원균의 체직을 청한 것일까?

이렇게 된 것은 아마 영의정 유성룡이 전쟁이 발발한 이후로 정무 최고 회의기관으로 점차 그 권한과 기능이 확대되고 있던 비변사의 도제조都提調였기 때문이었을 것이다. 비변사 도제조는 비변사의 최고 직위로 삼정승이 겸직을 하고 있었는데, 이중에서도 수상인 영의정이 논의를 주도하는 것이 원칙이었으며 중요한 사안에 대해서는 반드시 영의정과 협의를 거쳐야 했다.[21] 게다가 유성룡은 비변사 운용에 관심이 많아서 실무진인 유사당상有司堂上들과 함께 회의를 하는 일이 자주 있었기 때문에 그가 비변사의 활동을 실제로 주도하고 있었다고 볼 수 있다.[22] 그리고 이런 정황상의 추측 외에 실제적인 증거도 있는데, 그것은 몇 년 후에 조정에서 다시 이순신에 대한 비판이 거세어질 때 비변사가 이순신을 비호하고 있다는 지적을 받은 일이다. 물론 유성룡은 이에 대해 강하게 부인했다.[23] 하지만 가장 결정적인 증거는 비변사에서 원균을 체직시키려 하기 약 3개월 전에 유성룡이 그를 아주 은밀한 방식으로 경상우수사에서 내보내려 한 적이 있었다는 점이다.

성룡이 아뢰기를,

"신이 서성의 서신을 보았는데 서신의 내용은 다 진달할 수 없으나, 대개는 김응서金應瑞와 고언백高彦伯은 서로 싫어하고 박진朴晉과 김덕령金德齡도 화목치 못하다는 것입니다."

하니, 상이 이르기를,

"변장들이 매우 그르다. 전일에 저들이 스스로 말하기를, 이제부터는 손을 잡고 서로 좋게 지내고 다시는 전과 같이 서로 미워하지 않을 것이라고 하였는데 이제 또 이러하면 군상을 속인 죄를 면할 수 없을 것이다. 이러한 때에는 호胡와 월越나라 사람이라도 한집처럼 여겨야 할 텐데 사사로운 혐의로 틈이 있으니 매우 무리하다."

하였다. 성룡이 아뢰기를,

"김응서를 경상우도 수사로 옮김이 어떻겠습니까?"

하니, 상이 이르기를,

"두 장수가 만약 서로 용납하지 못한다면 말한 대로 하는 것도 무방하겠으나 전라병사로 옮기면 어떻겠는가?"

하자, 성룡이 아뢰기를,

"박진은 잔약하기가 유생 같으니 박진을 교체하고 김응서로 대신하는 것이 어떻겠습니까?"

선조실록, 27년 8월 21일

이 기록을 보면 유성룡이 경상도 방어사 김응서와 경상좌병사 고언백 간의 알력이 발생한 것에 대해 이야기하면서 이를 해결하기 위해서 선조가 김응서를 경상우수사에 임명시키도록 설득했음을 알 수 있다. 그렇게 된다면 원균은 경상우수사에서 물러날 수밖에 없었을 것이다. 겉보기에는 다툼이 발생한 두 명의 무장 중에 한 명을 다른 곳으로 전출해서 불화를 막아보자는 것 같지만 하필이면 왜 그것이 원균의 자리였을까? 이것을 단순한 우연이라고 할 수 있을까?

사실 유성룡은 김응서와 고언백 둘 중 한 명을 다른 사람과 바꾸자고 주장한 최초의 인물이 아니었다. 이 이전에 권율은 김응서와 고언백이 사이가 좋지 않으니 고언백을 경상우병사慶尙右兵使 박진과 서로 바꾸자는 내용의 장계를 조정에 보냈었다.[24] 유성룡이 김응서와 고언백 둘 중에 한 명을 경상우수사에 임명시켜서 원균을 내보내려는 생각을 갖게 된 것도 아마 권율의 이 의견에서 착안했을 것이다. 선조가 그것을 우회적으로 반대하자 유성룡은 권율이 주장한 원안을 따르려고 한 것으로 보인다. 그리고 이것 말고도 원균의 전출과 관련해서 유성룡이 개입한 또 다른 사례가 있다.

원균이 경상우수사에서 물러나기로 결정된 이후에도 상황이 순탄하지가 않았는데, 사간원에서는 원균이 충청병사로 있어서는 안 되고 그대로 수사의 직임을 맡겨야 한다고 주장했다.[25] 그리고 원균과 교대할 충청병사 선거이는 건강문제를 이유로 경상우수사에 부임하는 것을 사양했고, 대신에 진주목사晋州牧使 배설裵楔이 대신 맡게 되었지만 이마저도 지연돼서 1595년 2월 하순까지 원균은 계속 경상우수사에 머물고 있던 상태였다.[26] 이런 상황에 불안을 느꼈는지 유성룡은 "원균은 형세가 그대로 머물러 둘 수가 없다."고 하면서 조속히 원균이 경상우수사직에서 물러나도록 촉구하고 대신에 원균이 이순신이 편애하는 부하 중 한 명이라고 지목했던 권준을 그 자리에 임명하자는 계사啓辭를 올렸다.[27] 그 당시 권준은 죄를 짓고 순천부사에서 파직당한 지 얼마 되지 않은 상황이었는데, 유성룡은 그 사실을 잘 알고 있었음에도 그를 추천해 준 것이다.[28] 이런 우여곡절 끝에 결국 배설이 신임 경상우수사로 한산도에 도착하자 원균은 어쩔 수 없이 자리를 내놓을 수밖에 없었다.[29]

유성룡이 원균을 다른 관직으로 이직시킨 것은 이순신의 개인적인 부탁이 있었는지 아니면 유성룡의 자의적인 판단에 의한 것인지는 분명하지 않다. 확실한 것은 그것이 이순신을 위해서 한 일임은 분명하다. 그리고 눈여겨볼 점은 유성룡이 원균을 삼도수군에서 몰아내려한 방식이 상당히 조심스러우면서도 간접적이었다는 것이다. 전술한 김응서와 고언백 간의 갈등을 해소시키기 위해서 원균을 이 둘 중 한 명과 교체시켜야 한다는 유성룡의 주장을 얼핏 들으면, 김응서와 고언백, 두 장수간의 불화에 초점이 맞춰져 있어서 그의 진정한 의도인 원균이 수군 장관직을 내놓아야 한다는 사실은 자연스럽게 감추고 있음을 알 수 있다. 게다가 이순신과 원균이 사이가 좋지 않으니 둘 중에 한 명을 체직시켜야 한다는 비변사의 주장과 논리적으로 아주 유사하다.

유성룡은 전쟁이 발발한 이후로 이순신과 만난 적은 없었기 때문에 이순신으로부터 직접 원균에 대한 이야기를 들을 수 없었지만, 이순신과 지속적으로 서신을 교환했기 때문에 원균이 어떤 인물인지는 분명히 잘 알고 있었을 것이다. 유성룡은 임진왜란 동안 일어난 중요한 사건과 자신이 겪었던 일에 대해 기록한 『징비록』이라는 책을 지었는데, 그 책에서 원균은 "성품이 험악하고 간사하며 또 중앙과 지방의 인사들과 수시로 연락하면서 이순신을 모함하느라 여념이 없었다."고 묘사되어 있다.[30] 하지만 그는 정작 어전회의 같은 공개석상에서 원균을 직접 비난하는 발언을 한 적은 거의 없었다. 유성룡이 원균을 강하게 압박하지 못했던 것에는 여러 가지 이유들이 있었겠지만 가장 중요한 이유는 원균이 서인의 거두였던 윤두수와 친족관계라는 사실 때문이었을 것이다.[31]

당시 고위 무관직을 얻기 위해서는 반드시 고급 문관으로부터 정치적인 지원을 받아야만 했다. 이순신은 동인인 유성룡으로부터 원균은 서인인 윤두수로부터 후원을 받고 있었다. 하지만 이순신이 원균을 배척했던 것은 단순히 그의 잔혹하고 이기적인 행동 때문이었지 자신과 다른 당파로부터 지지를 받았다는 이유로 그를 싫어했던 것은 아니었다. 당시의 당쟁은 관료들 간의 심각한 분열과 긴장을 초래했지만, 그것은 어디까지나 문관들 간의 분쟁일 뿐이었고 이것이 무관들 간의 다툼을 초래하지는 않았다. 무관들도 여러 가지 원인으로 서로 다투기는 했지만 이순신과 원균의 불화처럼 어디까지나 개인적인 차원의 문제였으며, 문관들처럼 파당派黨을 이루어서 집단적인 대결을 벌인 적은 없었다. 하지만 그에 비해 문관조직은 무슨 계기로 폭발할지 모르는 화약고와 같이 불안한 상태였다.

일본군의 침입으로 국운이 바람 앞의 등불같이 위태로워지자 문관들의 당쟁은 수면 아래로 잠시 가라앉았다. 선조는 세자世子 건저建儲 사건으로 실각당한 서인들을 다시 대거 등용해서 남인, 북인과 함께 연합정국을 구성하도록 했다. 하지만 일본군이 물러나고 혼란이 수습이 되기 시작하면서 위기의식으로 생겨난 단합은 다시 깨지기 시작했다. 특히 정여립의 난으로 촉발된 당쟁은 여전히 분쟁의 불씨로 살아있었다. 반란에 관련된 인물들을 가려내는 과정에서 상당수의 동인계 문사들이 가혹한 심문과 열악한 환경으로 옥사했고, 유배를 당하거나 파직당한 이들도 많았다. 피해를 입은 인사들은 서인으로서 국문을 주도한 정철이 평소에 품고 있던 파당적인 원한을 그 기회를 통하여 풀었다고 여겨서, 정철이 1593년 12월에 사망한 이후에도 그를 삭탈관직시켜야 한다는 상소를 끊임없이 올렸다.

유성룡의 여러 특성 중에서 가장 큰 장점은 그가 극단으로 치우치는 성격이 아닌 조심스럽고 온화한 기질의 소유자였다는 점이다. 당시 동인과 서인 간의 충돌은 주로 신진 사류들이 포진하던 동인이 유리한 형세였는데, 그는 동인에 속하긴 했지만 서인에 대한 지나친 공격을 할 때 이를 자제하거나 이에 참여하지 않았다. 세자 건저 사건으로 실세한 서인들에 대한 처리문제로 동인이 강경파인 북인과 온건파인 남인으로 나뉘었을 때 유성룡이 남인을 지지한 것은 당연한 일이었다. 이처럼 당파적 충돌이 점차 심각해지고 있었던 상황에서도 이를 진정시키려 한 덕분에 그는 원숙하고 포용력 있는 정치가라는 평가를 얻었다. 그러나 그가 아무리 화합을 위해 노력한다고 해도 모든 갈등의 소지들을 없앨 수는 없었다. 언제, 어디서 분쟁의 씨앗이 움터 오를지를 예측하기란 불가능한 일이었다. 선동적인 문구가 실린 벽서壁書, 사소한 뇌물수수 사건, 부도덕한 인사와 친분이 있다는 식의 폭로, 특정 인물의 승진이나 강등에 대한 논란, 무의식적으로 한 발언 따위의 단순한 사건들이 공적인 문제로 부풀려지고 이를 근거로 추측에 의한 탄핵이 이루어져서 전면적인 갈등으로 비화되는 일이 비일비재했으며, 이런 사건들이 반복되면서 상대 당파에 대해 완고해지고 적대심도 더욱 증폭되었다.

상황이 이러했기 때문에 유성룡은 서인 영수의 친척인 원균을 탄핵했을 때 그 정치적 파장을 고려하지 않을 수가 없었다. 만약 윤두수나 서인들이 여기에 개입하지 않는다면 원만하게 끝날 사안이지만 만약 그들이 이에 이의를 제기하거나 확대해석을 해서 이것을 유성룡의 계획적인 적대행위로 간주한다면, 아이들 싸움이 어른들 싸움으로 번지듯이 두 무장의 개인적인 다툼이 문관신료들 간의 대규모 정쟁으로 확대될 가능성도 있었다. 그래서 유성룡은 처음에 원균에 대한 문제를 처리할 때 공개적인 방식보다는 최대한 비공개적인 방식으로 그리고 원균이나 그의 후원자들이 되도록 감정을 상하지 않도록 하는 선에서 상황을 해결하려고 했던 것으로 보인다. 하지만 원균을 수군

조선과 일본은 누구와 싸웠는가

에서 내보낸 지 2년이 채 안 돼서 서인들을 중심으로 그를 다시 수군 사령관으로 임명해야 한다는 말이 흘러나오기 시작했다. 더 이상 소극적인 방법으로 해결할 수 없다고 판단한 유성룡은 논란의 종지부를 찍기 위해서 이원익과 함께 선조와의 인견引見을 기회로 원균을 정면으로 강하게 비난했다. 이것은 유성룡이 공식적인 자리에서 원균에게 한 최초의 비판이었고 또한 마지막 비판이기도 했다. 마침 그 회의에 참석해 있던 윤두수는 곧바로 이를 반박했다.[32] 유성룡이 우려했던 대로 이순신과 원균의 대립은 결국 정치적 갈등으로 비화되었다.

당시 문신들은 관료인 동시에 정객政客이었으며, 상급 문관일수록 전문적인 기술을 가진 관료라기보다는 정치가적인 색채가 더 짙었다. 그래서 이들 간의 다툼에 대한 최종판결이 내려져서 처벌을 당한 쪽은 정당한 형을 언도받았다고 여기기보다는 승리한 측에서 정치적인 보복을 가하는 것이라고 생각했다. 만약 이순신과 원균이 평범한 양민이거나 아니면 간단한 업무만을 처리하는 하급 관리였다면, 이 둘의 다툼은 단지 두 개인 간의 문제로 끝날 일이었다. 하지만 이들의 직분과 정치적 위치는 매우 특수했으며, 이들의 불화를 법전에 적힌 조문만으로 해결하기란 불가능했다. 원균이 전시 중에 각종 문제를 일으켰지만 처벌을 받지 않았던 것도 이런 맥락에서 고려해 본다면 전혀 이해하지 못할 이유는 없다. 이순신과 원균 모두 대규모 군단을 지휘하는 최고위 무관이었으며, 유력한 문관들의 지원을 받고 있던 인물들이었다. 이 둘 간의 반목을 해결하는 방법은 결국 누가 정치적인 우위에 서 있느냐에 따라 결정될 일이었지 구체적인 증거에 따른 합리적인 추론에 근거해서 처리될 문제가 아니었다. 이 당시에는 원균보다는 이순신의 정치적 역량이 강해서 원균이 물러나게 되었지만 정치적인 부침에 따라 상황은 언제든지 역전될 수 있었다.

이순신과 원균과의 다툼이 얽히고설킨 정치적 국면으로 인해 복잡한 양상을 띠기는 했지만 이순신은 개인적인 차원에서 원균과 화해를 모색하기도 했다.

1596년 윤8월 11일에 이순신은 진을 떠나서 전라도 해안지역을 따라 무장茂長 즉 오늘날의 전북 고창高敞까지 북상한 후에 진원珍原, 광주, 능성 등의 내륙지역을 가로질러서 10월 28일에 다시 한산도로 되돌아온 적이 있었다. 이순신이 이런 여정을 떠난 주된 이유는 체찰사 이원익을 만나서 중요한 논의를 하기 위한 것이었지만 지나는 지역들을 감찰, 순시하거나 과중한 업무로 만나지 못했던 어머니 그리고 지인들과 회포를 푸는 기회가 되기도 했다. 그가 만난 사람들 중에는 뜻밖에도 전라병사로 부임한 원균도 있었다. 윤8월 22일에 이순신은 원균이 주재하고 있던 병영兵營에 직접 찾아가서 그와 "밤이 깊도록 이야기"를 했으며,[33] 이틀 뒤에 다시 병영으로 찾아가서 원균을 만난 것으로 보이는데 이순신은 이날 일기에 "원공元公, 원균의 흉악한 행동은 여기에 적지 않겠다."고 쓴 것을 보면 이순신은 원균과 일단 화해를 한 것으로 여겨진다.[34] 사실 이순신이 평소에 사이가 좋지 않았던 인물과 관계 개선을 시도한 것은 이 경우가 처음은 아니었다.

예를 들어 이순신은 몇 년 전에 여진족의 녹둔도 침입을 적절히 방어하지 못한 점에 대해서 이일과 책임공방을 벌인 이후로 계속 그와 불편한 관계로 남아 있었다. 이순신은 1593년 5월 중순에 수군에서 새로 제작한 총포를 비변사로 보내려고 했는데 이것을 운송하는 임무를 맡은 어느 선전관에게 흑각궁, 과녁, 화살을 넉넉하게 준 적이 있었다. 이순신은 많은 선물을 보낸 이유에 대해서 그 선전관이 당시 양호순변사兩湖巡邊使로 재직 중에 있던 이일의 사위였기 때문이었다고 변명하듯이 자신의 일기에 적어 놓았다.[35] 이순신은 이일의 사위를 통해서 그와 화해를 시도했던 것이다. 하지만 이순신이 나중에 "이일의 처사가 극히 형편없고 나를 해치려고 몹시 애쓴다."는 그다지 유쾌하지 않은 소문을 들은 것을 보면 그와 화해하려는 노력은 별 효과가 없었던 듯하다.[36]

이순신이 자신과 적대적인 인물들과의 관계 개선에 애쓴 것에는 나름대로 실질적인 이유가 있었다. 그는 오랫동안 관직생활을 겪으면서 의식적이든 무의식적으로든 동료나 상관들과 적지 않은 마찰을 일으켰다. 문제는 당시 관직사회가 의외로 상당히 좁았기 때문에 이순신은 마치 외나무다리에서 만나는 원수처럼 이들과 언제 어디서 마주치게 될지를 알 수 없었다는 점이다. 그 대표적인 사건이 발포만호로 일하고 있던 이순신이 군기 경차관 서익에 의해 파직당한 일이었다.[37] 그리고 북변에서 녹둔도 사건으로 관계가 틀어진 이일을 다시 남방에서 만나리라고는 이순신도 예상하지 못했을 것이다. 이일은 양호순변사로 이순신 못지않은 높은 직위에 있었기 때문에 마음만 먹는다면 그의 활동에 어떻게든 제약을 가할 수 있었다. 또한 실제로 이일은 공적인 이유인지, 사적인 이유인지는 확실히 알 수 없지만 수군의 병력소집을 막은 적이 있었다.[38]

이는 원균과의 관계에 있어서도 마찬가지였다. 이순신이 1588년 초에 참전했던 시전부락전투에 원균도 종성부사鍾城府使의 신분으로 참가했었다.³⁹ 그뿐만 아니라 원균은 이순신보다 먼저 전라좌수사에 임명된 적도 있었다. 하지만 원균이 이전 관직의 업무평가에서 거하居下의 점수를 받았다는 이유로 체차당했다.⁴⁰ 이순신이 전라좌수사에 발탁된 것은 원균이 물러나고 겨우 12일밖에 지나지 않은 시점에서였다. 이런 점들을 고려해 보면 임진왜란이 발발해서 원균과 연합작전을 벌이기 이전에 이미 이순신은 적어도 한 번 정도는 그와 직접 대면한 적이 있었을 것이다.

원균이 1596년 7월 6일에 전라병사로 임명되자 이순신은 다시 불편한 감정을 느끼지 않을 수 없었을 것이다. 사실 이런 우려는 원균이 충청병사에 부임될 때부터 조정에서 이미 제기된 문제였다. 원균을 충청병사로 임명하자는 의견이 나왔을 때 비변사에서는 "원균이 이미 군율을 범하여 지금 추핵推覈 중"에 있으므로 오히려 병사같이 높은 관직에 임명하는 것은 부당하다고 했는데, 선조가 이를 반대하고 원균을 병사로 삼아야 한다고 강하게 주장했다.⁴¹ 비변사는 선조의 압력에 못이겨 원균의 충청병사 임명에 마지못해 동의하면서도 원균을 충청병사로 임명한 것을 반대한 또 다른 이유를 설명했다.

> 이순신이 통제사가 되고 원균이 부장副將이 되었을 때에도 주장의 절제를 따르지 않았는데, 원균을 체직시켜 다시 병사로 올려서 가까운 지방에 옮겨 놓는다면 군중통령軍中統令의 체통은 이로부터 더욱 무너져 수습 정돈할 길이 없을 것 같습니다.
>
> 선조실록, 27년 12월 1일 6번째 기사

┃ 조선과 일본은 누구와 싸웠는가 ┃

충청도는 삼도수군의 한 축을 담당하는 지역이었기 때문에 원균이 이 지역의 병마절도사로 임명된다면 다시 갈등이 재발할 여지를 남겨두는 셈이었다. 원균이 전라병사로 부임하게 되면서 그는 이순신에게 더 큰 영향력을 발휘할 수 있게 되었다. 이것은 원균이 이순신과 단순히 지리상 거리가 가까워진 것 이상의 의미가 있었다. 당시 전라도는 충청도에 비할 바가 안 될 정도로 중요했는데 이 지역은 삼도수군이 필요한 병력과 물자의 대부분을 담당하고 있었다. 비록 그가 이순신과 다른 병과인 육군에 소속되어 있었다 하더라도 수군에 공급되는 전라도의 병력과 물자에 어느 정도 관여할 권한이 있었다. 이순신이 원균에게 먼저 화해의 악수를 청한 것에는 분명 이런 배경을 무시할 수 없었기 때문일 것이다.

예전에 악연을 맺었던 인물이 자신의 상관으로 부임할 수도 있었고, 아니면 그와 합심해서 지극히 위험한 작전을 벌여야 할 경우도 있었다. 즉, 어디서 어떤 모습으로 다시 만나게 될 것인지는 예상할 수 없는 일이었다. 양측 간의 갈등으로 인해 원균은 수군직에서 물러나는 불이익을 겪었지만 원균이 완전히 관직에서 은퇴하지 않는 이상 이순신도 결코 속편한 상황이 아니었다. 이순신이 원균에게 먼저 다가간 시점을 전후해서 그가 쓴 일기의 내용을 보면, 원균에 대한 감정적인 응어리가 풀려서 진심으로 화해하고 싶었던 것 같지는 않다. 하지만 이순신은 적어도 표면적으로라도 원균과 화해를 할 필요가 있었다.

5장

한계

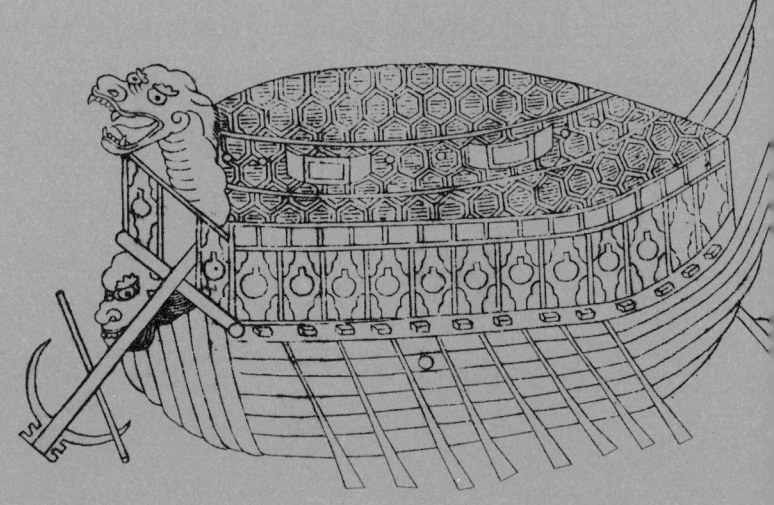

첫 해전인 옥포해전에서 안골포해전에 이르기까지 수군은 부진한 육군과 너무도 대조된 전공을 올렸으며 일본군 지휘부는 별도의 지시가 있기까지는 조선수군과의 전투를 금지하고 상대가 접근해 오더라도 뒤쫓아 가지 말 것을 명령했다. 적수군이 자신감을 잃고 자신들이 접근을 해도 감히 공격하지 못하는 모습은 이순신과 그의 군사들에게 무척 즐거운 광경이었을 것이다. 하지만 이순신은 얼마 지나지 않아 일본수군이 방어적인 태도로 돌아선 상황에 대해서 마냥 즐거워할 만한 상황이 아님을 깨닫게 되었다. 그동안 전투의 양상은 출전한 일본수군을 조선수군이 요격하는 방식으로 이루어졌는데, 일본군이 전투 자체를 포기함으로써 더 이상 전과를 확장하기가 어려워졌기 때문이다.

이제 반대로 조선수군이 전투를 하기 위해서 일본군의 배가 정박한 항구나 수군기지를 공격해야만 했는데, 1592년 8월 말과 9월 초에 적의 본거지인 부산을 공격하기로 한 것은 그러한 이유 때문이었다. 부산과 그 인근에서 벌어진 작전은 일단 성공적으로 끝났지만 그처럼 적진 깊숙이 들어가는 것은 잠재적으로 군사적 재앙의 씨앗이 될 수 있었다. 이후로 5개월 이상 전투를 하지 못하고 소강상태에 접어들었다. 이순신이 바뀐 전투상황에 여전히 적응하지 못하고 있었던 1593년 1월 초에 이여송이 이끄는 4만 2천에 이르는 명군이 평양平壤에 주둔한 일본군을 격파하고 그 도시에서 내쫓았다. 이여송이 퇴각하는 일본군을 따라 개성開城까지 손쉽게 남하하자 함경도에 주둔한 가토 기요마사加藤淸正의 제2군은 측면이 완전히 노출되었다는 사실을 깨닫게 되었다. 이미 함경도 북부지역은 통제 불능의 상태로 그곳에 주둔한 일본군은 정문부가 이끄는 의병들에 압도되어 성 밖으로 한 발자국도 나오지 못하는 상태였다. 가토 기요마사가 할 수 있는 일은 고립된 일본군을 구출한 후에 한양으로 퇴각하는 방도밖에 없었다.

의기양양하게 쳐들어와서 연전연승을 거두던 일본군은 점차 공세에서 수세로 전환해야 했으며 선조와 그의 조신朝臣들은 전쟁이 막바지에 접어들었다고 확신했다. 조정에서는 여러 차례 이순신에게 부산을 공격해서 적의 보급로와 퇴로를 차단시킬 것을 명령했다. 이 임무를 수행하기 위해서 가장 좋은 방법은 부산을 곧바로 공격하는 것이었겠지만, 부산 인근의 일본군 기지들 그리고 그중에서 웅포가 여전히 조선수군에 위협적이었기 때문에 그런 위험을 감수할 수 없었던 그는 부산을 가는 요긴한 길목인 웅포를 점령하기로 결심했다. 이순신의 이러한 결정은 조선수군의 작전목표가 일본선박의 파괴에서 수군의 활동을 용이하게 하기 위한 육상목표물의 점령으로 바뀌었음을 의미했다.

웅포를 공격하기 위해 이순신은 전라좌수군 전체를 모아들인 후에 2월 6일 출발하여 다음 날 약속 장소인 견내량에 닿았는데, 원균의 함대가 이미 먼저 도착해 있었다. 전라우수군은 그 다음 날인 2월 8일에 도착하여 수군이 전부 집결한 뒤 곧바로 출발하였는데, 2월 10일 웅포에 도착한 이순신은 공격이 쉽지 않다는 사실을 깨닫기 시작했다. 적함들은 포구 깊은 곳에 감추어져 있었고 적들은 산기슭에 성을 쌓아 놓고 수군이 접근하면 총탄을 퍼부어 대서 항구를 직접 공격하는 것이 쉽지 않았다. 이날 조선수군은 장기인 수전을 하기 위해 항구에서 적수군을 꾀어내려 했지만, 나올 듯하다가도 들어가 버려서 성과

없이 허탕만 치고 말았다. 그리고 그 이후에 2월 12·18·20일에 벌인 작전에서도 적수군을 바다로 끌어들이려 했지만 별다른 전과를 올리지 못했다. 그나마 18일에 벌어진 전투에서 겨우 조선수군에 유인되어 나온 10여 척의 적선들 중 3척에 타고 있던 100여 명의 일본군 대부분을 사살했는데, 그때까지 웅포에서 벌어진 작전 중에 가장 성공적인 것이었다.[1]

이순신은 일본수군이 결코 바다에 나와서 자신들과 직접 전투를 하지 않을 것임을 확신하게 되었으며 이렇게 된 이상 수륙합동작전이 필요하다는 사실을 절감하게 되었다. 문제는 자신 휘하의 군대는 모두 육상전 훈련을 받지 않은 해군이라는 점이었다. 그때 이순신은 육상전을 수행할 병사들이 자신의 수중 안에 있다는 사실을 깨달았다. 이순신은 1593년 8월과 9월에 승병僧兵을 모집했는데 약 400여 명이 기꺼이 소집에 응했고, 그 외에도 각지에서 거병한 의병 다수가 그의 부름에 모여들었다. 이순신은 이들을 경상도와 접한 요충지를 지키도록 하거나 본진이 있는 순천과 인근 지역을 방어하게 하여 수군이 해전만을 집중할 수 있게 해주었다.[2] 이순신은 이 승병과 의병에게 웅포를 공격하는 육군의 역할을 맡도록 했다.

2월 22일에 경완선經完船 15척을 준비해서 5척씩 번갈아가며 적선이 정박한 곳으로 보내 화포로 쳐부수도록 하고, 승병과 의병을 태운 10여 척의 배를 둘로 나누어 한쪽은 제포薺浦로 상륙하고 다른 쪽은 안골포에 상륙하여 진을 짜고 행군하여 마치 육상으로 공격하려는 형세를 취했다. 조선군의 갑작스런 수륙합동전술에 적잖이 당황한 일본군은 어느 쪽을 막아야 할지 갈피를 잡지 못했다. 하지만 혼란스런 와중에 사고도 많이 일어났다. 적을 쳐부수고 나오는 두 척의 군함이 서로 부딪치는 사고가 발생했는데 갑판을 총탄으로부터 막아주던 방패판이 떨어져 나가서 군사들이 적의 탄환을 피하려고 한쪽으로 몰리면서 전함이 전복되었다.[3] 또 진도 지휘선이 적에게 포위당할 뻔했다가 다른 배의 도움으로 구출되기도 했다.[4] 보고서에서 이순신은 상륙작전으로 마치 웅포의 적군을 섬멸할 수 있었던 것처럼 적었지만, 실제로 승병과 의병들은 적군의 주의를 분산하는 정도의 역할밖에 하지 않은 것으로 보인다. 왜냐하면 의병과 승병들이 "창을 비껴들고 칼을 휘두르며 혹은 활과 총으로 하루 종일 돌격하여 무수한 적을 쏘아 맞혔다."고 기록되어 있지만 정작 산기슭에 있는 적의 성벽을 공략했다는 내용이 없으며, 아무리 승병과 의병들이 우세했다고 해도 죽거나 다친 사람이 없고 적의 머리를 벤 것도 없다는 사실은 납득하기가 어렵다. 무엇보다도 이상한 것은 이 전투 이후로 승병과 의병을 다시는 투입하지 않았다는 점이다. 이날의 싸움이 자신이 주장하는 만큼 그렇게 성공적이었다면 왜 그 이후로 두 번 다시 그러한 상륙작전을 감행하지 않았을까?

조선수군은 2월 28일과 3월 6일, 다시 웅포에 가서 함포와 활을 전보다 더 많이 사격하고 비탈면에 있는 적의 진지에 비격진천뢰飛擊震天雷를 명중시켜 적 다수를 살상시켰다. 이 무기는 도화선으로 된 시한장치가 있어서 폭발하면 철로 된 파편이 비산되는 작렬탄炸裂彈으로 현대 포탄의 시초라고 부를 만했다.[5] 하지만 이러한 성과에도 불구하고 이순신은 궁극적인 목적을 달성할 수가 없었다. 수군으로는 웅포에 주둔한 적을 괴롭힐 수 있을 뿐 육군의 지원 없이는 적을 몰아내거나 점령할 방법이 없다는 사실이 더욱 명백해진 것이다. 웅포는 여전히 일본의 수중에 있었고 부산을 공격하려는 조선수군의 움직임을 한정되도록 만들었다. 3월 6일 이후로 웅포에서의 실질적인 작전은 종료되었으며 3월 22일에 일본군 포로 2명을 생포한 것을 끝으로, 4월 3일 군사들은 각자 자기 지역으로 돌아갔다.

이 시점에서 가져볼 만한 의문은 수군이 웅포를 공격하던 짧지 않은 기간에 육군은 어디에서 무엇을 하고 있었냐는 점이다. 이순신은 웅포에서 작전 중에 경상우도 순찰사 김성일에게 병마를 거느리고 웅포를 공격해 달라는 공문을 두 차례나 보냈었다. 이 요청에 대해 김성일은 명나라 군사를 접대하는 일이 번거롭고 본도에 남아서 방비할 군사도 없으며, 웅포로 가는 길목인 창원昌原에 주둔한 일본군을 무찌른 다음에 웅포를 공격하겠다는 실망스러운 답신을 보내왔다.[6] 물론 웅포에 대한 육군의 지원은 없었고 창원에 대한 공격 또한 없었다.

이순신이 공격의 실마리를 찾지 못하고 있던 중 5월 2일부터 5월 14일까지 조정에서는 부산과 그 인근 해안에 있는 일본선박들을 파괴하라는 내용이 담긴 유서를 4통이나 보냈다.[7] 이 명령들은 부산을 조선수군으로 공격하라는 경략經略 송응창宋應昌의 요청을 선조가 받아들인 결과였다.[8] 이순신은 4통의 유서에 대한 답신을 각각 보냈다. 그중 2통의 답신에서 그는 부산을 공격하는 길목에 있는 웅포를 점령하지 못하고 적진 깊이 들어간다면 적을 앞뒤에서 맞이하게 될 수 있으니 먼저 웅포를 육군과 합공하여 일본군을 섬멸한 후에 가능하며, 이미 체찰사와 순찰사에게 육군을 지원해 달라는 요청을 했으니 조정에서는 잘 헤아려 달라고 하면서 부산에 대한 군사행동을 취하지 않았다.[9] 부산공격 명령에 대한 거부는, 웅포를 평정하지 못한 상황에서 적진 깊숙이 들어가게 되면 적을 쳐부수기는커녕 오히려 위험에 노출될 것이라는 판단에서였다. 이순신과 사사건건 대립했던 원균조차도 웅포를 되찾지 않고 곧장 부산을 공격하는 것은 위험하고 비효율적이라는 내용의 장계를 보냈다.[10]

이 이후로 이순신은 웅포와 웅포 점령에 꼭 필요한 지역인 창원에 대한 육군의 작전이 언제 시작되는지에 촉각을 곤두세우고 있었다. 이순신은 답답한 나머지 함안咸安에 주둔하고 있던 자신의 절친한 친구인 전라병사 선거이에게 육군이 웅포를 치기 전에 반드시 손에 넣어야 할 창원을 언제 공격할 것인지를 묻는 편지를 보낸 것으로 보인다. 선거이는 2통의 답장을 보냈는데 한 통은 창원의 적이 너무 거세서, 다른 하나는 궂은비로 인해 공략하지 못한다는 내용이었다.[11] 친구로부터 달갑지 않은 소식을 접하기는 했지만 이순신은 여전히 희망을 잃지 않았다. 그러나 함안에 집결한 조선육군이 진주성을 공략하기 위한 일본군의 대규모 진격으로 인해 6월 14일에 퇴각했다는 소식을 6월 16일에 전해 듣고는 깜짝 놀랐다.[12] 이것은 웅포와 창원에 대한 육군의 공격이 무기한 유예되었다는 것을 의미했다. 하지만 그날 김해와 부산에서 적선이 무려 500여 척이 나와서 웅포, 안골포, 제포 등지로 들어갔다는 보고를 척후병에게서 받았으니 이순신은 실망만 하고 있을 틈이 없었다. 6월 23일 야간에 웅포와 제포에 있던 적군들이 전략적 요충지인 거제도 북부지역을 점거했다.[13] 일본수군의 활동이 다시 활발해지자 그는 삼도의 다른 수사들과 함께 견내량을 넘으려는 적선을 여러 차례 막았다. 그러던 중에 진주성의 상황이 절망적이라는 소식을 들었다. 충격적인 사실을 받아들이기 어려웠던 이순신은 자신의 일기에 "그럴 리가 만무하다. 반드시 미친 사람이 헛소리를 전했을 것이다."라고 적었다.[14]

2차 진주성전투에서 조선육군은 심각한 타격을 입었지만, 이순신은 7월 1일 조정에 보낸 장계에서 육군에 공문을 보내 웅포와 창원을 함께 공격하여 적을 몰아낸 후 부산으로 진격하자는 약속을 하고 그것을 기다린 지 2개월이 지났다는 것을 거론했는데, 이 사실은 여전히 육군에게 도움받기를 기대하고 있었음을 알 수 있다.[15] 하지만 일본군은 진주를 함락시킨 후에 자신의 점령지역들의 수비를 강화했다. 특히 웅포, 안골포와 그 인근 지역에 일본군의 수가 크게 증가했으며, 새로이 방어시설을 증축하는 등 더욱더 공격하기 어려운 요새로 탈바꿈하고 있었다. 한 가지 예를 들면 1593년이 끝날 때쯤, 조선에 주둔한 일본군을 상대로 포교하기 위해 웅포에 온 스페인 출신의 예수회 선교사인 그레고리오 데 세스페데스Gregorio de Céspedes 신부가 1594년 1월경에 쓴 편지를 보면, 한창 공사 중이던 웅포성에 대해 묘사하면서 거대한 성벽, 망루望樓, 성채가 축조되어 단시일에 난공불락을 자랑하는 요새가 되어가고 있다고 썼다. 거기에 더해서 성 근처에는 고니시 유키나가小西行長를 비롯한 모든 고위 무사와 막료들과 병사들이 거주하는데 그들 모두 잘 지어진 넓은 가옥 안에 살고 있으며, 특히 주요 무장의 가옥은 돌담으로 둘러쳐져 있는 것에 깊은 인상을 받았다고 한다.[16]

일본군은 진주성전투 이후로 움직임이 없었고 게다가 선박이 움직이기 어려운 겨울이 닥쳐오고 있었기 때문에 남은 1593년에는 더 이상 전투가 벌어지지 않았다. 웅포에서 일본군과 벌인 싸움이 1593년에 이순신이 벌인 유일한 전투였다. 지난해에 화려한 전공을 세우고 그 뒤 공훈을 인정받아 삼도수군통제사라는 영예로운 직위에 오른 지휘관에게 어울리지 않는 초라한 전과였다. 일본수군이 안전한 항구에서 나와 자신들보다 더 강력한 조선수군에게 무모한 돌진을 감행하지 않는 한 만족할 만한 성과를 거두기는 힘들었다.

만약 이순신이 육군까지 지휘할 수 있는 권한까지 주어졌거나 아니면 현대의 해병대와 같이 상륙작전이 가능한 부대를 보유할 수 있었다면 어땠을까? 이순신은 임진왜란이 벌어지기 전까지만 해도 수군 못지않게 육군에서도 오랜 기간을 복무했으며, 그 시기 동안 여진족을 상대로 한 여러 번의 육상전에서 혁혁한 전과를 거둔 경험이 있었다. 그랬다면 이순신은 육군의 지원에 그렇게 애달아하지 않고 해변에 설치된 적의 기지들을 간단히 함락시키지 않았을까? 하지만 당시 조선이 그 정도로 풍부한 인적·물적 자원을 확보하고 있었는지에 관한 현실성 여부를 제쳐두고 정치적 정황상으로라도 이순신이 그런 엄청난 지원을 받을 가능성은 거의 없었다. 이 당시 이순신의 직책은 삼도수군통제사였지만 그의 수군의 규모로 보면 사실상 '조선수군총사령관'이나 다름없었다. 여기에 더해 일본군에게 대규모 공격을 가할 능력이 있는 육군까지 거느리게 된다면 그는 '조선군총사령관'이나 다름없는 것이었다. 만약 그렇게 되었다면 그의 상관인 체찰사나 도원수의 권한을 침해하지 않을 수 없었을 것이다. 그리고 무엇보다 문관들이 무관에게 그렇게 막대한 권력을 부여하는 것에 본능적인 거부감을 느꼈을 것이다. 그 당시 도원수의 직책에 있던 권율이 문관출신이었고 그 전임자도 문관이었던 것은 결코 우연이라고 보기가 어렵다. 능률적인 군사작전의 필요성을 떠나서 어떠한 경우라도 문신은 무신을 통제해야만 했다.

이듬해인 1594년 봄, 날씨가 따뜻해지자 일본수군은 다시 활동을 하기 시작했다. 거제와 웅포에 있는 적선들이 진해鎭海와 고성 등지에 상륙하여 방화와 약탈을 일삼았는데, 이순신은 그들이 왕래하는 틈을 이용해서 격파하기로 결정하고 기회를 기다리고 있었다. 이순신은 견내량과 영등포永登浦 앞바다를 봉쇄해서 그 사이의 일본군선을 포위하여 섬멸할 작전을 구상하고 있었다. 3월 3일에 척후병으로부터 일본군 대선 10척, 중선 14척, 소선 7척이 영등포에서 나와 그중 21척이 고성 당항포로, 7척이 진해 오리량五里梁으로, 3척이 저도猪島로 향해 갔다는 첩보를 받았다. 이미 이순신은 수군을 전투태세로 갖추어 놓았기 때문에 그날 저녁에 출발한 이순신과 이억기와 원균은 어둠을 타고 몰래 출전해서 거제도 내면 지도紙島 해상에서 밤을 지냈다. 4일 새벽에 전선 20여 척을 견내량에 배치시키고 이순신은 영등포, 장문포長門浦와 증도甑島 사이의 해상에서 학익진을 펼쳤다. 그렇게 적의 퇴로를 완전히 막은 후에 30여 척의 함대를 구성해서 지휘를 조방장 어영담에게 맡겼는데, 이 함대는 갇힌 바다에 있는 적선을 공격하는 실질적인 역할을 수행했다. 어영담이 지휘하는 소함대는 먼저 진해에서 나와 기슭을 따라 이동하는 10여 척의 일본군을 공격했는데 적들은 진해와 고성 등지의 뭍에 배를 대고 육지로 도망쳤다. 어영담은 적에게 포로로 잡혀있던 조선인 몇 명을 구한 후에 빈 배들을 모두 불태웠다. 이순신은 어영담에게 곧바로 당항포에 정박한 일본군을 공격할 것을 명령했는데, 그들은 이미 다른 배들이 당한 것을 알고 하륙해서 진을 치고 있었다. 그러나 이미 날이 어두워진 데다가 썰물 때라서 공격이 불가능했기 때문에 판옥선으로 포구를 막아 퇴로를 봉쇄하고 밤을 지냈다. 하지만 일본군은 그날 밤 배를 버리고 육지로 도주해 버렸다. 다음 날 낮에 당항포로 돌입한 조선수군은 비어 있는 적선 21척만을 불태우고 전투를 끝냈다.[17]

3월 4일과 5일 이틀 동안 이순신의 함대는 총 31척이나 되는 적선을 파괴시키는 전과를 거두었다. 파괴시킨 적함선의 숫자만을 본다면 결코 적은 수는 아니었지만, 일본군을 단 한 명도 사살하거나 포로로 잡지 못한 이상한 전투였다. 일본수군은 승산 없는 해전을 벌이기보다는 미련 없이 배를 버리고 육지로 도주해 버렸기 때문에 인명피해를 전혀 입지 않았다. 조선수군은 백병전에 자신이 없었으므로 뭍으로 도망치는 적들을 망연히 지켜보는 수밖에 없었다. 하지만 이순신은 적들이 육지로 도주할 가능성이 높다는 사실을 몰랐던 것도 아니었고, 그에 대한 나름대로의 준비를 해 놓은 상태였다. 전투가 벌어지기 전에 이순신은 순변사 이빈李薲에게 도움을 요청했었다. 이순신은 3월 3일 군사들을 출진시키기 전에 이빈에게 예전에 한 약속대로 육군을 거느리고 빨리 와서 하륙한 적들을 소탕해 달라고 통고했다.[18] 3월 4일 이순신은 당항포를 포위하기 전에 다시 이빈에게 육군의 지원을 독촉하는 공문을 보냈었다.[19] 하지만 육군이 수군과의 거리가 멀어서 빠른 대처가 어려웠기 때문인지, 일본군이 다 달아날 때까지 이순신은 자국의 육군을 보지 못했다. 이순신은 수륙군이 합공을 하지 못해서 적들을 일망타진하지 못한 것을 아주 아쉬워했다.[20]

당항포에서 적선을 불태운 다음 날인 3월 6일에 이순신은 작은 배를 타고 온 중국인과 일본인들로부터, 명의 사신인 담종인譚宗仁이 조선 수군은 일본군을 치지 말라는 내용의 패문牌文을 받았다. 담종인은 일본과의 강화회담을 하기 위해 웅포에 머물고 있었는데, 조선수군의 공격으로 피해를 입은 일본군이 공격을 중지해 달라고 부탁하자 패문을 지어 보낸 것이었다. 패문의 글 중에서 "일본의 여러 장수들이 마음을 돌려 귀화하지 않는 자가 없어 모두 갑옷을 벗고 군사들을 휴식시키며 다들 본국으로 돌아가려고 하니 너희들 여러 병선들도 속히 본처지방本地地方으로 돌아가고 일본 진영에 가까이 주둔하여 흔단을 일으키지 말라."는 내용이 있었는데 이에 대한 답서에서 이순신은 과연 '본처지방'이 어디냐고 하면서 "왜인이 거제, 웅포, 김해, 동래東萊 등지에 둔거하고 있는데 이것이 모두 우리의 땅"이라고 했다. 그리고 이번의 전투도 일본군함이 먼저 조선의 부락들을 습격해서 벌어진 일이므로 자신들의 잘못이 전혀 없다고 반박했다.[21] 이 답서에는 고국에서 일본군을 몰아내려는 이순신의 강한 의지가 뚜렷이 드러난다. 그렇지만 그는 어떻게 그 목표를 달성할 것인지에 대한 해답을 가지고 있지 않았다. 이순신이 명의 사신에게 따지는 듯한 어조의 답장을 보낸 지약 6개월 후인 9월 3일에, 그는 이른 새벽 상부에서 온 유지를 받았다. 그 내용은 "수군과 육군의 여러 장수들이 팔짱만 끼고 서로 바라보면서 한 가지라도 계책을 세워 적을 치는 일이 없다."는 것이었다. 이 문서를 읽은 이순신은 울분에 찬 문장을 일기에 적었다.

3년 동안 해상에서 있으면서 절대로 그럴 리가 없다. 여러 장수들과 맹세하여 목숨 걸고 원수를 갚을 뜻으로 하루하루 보내고 있지만, 험한 소굴에 응거하고 있는 왜적을 가볍게 나아가 칠 수 없을 뿐이다. 더욱이 "나를 알고 적을 알아야만 백 번 싸워도 위태하지 않다(知彼知己 百戰百殆)."고 하지 않았던가!

난중일기, 1594년 9월 3일

이 글에서 이순신은 자신과 부하들이 전투의지가 꺾였다는 비판에는 분개했지만, 적의 험한 소굴 즉 성채를 함락시킬 수단의 부재로 인해 수군은 더 이상 일본군에게 타격을 가하기가 어렵다는 사실을 손자병법의 구절을 인용하면서 확실히 인정했다. 그리고 그가 이 일기를 적고 얼마 지나지 않아서 쓴 것으로 보이는 글을 보면 지지부진한 전황에 대한 그의 비슷한 모습을 볼 수 있다.

밖으로는 나라를 바로잡을 만한 주춧돌 같은 인물이 없고 안으로는 계책을 세울 만한 기둥 같은 인재가 없으니 더욱더 배를 만들고 무기를 다스리어 적을 불리하게 하고 나는 그 편안함을 취하리라.

나를 알고 적을 알면 백 번 싸워도 다 이기고(知彼知己 百戰百勝), 나를 알고 적을 모르면 이기고 지는 것이 반반이며, 나를 모르고 적도 모르면 매번 싸울 때마다 반드시 패할 것이다. 이는 만고의 변함없는 설이다.

난중일기, 409쪽

무엇보다도 신중함을 강조하는 손자병법의 구절을 다시 인용하여 쓴 이 글에서 그는 적을 공략할 적절한 방도가 없으므로 섣불리 공세를 펼쳐서 위험을 자초하기보다는 차라리 휴전기간의 시간적, 경제적 여유를 이용해서 군대의 내실을 충실히 하는 방식으로 이득을 얻어야 한다고 역설하고 있다.

　남해안 곳곳에는 방어시설들이 완비된 일본의 수군기지가 건설되었으며 적함들은 위협을 느끼면 그곳에서 조금도 나오려 하지 않았다. 이 항구들을 함락하려면 수륙합공작전이 필요했지만 그때까지 한 번도 육군의 원조를 받지 못했다. 게다가 빠져나올 수 없는 포위망에 일본함대를 몰아넣는다고 해도 적군들은 주저하지 않고 배를 버리고 육지로 도주해 버렸는데, 육상전을 할 수 없었던 조선수군은 배에서 내려 추격하지 못했다. 일본수군의 전술변화로 인해 시간이 지나면 지날수록 육군의 지원 없이 수군 단독으로 어찌 해 볼 도리가 없다는 사실이 명백해졌다. 기존의 전법은 한계를 드러냈지만 놀랍게도 수군이 육군의 적절한 지원을 받지 못하는 약점은 전쟁이 끝날 때까지도 끝내 해소되지 못했다.

6장

거제도 공략 실패

왕을 태운 어가御駕가 벽제관碧蹄館을 출발하여 계사년 즉 1593년 10월 1일 저녁에 한양에 도착했다. 선조가 소수의 대신들과 수행원들을 동반하여 굴욕적인 피난길에 오른 지 약 1년 5개월만의 일이었다. 하지만 선조의 기분은 유린당한 한양의 모습처럼 상당히 암울했을 것이다. 선조는 도착한 다음 날 한양을 둘러보았는데 일본군이 물러난 지 몇 개월이 지났지만 도성 안팎에는 아직 수습되지 않은 사체가 길바닥을 나뒹굴었고,[1] 궁궐을 비롯한 관사와 민간의 집들은 거의 불타거나 파괴되어 폐허나 다름없었다. 마땅히 거처할 만한 곳이 없었던 선조는 정릉동에 있는 월산대군月山大君의 사저를 행궁으로 고쳐서 사용했다. 하지만 이런 사실들보다 선조를 더욱 우울하게 만드는 이유는 따로 있었다. 전 국토가 잿더미가 되고 자신과 자신의 백성들이 그토록 고초를 겪었음에도, 일본군은 완전히 철수하지 않고 조선의 동남부 해안지역에서 주둔하면서 여전히 위협을 가하고 있었던 것이다.

한양에서 의주에 이르는 동안 선조의 피난여정은 고난과 굴욕 그리고 공포의 연속이었다. 들리는 보고는 연달아 패배했다는 소식뿐이었다. 특히 선조는 일본군에게 있어 최고의 전리품이자 표적이었다. 그중에서 고니시 유키나가가 이끄는 약 1만 5천의 일본군 부대는 선조의 뒤를 바짝 추격했다. 5월 7일에 평양에 도착한 선조의 피난정부는 한동안 그곳에서 사태를 관망하기로 했다. 한양과 평양 사이에는 임진강臨津江과 대동강大同江이라는 두 개의 자연적인 장애물이 있었으므로 적이 강을 넘어오지 못하도록 막기만 한다면 어느 정도 태세를 정비할 여유를 가질 수 있었다. 하지만 임진강에서 관군은 강 건너편에 있는 고니시군에게 무리한 선제공격을 가했다. 배를 타고 강을 넘어

공격한 군사들은 적의 반격으로 거의 전사했고 강 건너편에서 그 광경을 지켜보고 겁에 질린 나머지 군사들은 도주해 버려서 고니시군은 간단히 임진강을 건넜다. 고니시의 군대는 다시 대동강에서 진격을 멈추었다. 여기서도 적들이 강을 넘어오는 것을 막기만 했으면 조선군은 상당한 시간을 벌 수 있었지만, 다시 섣부른 선제공격을 가했고 배를 타고 대동강을 넘어 일본군 진영을 습격한 병사들은 전과 똑같이 몰살당하고 말았다. 또 손쉽게 강을 도하한 일본군은 이미 선조가 떠난 평양을 간단히 점령했다. 조선군이 한 두 차례의 어설픈 선제공격으로 인해 지리적으로 유리한 두 방어선이 붕괴되고 말았던 것이다. 조선군의 전반적인 무능함은 고니시군이 선조를 추격하기에 더 수월하도록 해준 셈이었다. 이러한 불쾌한 경험들과 그 전부터 계속 들려오던 패전소식 때문에 선조는 자신의 군대를 거의 신뢰하지 않게 되었고 잃어버린 신뢰는 그가 죽을 때까지도 회복되지 않았다.

두 번의 패배로 선조와 그를 따르는 신료들은 더욱 궁지에 몰렸고, 행재소行在所는 명의 요동遼東지방과 국경을 마주한 의주까지 밀려났다. 더 이상 물러설 데가 없었다. 선조는 일본군의 추격에 심적으로 큰 압박을 느껴서 세자 책봉을 받은 지 얼마 되지 않은 광해군光海君에게 왕위를 양위하겠다고 하거나 명에 망명하겠다고 하기도 했다. 자신의 신성하고도 막중한 임무를 벗어나 일신一身의 안전만을 도모하겠다는 그런 의견은 얼마 남지 않은 신료들의 반대에 부딪쳐서 실행되지는 않았다. 이런 상황에서 이듬해 1월 초순에 경략 송응창과 제독 이여송李如松이 4만 5천에 이르는 명군을 이끌고 와서 평양에 주둔한 고시니의 군대를 대파하자 기뻐하지 않은 사람이 없었지만 무엇보다도 가장 기뻐했던 것은 의지할 데를 찾지 못하고 있었던 선조였다. 감격한 선조는 평양수복 소식을 듣자마자 "경들의 수고와 황제의 은혜가 끝이 없어 유시할 바를 모르겠다."라고 했다.[2] 이를 계기로 선조는 명군에 의존하는 경향을 가지게 되었다. 확실히 평양성전투는 전쟁의 흐름을 바꾸는 계기가 되었으며 언제나 공격하는 입장이었던 일본군은 방어적인 자세를 취하게 되었다. 한양까지 물러난 일본군은 4월 중순에 명과 강화를 맺고 경상도 해안지역으로 철군하였고 선조는 이때서야 한숨을 돌릴 수 있었다.

하지만 일본군의 철수는 단지 명군의 힘만으로 이루어진 것은 아니었다. 명군이 압박을 가해 오기 전부터 일본군은 조선 각지의 관군 및 의병들과 싸움을 벌였다. 전투경험이 거의 없었고 잘 조직되어 있지 않았던 조선군은 대부분의 전투에서 패배했으며 승리하더라도 상당한 타격을 입었다. 하지만 일본군도 조선군만큼은 아니지만 사상자가 나왔고 피해는 점차 누적되기 시작했다. 특히 남부지방 대부분을 장악하지 못했으며 오히려 조선군에게 밀려난 지역도 많았다. 평양성전투 이후 일본군은 한양에 병력을 집중하고 병력을 재정비해서 북쪽에서 오는 명군의 공격에 대비했다. 1월 27일에 일본군은 방심하고 있던 이여송군을 벽제관에서 패퇴시켰는데 이 전투로 일본군은 반격할 만한 힘이 있음을 입증했다. 당황한 명군은 개성으로 물러났고 더 이상 진격하려 하지 않았다. 명군 지휘부가 갑자기 소극적인 태도를 보인 것은 단지 한 차례 전투에서 패배한 것 때문이 아니었다. 명의 조선에 대한 군사적 원조의 목적은 애초부터 조선에서 일본군을 몰아내는 것이 아니라, 자국에 대한 일본군의 침입을 조선에서 막기 위한 공세적

방어책의 일환이었다.[3] 명군의 입장에서 보면 평양에서 승리를 거두고 일본군이 물러난 것은 기대했던 목표 이상이었고, 이미 목적을 달성했다고 여기고 있었다.[4] 이러한 명군의 수동적인 태도는 송응창이 "조선이 원병을 요청한 이후 명조정의 의견이 처음에는 압록강만을 지키는 것이 상책이라고 했다가, 평양까지 내려오자 평양만을 지키려 했고, 개성까지 내려오자 개성만을 지키려 했다."는 발언에서 잘 드러난다.[5] 평양성전투 이후로 명군이 일본군에 심대한 타격을 가한 전투가 없었고 그럴 의사도 없었던 것이다. 명군이 공세를 중단했기 때문에, 대치 국면이 계속 이어졌다면 일본은 방어선을 구축한 한양이남 지역을 계속 차지할 수도 있었을 것이다. 하지만 결국 일본군은 철수하지 않을 수 없었다. 한양이남 지역은 이미 통제 불능의 상황이었던 것이다.

스페인 측의 기록에 따르면 일본군은 부산과 한양 사이를 연결하기 위해 일정한 거리마다 성을 쌓았는데 그 수는 18여 개 정도였다고 한다. 이러한 성들의 연결을 통해 본국으로부터 군량과 무기를 보급받고 통신을 주고받았는데, 조선군의 유격전으로 인해 부산에서 한양에 이르는 여정은 너무 위험해져서 300명 미만의 병력으로는 도저히 통행하기 어려울 정도였으며, 한양에서 평양까지 가려면 적어도 500명 이상이 필요했다.[6] 일본군이 평양에서 밀려난 이후에 상황은 더욱 심각해져서 서울과 부산 사이에 배치한 성들은 조선군에 포위되어 서로 연락조차 못했으며, 이 조선군을 몰아내기 위해서는 한양에 배치된 병력을 남쪽으로 돌려야 했으나 그렇게 되면 한양에 구축한 방어선에 큰 구멍이 뚫리게 되므로 이러지도 저러지도 못하는 형국이었다. 군량 보급로와 통신까지 차단되는 상황에서 일본군이 한양에 비축한 식량은 1만 4천 석뿐이었는데, 이 정도 군량미로는 겨우 2개월만 버틸 수 있었다.[7] 그에 비해 조선군의 반격은 한층 거세어졌는데 2월 12일 행주전투의 승리가 대표적인 예이다.

이상의 상황들은 일본군이 후방 남부지방을 공고히 장악하고 있었다면 벌어지지 않았을 일이다. 이미 후방이 불안정한 상황에서 명의 대군이 전방에서 압박해 오자 일본군은 앞뒤로 적을 맞이하게 되었고, 결국 철수하지 않을 수 없는 지경에 이르렀다. 이처럼 조선군이 그동안 치른 희생은 결코 헛된 것이 아니었지만, 여전히 명군에 대한 지나친 의존과 자국 군대에 대한 선조의 불신은 사라지지 않았다. 한양을 재탈환한 이후에 명군은 강화협상 등을 이유로 조선정부의 공격요청을 거부했지만 선조의 생각은 바뀌지 않았다.[8]

선조는 "우리나라는 바로 군대가 없는 나라이다. 각 도의 입방하는 군졸을 군대라고 할 수 있겠는가? 이들로써 강한 왜적을 대적하니 이는 마치 모기가 솔개를 상대하는 격이다."라고 하거나 "우리나라 군사는 왜적의 한 부대도 공격할 수 없다."라고 말하기도 했다.[9] 특히 1593년 윤11월 2일에 선조와 유성룡의 대화는 선조가 얼마나 자국 군대를 경멸하고 있었는지에 관해 명확히 알려준다. 그들은 앞으로의 정세에 대한 논의를 하다가 자연스럽게 명군의 충실하지 못한 태도를 불평하는 것으로 주제가 넘어갔다. 그러다가 유성룡은 훌륭한 지휘관을 두고 수만의 군사를 확실히 훈련시킨다면 조선 군사가 중국 군사보다 나을 것이라는 말을 했다. 이때까지만 해도 유성룡의 말에 동조하던 선조는 갑자기 태도를 바꾸면서 이렇게 응답했다.

내 소견은 그와 다르다. 우리나라의 군사는 어리석고 무지하거나 사납고 교사15詐하여 정하게 훈련할 수 없는 형세이니, 우리나라의 군사로는 결코 중국의 사업을 할 수 없다.

선조실록, 26년 윤11월 2일

그리고 조선육군 단독으로 전투를 해야 한다는 의견에 대해서 선조는 대부분 부정적인 반응을 보였다. 사실 전쟁이 일어난 이후로 선조는 명군 없이 조선군만으로 대규모 공격을 하자고 주장한 적은 거의 없었다.

하지만 명은 전투보다는 강화를 원하고 있었다. 여기에는 여러 가지 이유가 있었는데, 먼저 명의 조신들은 조선에 주둔한 군대에 소요되는 비용이 너무 많다고 느끼고 있었다. 게다가 일본군은 만만치 않은 상대였고, 중국군도 자신들의 적을 결코 얕잡아보지 않았다. 중국 병사들은 얼마 전만 해도 왜구라 불리는 해적단이 중국의 동남 해안을 침입하여 마을을 불태우고 약탈과 살인을 일삼았다는 사실을 잘 알고 있었다. 이들이 '일본도적'이라는 뜻의 왜구라고 불리기는 했지만, 실제 이들 구성원의 대부분은 중국인이었으며 두목들도 대개 중국인인 경우가 많았다. 하지만 왜구의 무시무시한 전투력의 핵심은 바로 소수의 일본인 병사에 있었다. 약탈자들은 숙련된 무술 솜씨와 용맹성 그리고 잔학함으로 악명을 떨쳤다. 그래서 중국 북방의 몽고 기병만큼이나 남방에서 일본 보병의 존재는 공포의 대상이었다.

명의 사신단은 일본에 입국해서 1593년 5월 하순에 히데요시를 직접 대면했다. 사신단은 이때 히데요시의 요구사항을 전달받은 후에 8

월 6일에 포로로 잡혔던 임해군臨海君, 순화군順和君과 함께 돌아왔다.[10] 강화회담에 진전이 있었다고 판단한 명은 같은 달에 1만 6천의 병력만 남기고 이여송의 인솔 하에 본국으로 철군했으며, 이듬해 1월에 다시 병력을 감축해서 유정劉綎 휘하의 5천 명만이 조선에 남게 되었다. 명이 조선의 반대를 무시하고 일본과 강화를 추진하는 것에 대해 조선의 신료들과 선조는 격렬하게 항의했다.[11] 또한 아무런 상의도 없이 명이 철군을 단행하자 조선은 큰 충격을 받았다. 명에 대한 신뢰가 근본적으로 흔들리는 가운데 명군에 의지하지 말고 조선군의 역할을 늘리거나 아니면 조선군만으로도 전투를 수행해야 한다고 주장하는 목소리가 나오기 시작했다.[12] 하지만 조선군이 일본군을 공격할 능력이 없다고 굳게 믿은 선조는 이러한 의견들 대부분에 찬성하지 않았는데, 1593년 12월에 벌어진 논쟁에서 그의 태도가 잘 드러난다.

1593년 12월 18일에 비변사는 중국군이 적을 공격할 의도가 없다는 사실이 분명해진 이상 조선군만으로 적의 일진─陳을 공격 소탕해야 한다고 주장했다. 그리고 이 의견은 윤두수만이 아니라 자신들의 뜻도 그러하다고 했다. 이에 대해 선조는 여전히 부정적인 어조로 명군과 함께 작전을 진행한다면 가능하지만 그렇지 않으면 반드시 후회하게 될 것이라고 하긴 했으나, 일단 이 작전을 승인했으며 이어서 포수砲手와 화약을 준비하여 보내라는 전교를 내렸다.[13] 그러나 다음 날 회의에서 선조는 한층 더 냉소적인 태도로 이 계획에 대해서 비난하기 시작했다. 처음에는 진행 중인 공격계획을 제대로 모의하지도 않고 성급하게 추진한다는 단순한 이유로 트집을 잡은 선조는 자신의 이 말은 계획을 중지하자는 뜻이 아니라고 하면서 일단 한발 물러섰다.

하지만 유성룡이 "반드시 중국군과 합세하여야 거사할 수 있지 우리나라 병력만으로는 할 수 없다."고 하자 선조는 "피차 적수가 되지 않는다는 것을 쉽게 알 수 있다."라고 하면서 자신의 진정한 의도를 드러냈다. 선조는 "윤상尹相 윤두수이 늘 적세敵勢를 좌절시켜야 한다고 하였으나 나는 마음속으로 웃었다."라고 하는 등 이 공격이 얼마나 어리석으며 무모한 짓인지에 대한 말을 쏟아내면서도 요행히 성공한 경우도 있으니 일을 진행시켜 보라고 냉소적으로 이야기했다. 선조는 거기에 더해서 의견을 확실히 드러내지 않은 다른 신료들에게 이번 작전에 대해 어떻게 생각하는지를 답변하도록 강요했다. 조당朝堂의 분위기를 간파한 신료들은 그들의 생각이 어떠하든 간에 공격이 불가함을 아뢰거나 이번 사안에 대해서 자신은 잘 몰랐었다고 발뺌하지 않을 수 없었다.[14] 이날 모임에서 선조는 공격 자체를 중단시키라고 단정적으로 말하지 않으면서도 자신의 의도를 숨김없이 드러냈는데, 그가 자신의 목적을 관철시키기 위해 사용한 방식과 전체적인 분위기에서 마치 한 편의 희극 같은 분위기마저 느껴진다. 결국 조선군 단독으로 하는 공격작전은 시행되지 않았다.

하지만 선조의 비난의 초점은 어디까지나 조선육군에만 해당되며 이순신이 이끄는 조선수군에 대한 그의 시각은 확연한 차이를 보인다. 선조뿐만 아니라 조정 전체가 일본육군에게 전반적인 열세를 보인 조선육군과 달리, 일본수군에 압도적인 우위를 보인 자국의 수군에 대해서는 높게 평가하고 있었던 것이다. 그래서 선조와 그 신하들은 "우리나라가 믿는 바는 오직 수군뿐"이라는 식의 발언을 자주했다.[15] 선조는 수군에 대해서 단순히 긍정적인 시각을 유지하는 것을 넘어서 수군의 작전상황과 전반적인 전황에 대해 관심을 가지게 되었다.

당시 수군은 적수군의 전술변화로 인해 예전만큼의 성과를 거두지 못하고 있었다. 이순신은 교착상태를 타계하기 위해 전략적 요충지인 웅포를 점령할 것을 주장했는데, 선조는 이 주장에 대해서 깊은 관심을 가지게 되었던 것으로 보인다. 그 증거로 선조는 웅포에 주둔한 일본군을 몰아내지 못하는 이상 수군의 공격에 별 효과가 없다는 말을 여러 번 했다.[16] 거기서 더 나아가 선조는 "먼저 웅천熊川: 웅포와 같은 지역의 왜적부터 공격한 다음 전라도 수군의 길과 서로 통할 수 있게 하는 것이 좋을 것 같다."라는 의견을 냈다.[17]

웅포를 탈환해야 한다는 선조의 의견은 그가 한 다른 발언들에서 더욱 명확히 드러난다. 1593년 11월 윤달에 비변사에서 조선군과 중국군이 연합해서 적을 치는 편이 좋지만 중국군이 전투를 꺼리면 단지 후방에서 적을 위협하게만 하고 조선군 단독으로라도 일본군을 공격해야 한다고 했을 때, 선조는 여전히 공세에 대해 비관적으로 답했지만, "혹 거행하지 않을 수 없다면 반드시 먼저 웅천을 공격하여 주사의 길을 열어야 조금 괜찮을 것이다."라고 말했다.[18] 얼마 후에 다시 공격에 대한 논의가 있었는데, 선조는 "우리나라 장군이 병법을 몰라 군대의 부오가 정돈되어 있지 않기 때문에 양떼를 모는 것과 다름이 없으니 적을 칠 수가 있겠는가?"라고 하거나, "지금은 적의 거추巨酋인 평의지平義智가 거제도를 지키고 있고 소서행장이 부산을 지키고 있으니 우리나라 장수가 어떻게 공격할 수 있겠는가?"라고 하면서 기본적으로 반대했다. 하지만 "먼저 웅천을 쳐서 제장으로 하여금 지키게 하여 이순신의 주사가 통할 수 있게" 할 수 있다고도 했다.[19] 즉 조선육군의 군사작전 능력에 대한 믿음이 거의 없었던 선조는 기본적으로 침공을 반대했지만, 반드시 공격을 해야만 한다면 수군을 위해서 웅포를 칠 용의는 있다는 것이다. 선조의 이러한 일련의 발언들은 육군이 웅포에 대한 공격을 하도록 상부에 줄기차게 장계를 보낸 이순신이 완전히 헛수고만 한 것이 아니었다는 증거이기도 했다. 하지만 선조는 막연히 웅포를 점령해야 한다고만 했지 구체적인 명령을 내리지 않았던 데다가 이 계획을 지지하는 힘 있는 신료조차 없었다. 결국 웅포에 대한 군사작전은 개시되지 않았다. 게다가 선조가 웅포에 대해서 누차 말하고 있을 때 이순신의 전략적인 관심사는 더 이상 그곳에 머물러 있지 않았다.

1593년 6월 하순에 일본군은 전격적으로 거제도에 상륙했다. 일본군은 거제도 북부의 영등포, 장문포, 송진포松眞浦 소진포 蘇津浦라고도 함와 그 인근 지역을 점령했는데, 이곳은 조선수군이 웅포를 공격할 적에 밤을 지내고 식수를 얻던 곳이었다. 또한 이 지역은 조선수군이 한산도에서 부산으로 향하는 중요한 길목이었다. 거제도 북부지역의 중요성을 잘 알고 있었던 이순신은 그 지역을 탈환하겠다는 의견을 적어도 두 차례 나타냈으며,[20] 거제도의 각 요새에 대한 정확한 위치, 병력의 규모, 적함선의 수, 보급상태, 전반적인 동향과 같은 정보들을 계속 탐지했다.[21]

선조가 진격을 결정하지 못하고 있는 상태에서 남아 있던 마지막 중국 군대인 유정 휘하의 5천 명마저 1594년 8월부터 명으로 돌아갈 채비를 갖추기 시작했다. 명군이 제공해 주는 방위력에 의존하고자 했던 선조는 철군을 막기 위해 온갖 노력을 기울였다. 선조는 광해군

　조선과 일본은 누구와 싸웠는가

거제도 북부, 3개의 주요 일본군 요새

을 유정에게 보내서 떠나지 않도록 사정하게 했고,[22] 철병하던 길에 한양에 이른 유정을 직접 만나서 떠나지 말라고 간청하거나,[23] 아니면 평양에 잠시 머물러 달라고 하기도 했다.[24] 하지만 모두 소용없는 일이었다.

조선에서 중국군이 전부 철수하자 왕과 대소신료들의 우려가 더 커졌다. 일본군도 강화회담이 진행되면서 병력을 상당수 줄였지만 명군처럼 완전히 철군하지는 않았다. 이런 상황에서 비변사가 거제도탈환을 제안하자 선조는 의외로 간단히 승낙했는데, 이는 중국군의 철수에 대한 실망감과 무관하지 않을 것이다.[25]

거제도침공 작전은 단순히 일본군을 조선군이 단독으로 공격하는 것 이상의 의미가 있었다. 비변사가 거제도공격을 주장하기 9개월 전에 이미 유성룡은 선조 앞에서 "삼도 수사들의 의견"에 따르면 영등 즉 거제도에 있는 적군을 몰아내고 병력을 옮겨서 부산에 있는 적선을 막으려 한다고 하면서, 거제도공격의 중요성에 대해서 조정의 대신으로는 최초로 제기했다.[26] 그리고 약 한 달 전인 1594년 8월 21일에 또다시 그는 많은 의병과 병선으로 거제를 침공해서 적군의 군량 보급로를 차단할 것처럼 하면 적이 섣불리 움직이지 못할 것이라고 주장했다.[27] 유성룡이 제기한 두 번의 발언들을 종합해 보면 그가 거제도 점령을 권유한 의도는 어디까지나 수군의 작전이 더 용이해지도록 하기위한 것임을 알 수 있다. 그가 갑자기 거제도공격을 주장한 이유는 아마도 이순신의 의견이 반영되어 있었던 것으로 여겨진다. 전쟁이 일어난 이후로 한 번도 남해안에 와 본 적도 없는 유성룡이 단지 지도에만 의지해서 이렇게 구체적인 군사작전을 구상했다고 간주하기는 어려워 보이기 때문이다.

유성룡의 이러한 주장들은 비변사에서 선조에게 거제도공격을 설득하기 위해 한 발언과 거의 같다. 비변사에서는 "거제에 적이 있기 때문에 우리나라 주사들이 견내량을 지나서 동쪽으로 가지를 못"하며, 거제에서 일본군을 쫓아낸 이후에는 수군이 동쪽으로 가는 데 장애물이 없으니 영등포 인근에 전함을 집결해서 적들을 공격해야 한다고 역설했다.[28] 선조는 조선육군의 공격에 대해서 매우 부정적이었지만, 조선수군의 작전을 제약하는 웅포를 점령하는 데에는 육군을 투입할수도 있다는 의견을 피력한 적이 있었던 점을 상기해 보면, 그가 거제도공격을 허락한 것도 순전히 수군의 활동을 용이하게 하기 위한 이유였음을 예상할 수 있다. 게다가 거제가 섬이라는 사실도 간과할 수 없다. 강력한 수군을 보유한 조선군은 거제를 치기 위해 얼마든지 병력을 파견할 수 있었다. 하지만 허약한 수군을 보유한 일본군은 다른 지

　조선과 일본은 누구와 싸웠는가

역에 비해서 방어하기가 쉽지 않았는데, 구원군을 가득채운 배가 거제에 상륙하기도 전에 막강한 조선수군의 공격을 받고 침몰될 수도 있었기 때문이다. 이런 이점이 사서에 기록되어 있었던 것은 아니지만 분명히 이 사실을 염두에 두고 있었을 것이다. 거제탈환계획은 조선수군을 위한 전략인 동시에 조선수군의 상대적 우세함에 크게 의존했다.

이 작전에 투입될 육군병력은 약 3천 명 정도였으며 총지휘는 권율이 맡았다. 그 외에도 경상도 순변사 이빈과 곽재우郭再祐와 김덕령 등이 참전했다. 그중 의병장 출신이었던 곽재우는 당시 가장 명망 있는 장수들 중 한 명이었고, 김덕령은 탁월한 무술 실력과 육체적 당당함을 갖춘 젊은 용장으로 조야의 기대를 한 몸에 받고 있었다. 이 군대를 상대할 거제도의 일본군 병력에 대해 조정에서는 같은 해 3월에 7천여 명 정도로 파악하고 있었으며, 4월에는 교섭을 위해 점령지역을 다녀온 명나라 위관委官으로부터 5~6천여 명 정도라는 정보를 입수했다.[29] 그리고 가장 믿을 만한 정보는 이순신이 4월 20일에 거제에서 간신히 탈출한 자국민을 심문하여 작성한 보고서였는데, 이에 의하면 장문포의 3개의 진에 약 1,100여 명이 있고 영등포에는 300여 명이 있다고 되어 있다.[30] 이 두 지역 이외의 곳에도 적군이 산재해 있었다는 사실을 고려해 보면, 4월 중순까지는 적어도 1,400명 이상이 거제에 주둔하고 있었을 것이다. 하지만 이 보고서도 공격이 시작되기 약 5개월 전에 작성된 것이어서 9월 말에 거제도에 주둔하고 있던 적군의 정확한 숫자를 알 수는 없다.

9월 22일에 이순신은 권율로부터 27일에 거제로 군사를 출동시키라는 밀서를 받았다.[31] 25일에는 거제도를 공격할 육군 일부가 도착했고,[32] 다음 날 새벽에 곽재우와 김덕령 등이 견내량에 속속 도착했다.[33] 계획된 진격 날짜인 27일에 이순신은 육군을 각각 전함에 태워서 나누어 보냈다.[34] 이순신은 육군의 지원을 받지 못해서 웅포를 점령할 수 없었지만, 이번만큼은 그토록 고대하던 육군의 도움으로 수군만으로는 감히 자신들을 공격하지 못할 것이라고 방심하는 거제도 일본군을 섬멸시킬 수 있으리라고 기대했을 것이다.

하지만 그 전에 선조가 공격을 윤허한 19일부터 이순신이 권율에게 공격명령을 하달 받은 22일까지 3일 동안의 과정을 유추해 볼 필요가 있다. 선조가 거제공격을 승인하는 왕명王命을 받은 승정원承政院의 담당승지擔當承旨는 아마도 유지有旨라는 형식의 공문서를 만들어서 권율에게 보냈을 것이다. 파발꾼들은 역참驛站에 준비된 말을 타고 이 문서를 한양에서 남쪽 끝에 위치한 경상도 산음에 있는 권율의 진영에 보내는데, 아무리 서둘러도 하루 이상이 소요되는 거리였다. 유서를 받은 권율이 휘하의 지휘관들과 작전에 대한 사항을 논의한 후에 이순신에게 공격을 명령하는 밀서를 쓰고 이 문서를 군관에게 한산도로 보내도록 맡겼을 것이다. 이 임무를 맡은 군관은 얼마간 육지를 통해 이동한 후에 적당한 포구에서 배를 타고 한산도에 있는 수군 본영에 도착해서야 자신의 임무를 완수했을 것이다. 당시의 교통수준을 고려해 보면 겨우 3일 만에 이 과정이 진행되었다는 점이 놀랍다. 이순신은 권율에게서 단순히 거제를 침공할 것이라는 단순한 소식을 받은 것이 아니라 27일에 공격을 개시할 것이니 준비하라는 구체적인 작전명령을 하달 받았는데, 이것은 도원수 권율이 공격을 허가하는 문서를 보자마자 곧바로 작전을 수립해서 이순신에게 보내지 않는 이상 이렇게 신속하게 진행될 가능성은 희박해 보인다. 이런 정황을 종합해 보면 이번 작전의 최고 사령관인 권율은 거제공격을 매우 서둘렀음에 틀림 없다. 왜 권율은 작전을 급하게 추진했을까? 혹시 육군 투입에 언제나 냉소적인 반응을 보였던 선조가 다시 작전을 방해하기 전에 거사를 치르려 한 것은 아닐까? 권율이 만약 그런 사태를 예측해서 최대한 신속히 행동한 것이라면 그는 선견지명이 있는 인물임에 틀림없다. 선조 는 육전에 비관적이던 예전의 태도로 급속하게 되돌아가고 있었다.

권율이 작전개시일로 잡은 27일의 다음 날인 28일에 비변사에서 거 제도를 침공할 군사들을 위해 "먼 데서 억측으로 하는 말에 구애되어 사기를 잃지 않도록 하라는 뜻"을 하서해 달라고 선조에게 요청했을 때 그의 대답은 이러했다.

곤외闡外는 장군將軍이 절제하는 것이니 그의 재량裁量에 맡겨 하는 바를 보아야 한다. 단지 적에게 잡히어서 끝내 멸망을 재촉하는 데 지나지 않 을까 염려스러울 뿐이다. 대개 적과 대결對決해 온 지 오래 되었는데 어찌 하여 우리나라는 적을 헤아리는 데 밝지 못한 것인가. 지금 다시 다른 일은 말할 필요가 없고, 쉽게 알 만한 것으로 말하겠다. 고인古人이 병사兵 事를 논하는 데는 단지 장수의 현부賢否만을 논했는데, 모르기는 하지만 행장行長과 청정淸正이 우리나라의 장수에게 패한 적이 있는가? 적이 우 리나라에 들어와서는 변성邊城에 둔거屯據하여, 반드시 호壕를 깊이 파고 보루堡壘를 높이 쌓으며 곡식을 쌓아두고 병사를 훈련시켜 항상 싸움에 대비해 왔으니, 어찌 우리나라 장사將士들이 마른 가지로 목책木柵을 세 운 것과 같겠는가. 모르기는 해도 무슨 물건으로 그들의 성을 공격할 것인가? 장편전長片箭으로 그들의 영루營壘를 쏘아대면 함락시킬 수 있는가? 군병을 정돈整頓하여 가까이 육박하면 적은 필시 상대하여 싸우지 않고 단지 지키기만 할 것이니, 수일 안으로 공격하여 함락시키지 못한다면, 모르기는 해도 군량을 어디에서 내오며 누가 운송하겠는가? 하늘에서 곡식을 내려 보내고 귀왕鬼王이 실어다 주겠는가? 왜적의 견고한 성 밑에서 양식이 끊어진다면 적들이 탄환 하나 쏘지 않아도 무너지고 흩어져 달아나기에 겨를이 없을 것이다. 수백 리에 진영을 잇댄 적들은 필시 4~5만을 밑돌지 않을 것인데 이들은 모두 생명을 가벼이 여기는 습성으로 여러 해 동안 싸움에 익숙해진 군사들이다. 이제 양호兩湖의 오합지졸 3천을 뽑아서 한 차례에 적을 섬멸하고자 하니, 괴이하고 괴이한 일이다. 내 구구한 뜻을 다 토설할 수는 없고 다만 하늘이 성사시켜 주기를 축원할 뿐이다.

선조실록, 27년 9월 28일

대규모 군사작전을 벌이는 그 나라의 최고 지도자가 자국 군대가 승리할 가능성이 거의 없으며 단지 섬멸당하지 않기만을 기원할 뿐이라는 식으로 공개적으로 발언한 사례는 전 세계적으로도 찾아보기 어렵다. 선조는 다시 공포와 불신의 포로로 변해가고 있었다.

선조는 10월 11일 인견引見에서 그 점을 확실히 드러냈다. 그 자리에서 선조는 이 전투가 얼마나 경솔하고 무모한지에 대해서 일일이 설명하며 불평을 터뜨렸다. 이번 작전의 중요성을 잘 알고 있었던 유성룡은 어떻게든 선조의 마음을 돌리려 노력했다. 하지만 이렇게 공포 분위기를 조성한 후에 선조는 참석한 각각의 대신들에게 과연 이번 공격에 대해서 어떻게 생각하는지 대답해 보라고 했다. 예전처럼 모든 신료들은 압력에 못 이겨 공격이 실패하리라고 했지만, 오로지 유성룡만은 가능성이 있다고 답했다. 선조의 압력에도 불구하고 유성룡은 이번에는 쉽게 물러서지 않았다. 그러나 선조는 끝까지 고집을 꺾지 않았으며 거기에 더해서 이런 말을 하기도 했다.

> 만일에 패하기라도 하였다면 우리나라뿐만 아니라 중국에도 피해를 끼치게 되었을 것이며, 다행히 조그만 승첩을 하였더라도 중국에서는 반드시 "조선의 병력이 충분히 자체로 해낼 수 있으니 굳이 우리 중국 군대를 수고롭게 출동할 것이 없다."고 할 것이고, 적병이 만일 합세하여 다시 움직이게 되면 중국은 틀림없이 우리가 흔단을 열어 놓았다고 할 것인데, 그 무슨 말로 대답하겠는가.
>
> 선조실록, 27년 10월 11일

선조의 주장대로라면 명군이 조선에 주둔해서 뒤를 봐주지 않는 이상 조선군은 일본군에게 패해서도 안 되었으며 그렇다고 승리를 거두어도 안 되었다.

선조는 공격을 중단하라고 단언하지는 않았기 때문에 어쨌든 작전은 진행되었는데, 거제공격의 진행과정은 이순신이 직접 쓴 『난중일기』를 통해 살펴보면 이러했다. 이순신은 육군을 보내고 이틀 후에 거제의 장문포 앞바다로 출격했다. 조선수군은 그곳에서 선봉의 적선 두 척을 격파했는데 나머지는 육지로 내려가 도망쳐버렸고 적군은 험준한 곳에서 전혀 나오려 하지 않아서 빈 배만 파괴시켰다.[35] 다음 날인 10월 1일에 장문포는 전라우수군과 경상우수군에게 맡기고 자신은 나머지 함대를 이끌고 영등포로 들어갔지만 적함은 모두 바닷가에 정박되어 있었고 적군은 전혀 나오지 않았다. 이순신이 다시 장문포로 가서 군사들과 합류하려 할 때 갑자기 작은 적선이 들어와서 사도에 소속된 전선에 불을 던졌는데 다행히 화재는 곧 진압됐다.[36] 10월 3일에 수군은 다시 장문포로 가서 적에게 도전했지만 이전과 마찬가지로 헛수고만 하고 돌아왔다.[37] 이렇게 이순신의 9월 29일 그리고 10월 1일과 3일 세 차례의 공격시도는 모두 수포로 돌아갔다.

그런데 이상한 점은 『난중일기』에서 9월 27일에 상륙시켰다던 조선육군이 도대체 무슨 활동을 했는지에 대한 기록이 전혀 없다는 것이다. 그뿐만 아니라 『난중일기』 외의 어떤 사료에도 이순신의 조선수군이 고군분투하고 있을 때 조선육군은 무엇을 하고 있었는지 알려주는 기록을 찾아볼 수 없다.

선조에게 거제공격을 요청할 때 비변사에서는 육군이 어떤 방식으로 작전을 수행하기를 계획했는지 살펴보면 왜 육군이 어떤 움직임도 없었는지 어느 정도 이해할 수 있다. 도체찰사 윤두수가 보낸 보고서에는 거제도공격에 대해서 온 힘을 다해 일전을 벌여야 한다는 소견을 나타냈는데, 비변사는 이에 대해 물론 전투를 하자는 의기는 높이 살 만하지만 우리의 육군은 오합지졸이나 다름없고 병기 또한 견고한 것을 치고 깨뜨릴 기구가 없는데 어떻게 적의 성에 대한 정면공격이 가능하겠냐고 했다. 그러면서 비변사에서는 자신들이 거제를 도모하기로 한 일에서 육지의 병사는 숲속이나 산속 깊은 곳에 숨어 있다가 공격하는 게릴라전을 수행해서 적을 괴롭히고, 견디다 못한 일본군이 스스로 물러나게끔 하는 것이라고 주장했다.[38] 비변사의 이러한 주장은 선조에게 거제공격을 설득할 때 육군은 적군의 성을 함락시키는 것이 목적이 아니라, "산골짜기나 숲속에 의병을 설치하여 적들이 병사의 다소를 헤아리지 못하게 하고, 간간히 정예병을 보내어 수미首尾를 차단"해서 웅천으로 쫓아내는 임무를 수행해야 한다고 한 것과 거의 같다.[39] 즉 비변사도 선조만큼은 아니었지만 조선육군의 능력을 믿지 못하고 있었다. 하지만 더욱 충격적인 사실은 전투개시 당일인 9월 27일에 이런 논의를 시작하고 있었다는 점이다. 이것은 비변사와 체찰사가 정면공격을 할지 아니면 유격전을 할 것인지와 같이 기본적인 전술운용에 관한 조율조차도 거치지 않은 채 병력을 투입했다는 것을 의미했다. 이러한 의견 조정은 작전을 벌이기 훨씬 이전에 끝내야 할 일이었다.

게다가 작전에 동원된 3천의 군사는 예비 병력까지 모두 포함된 것으로 보이는데, 그렇지 않다면 경상도 순변사 이빈이 겨우 650명만 출전시키고 나머지를 함안에 대기시켜 놓지는 않았을 것이다.[40] 이 전투의 모든 것이 못마땅했던 선조는 "그(이빈)가 거느린 군대가 겨우 5백이라 하는데, 노루나 사슴을 사냥한다 하더라도 5백 명을 가지고서야 되겠는가."라고 비꼰 것을 보면 전투에 투입된 병력은 650명보다 더 적을 가능성도 있다.[41]

3천의 군사를 전부 동원해도 성공을 자신하기 어려운 상황이었음에도 소수의 병력만을 보낸 이유는 아마도 유격전을 벌이기에는 그 정도면 적당하다고 여겼는지도 모르는 일이다. 겨우 이 정도의 숫자로 적의 요새에 정면공격을 가하는 것은 너무도 무모한 일이기 때문이다.

만약 그랬다면 조선수군이 적의 요새를 공격하는 동안 자국 육군을 전혀 보지 못한 것은 이상한 일이 아닐 것이다. 즉 거제에서 활동 중인 조선육군은 일본군의 강력한 방어시설을 직접 공격해서 함락시키라는 명령을 받지도 않았고, 또한 그럴 능력도 없었던 것이다. 하지만 이런 미적지근한 방식으로 적군이 순순히 물러날 리가 없었으며, 게다가 육군이 게릴라전이라도 벌였다는 뚜렷한 증거조차 찾을 수 없다.

이순신은 상부에서 어떻게 결정하든 간에 간신히 지원받은 육군을 그냥 놀려둘 마음은 없었던 모양이다. 그는 육군에 적진을 공격해 달라고 요청했으며, 10월 4일에야 장문포에서 수륙합동작전을 전개했다. 이날 전투는 뛰어난 야전지휘관으로 알려진 곽재우와 김덕령이 군사 수백 명을 뽑아 산을 오르게 하고 선봉은 장문포로 보내어 싸움을 걸게 했다. 조선수군도 이에 호응해서 위협을 가하자 일본군은 어떻게 대처해야 할지 갈피를 잡지 못하고 우왕좌왕했다. 작전이 순조롭게 진행되는 듯 보였지만 이순신은 이내 황당한 장면을 목격하고 말았다. 진격 중이던 육군이 일본군이 칼을 휘두르고 돌진해 오자 겁을 먹고 곧바로 배로 되돌아와 버린 것이다. 경상도 관찰사 홍이상의 전투보고서에는 이 전투가 더 자세히 기술되어 있다. 이 기록에 의하면 통제사의 전령에 따라 1백여 명의 군사들이 상륙했는데, 적의 기병과 보병 50여 명이 돌진해 오는 모습에 당황해서 황급히 배로 후퇴했으며 많은 사상자를 냈다고 되어 있다. 단지 이 사건이 4일이 아니라 3일에 일어난 일이라고 적혀 있어서 『난중일기』의 내용과 시간상의 차이를 보이는데, 직접 목격하지 않고 부하들의 증언을 근거로 작성했기 때문에 홍이상이 날짜를 착각한 것으로 여겨진다.[42]

사실 조선육군은 전투가 시작되기 전에 이미 사기가 바닥에 떨어져 있었다. 이 점은『난중잡록』에서 잘 드러난다. 이 기록에 의하면 권율로부터 거제도공격 명령을 하달 받은 곽재우와 김덕령은 군사들과 함께 이순신의 배에 승선하여 거제로 건너가기 위해 고성지역에서 기다리고 있었다고 한다. 그 자리에서 곽재우는 특히 용감하기로 유명했던 김덕령에게 "지금 들으니, 이번 걸음(전투)을 장군이 원수(권율)에게 자청하여 된 것이라 하니 그런 일이 있었소?"라고 물었다. 뜻밖에도 김덕령은 그런 말을 하지 않았다고 대답했다. 곽재우는 다시 적을 격파할 자신이 있냐고 물었는데 김덕령은 아니라고 했다. 크게 당황한 곽재우는 김덕령에게 국가와 군사들이 장군만을 믿고 적에게 달려가고 있는데, 지금 장군의 말이 이와 같으니 어떻게 해야 하냐고 하면서 지금이라도 한 마디 말로 결단해서 여러 사람의 의심을 풀어 달라고 청했다. 그런데 김덕령은 자신도 이번 일의 자초지종을 모르며 단단한 요새에 있는 적을 어떻게 치겠냐고 대답했다. 김덕령으로부터 기운 빠지는 응답만 들은 곽재우는 급히 권율에게 험한 데 웅거한 적을 어찌할 방책이 없으니 작전을 중단시키자고 요청했다. 권율이 이를 무시하자 모든 장수들이 어쩔 수 없이 적진으로 전진했다. 자신의 유명세로 등 떠밀리듯이 선봉을 맡아 진격한 김덕령은 적의 총탄이 쏟아지자 당연히 물러났고 그 광경을 본 다른 장수들도 다 본영으로 돌아와 버렸다.[43]

『난중잡록』에서 거제작전에 관한 내용은 약간 신빙성이 떨어져 보이는데 특히 곽재우와 김덕령이 했다는 대화내용은 어느 정도 작위적인 느낌이 든다. 이 책의 필자는 아마도 항간에 떠도는 소문을 그대로 적은 것으로 보인다. 하지만 대체적인 내용은 실제 사실과 일치한다.

예컨대 곽재우가 작전을 지속하면 전멸할 것이라고 여겨서 권율의 공격명령을 거부했다는 기록이 있다.[44] 또 권율이 조정에 보낸 장계의 내용을 보면 김덕령이 각기증脚氣症을 앓고 있는데 이를 목격한 "여러 장수들은 지팡이를 잃은 맹인처럼 모두 겁을 먹어서" 작전이 더디게 진행되고 있다고 되어 있다.[45] 이 작전에서 김덕령이 큰 활약을 할 것이라고 기대했던 유성룡은 이 소식을 접하자, 그가 전투에 참가하지 않으려고 꾀병을 부리고 있는 게 아닌지 의심했다.[46] 김덕령은 강철 같은 체력의 소유자로 유명했기 때문에 갑자기 병에 걸렸다는 그의 말에 유성룡이 의혹을 품은 것도 무리는 아니었다. 게다가 곽재우도 적이 있다고 앞뒤 사정 가리지 않고 돌진하는 인물은 아니었다. 예를 들어 1차 진주성전투에서는 포위된 아군을 위해서 적군에게 맞섰지만, 일본군이 가공할 전력으로 진주를 다시 포위하기 시작할 때 이미 막을 가망이 없을 것이라고 여긴 곽재우는 진주성에 들어가서 수비군을 도우라는 명령을 거부했다.[47]

부정확한 정보로 인한 혼란 또한 심각했다. 특히 거제의 일본군 병력에 관한 추정치는 조선군 수뇌부 개개인의 믿음과 신념에 따라 고무줄처럼 늘어나거나 줄어들었다. 이 작전의 무모하다는 자신의 주장을 정당화하기 위해서 선조는 아무런 근거도 없이 적군이 4~5만에 달하는 대군이라고 했다. 반면에 전투가 끝나고 난 이후에 경상도 관찰사 홍이상이 올린 보고서에는 "다과多寡의 형세로 논하자면 마치 태산이 새알을 누르는 것보다 더"할 정도로 적병의 숫자가 적었다고 되어 있다.[48]

거제전투가 끝나고 난 후에 김응서는 고시니의 편지를 가지고 온 어느 일본군 지휘관에게서 이 전투에 대한 개인적인 소견이 담긴 이야기를 들었다. 그는 장문포의 병력이 평소 2~3천 정도였는데 조선군이 공격을 할 때 마침 군사들을 역사役事에 동원하여 장문포에는 겨우 2백 명 정도만 주둔하고 있었는데도 조선군이 첫날에 함락시키지 못했으니 가소롭다고 조롱했다.[49] 이 일본군 장수의 말을 그대로 믿을 수는 없지만 선조보다는 홍이상이 추정한 병력의 수가 더 신빙성이 있어 보인다.

이순신은 실망을 뒤로 하고 10월 6일에 다시 수군만으로 장문포로 진격했지만 일본군은 패문을 써서 땅에 꽂아 놓은 상태였다. 그 패문에는 일본과 명나라가 강화를 맺으려 하니 서로 싸울 필요가 없다는 내용이 적혀 있었다.[50] 이미 싸울 의지가 없었던 육군은 7일에 곧바로 되돌아갔지만 이순신은 아쉬운 나머지 출발하지 않다가 다음 날 장문포로 가서 함대의 위세만 보이고 한밤중에 한산도로 귀환했다.[51] 그러나 실질적 작전은 육군이 싸워 보지도 않고 달아난 10월 4일에 사실상 종결되었다고 봐도 무방하며 그 이후 조선군의 활동에는 특별한 의미가 없었다. 거제전투는 사실 전투라고 할 수도 없다. 조선육군이 적군을 습격하거나 적의 성채를 점령하려 했다면 성공해서 전과를 거두었거나 아니면 실패해서 다수의 전사자가 발생했을 것이다. 하지만 조선육군은 아예 공격을 하지 않았으니 이렇다 할 전과도 없었고 심한 피해도 입지 않았다. 그러므로 이 공격은 '거제전투'라고 하기보다는 '거제에서 벌어진 일련의 군사적 행위'라고 부르는 편이 더 적절한 표현일 것이다.

거제작전이 결국 실패하자 비변사와 유성룡은 장수들이 싸우지도 않고 퇴각하여 일본군에게 업신여김을 당하긴 했지만, 만약 육군이 적진을 섣불리 공격했다면 적이 너무 강력해서 반드시 대패할 것이 분명했기 때문에 별 피해 없이 돌아온 것만 해도 다행이라는 식으로 두둔하며 일을 대충 마무리 지으려 했다.[52] 하지만 실패는 실패였고 거기에 대해서 누군가는 책임을 져야 했다. 결국 삼도체찰사 윤두수, 도원수 권율, 통제사 이순신이 희생양으로 지목되어 이들을 처벌하라는 요구가 시작되었다.[53]

이쯤에서 과연 거제작전의 실패는 정말 누구에게 책임이 있는지에 대한 의문이 들지 않을 수가 없다. 전투가 시작되려는 상황에 선조는 자신의 군대가 막강한 적군에게 상대가 되지 못한다는 식의 태도를 보이며 패배를 거의 확신하는 듯한 저주에 가까운 폭언을 퍼부었는데, 혹시 이 발언이 알려지면서 군사들의 사기를 떨어뜨리진 않았을까? 거제에 대한 군사적 활동을 주장하면서도 소극적인 유격전술 방식만을 고집한 비변사 때문에, 적극적인 공격을 펼치려던 일부 장군들은 운신의 폭을 제한받진 않았을까? 아니면 직접 싸움에 참가한 곽재우나 김덕령 같은 장수들이 처음부터 가망이 없다고 생각해서가 아닐까? 어쩌면 단순히 총사령관인 권율의 전술운용 능력과 통솔력이 부족해서는 아니었을까? 아니면 정말 병력이나 전력 면에서 확연한 열세가 있었던 것일까?

이 난제에 대한 정확한 해답을 찾기는 어렵지만 최고 수뇌부 중에 작전에 비관적인 사람이 많았으며, 전술운용처럼 기본적인 사안조차 확실한 의견 일치를 보지 않은 상태인 데다가 충분한 숫자의 병력을 확보하지 못했고, 야전부대에 명확한 목표조차 제시해 주지 못하여 병사들의 사기가 떨어진 군대를 통솔해서 승리를 이끄는 것은 사실상 불가능한 일이었을 것이다.

무엇보다도 비변사가 정면공격을 가해야 한다는 의견을 마치 자살행위나 다름없다는 식으로 조롱하며 게릴라전처럼 제한적이고 소극적인 전투만을 벌여야 한다고 한 것은, 조선육군이 여전히 일본군을 정면으로 대적할 만한 대규모 정규군을 조직하지 못했다는 것을 자인하는 셈이나 다름없다. 훈련도감 같이 특수한 경우를 제외한 대부분의 지방군은 여전히 제대로 훈련받지 못했고 헐벗고 굶주렸으며 사기가 떨어질 대로 떨어져 있었다.

자신의 수군과 지원받은 육군의 유기적인 결합을 통한 합동작전으로 일본군의 요새화된 항구를 점령하고 이것을 발판 삼아 수군의 활동범위를 넓히려 한 이순신의 계획은 기약 없이 연기되지 않을 수 없었다. 이 이후로 이순신은 육군에 대한 기대를 완전히 접은 듯하다. 거제에서의 사건이 벌어진 이래로 이순신이 육군에 지원요청을 했다는 어떠한 기록도 발견되지 않기 때문이다.

7장

불신

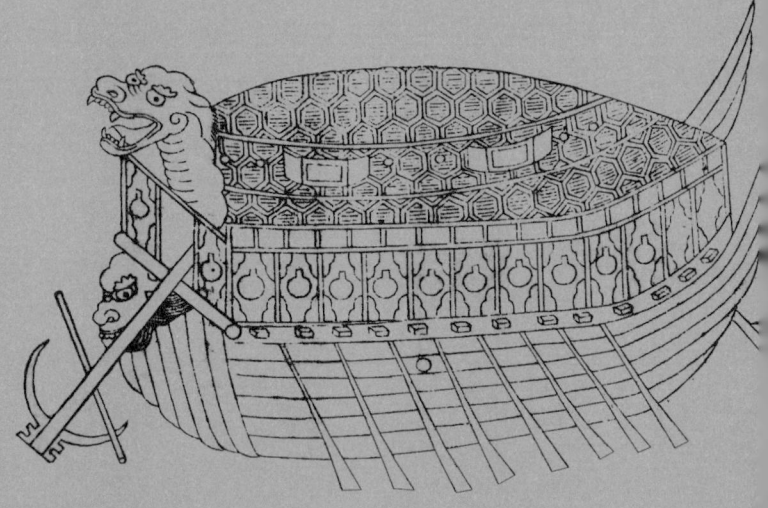

거제작전의 실패 이후로 조선수군은 더 이상 예전과 같은 공격적인 전술운용을 보여 주지 못했다. 그것은 일본수군의 전술변화로 인한 것이기도 했지만 명과 일본 간의 평화회담이 점차 성과를 내고 있었던 탓이기도 했다. 조선은 기본적으로는 화의에 반대하고 있었지만, 명이 강력하게 추진하고 있던 상황에서 계속 반대만 할 수는 없어서 일단 두고 보자는 입장을 견지하고 있었다.

사실 거제작전까지 산발적으로 벌어졌던 양측 간의 전투는 이 이후로 소강상태에 빠져들었다. 그것은 조선수군과 일본수군도 마찬가지였다. 양측은 특별히 공식적인 휴전회담을 벌인 것은 아니었지만, 견내량을 군사분계선으로 긋고 여기를 경계로 서로 침범하지 않기로 묵시적인 합의가 이뤄졌다. 그래서 이순신은 자국 어부들이 견내량을 넘어가면 처벌하고, 또 일본 측의 선박이 넘어오더라도 예전처럼 격침시키지 않고 단지 내쫓아버리기만 했다.[1]

하지만 선조는 수군의 눈부신 활약을 잊지 못하고 있었다. 그는 수군이 점차 기대하던 성과를 내지 못하자 유성룡에게 "(수군이) 임진년 이후로 움츠리기만 하는 것은 무엇 때문인가?"라고 물어보기도 했다.[2] 그리고 선조는 조선수군이 부진의 늪에 빠진 이유를 찾기 시작했으며 그것에 대해 나름대로의 결론을 내렸다.

이순신과 불화로 원균이 충청병사로 발령받은 지 이미 꽤 시일이 지난 1596년 6월 26일에 선조는 김응남에게 "이순신은 밖에서 의논하기를 어떠한 사람이라고들 하는가?"라고 질문한 적이 있었다. 김응남이 자신의 견해를 밝히자 선조는 "이순신은 처음에는 힘껏 싸웠으나 그 뒤에는 작은 적일지라도 잡는 데 성실하지 않았고, 또 군사를 일으

켜 적을 토벌하는 일이 없으므로 내가 늘 의심하였다."라고 말했다.[3]
선조가 이처럼 이순신을 비판할 때 당초에는 열심히 싸우다가 나중에
는 게을러져서 적을 토벌하지 않았다는 식의 발언을 한 사례는 자주
찾아볼 수 있다. 즉 선조는 수군이 부진에 빠진 원인을 최고 책임자인
이순신 한 개인의 게으름과 무능력 때문이라고 믿고 있었던 것이다.

어떤 하나의 사건이나 상황을 분석하려면 한 가지 면만이 아니라
여러 가지 각도로 면밀히 살펴야 비로소 어느 정도 정확성과 객관성
을 확보할 수 있다. 이순신이 예전과 같은 성과를 내지 못한 가장 큰
원인은 육군의 지원을 받지 못했기 때문이었다. 그리고 이것은 그의
능력으로는 해결할 수 없는 문제였다. 선조는 수군의 부진을 이순신
개인의 문제로 인한 것이라고 생각했으니 이것은 조악스러울 정도로
단순한 생각이었다. 하지만 선조의 이런 견해는 전통적인 유교적 역사
관에 일치되는 것이었다. 유교적인 관점에서 쓰인 수많은 사서에서는
인물의 포폄을 중시했고, 어떤 일의 성공과 실패의 원인 전체를 지도
자나 책임자 개인의 선함과 악함 또는 유능함과 무능함 탓으로 돌리
는 경우가 대부분이었다.

선조가 김응남에게 이런 말을 하기 꽤 오래전부터 이미 이순신의
능력을 의심하기 시작한 증거가 있다. 수군의 부진이 점차 고착화되던
1594년 8월 중순에 선조는 유성룡을 비롯한 고위 신료들과의 인견 시
에 수군에 관한 의견을 나누던 도중 갑자기 "이순신이 혹시 일을 게으
르게 하는 것이 아닌가?"라고 한 적이 있었다. 이순신의 정치적 조력자
로 자처하던 유성룡은 그를 보호해 주기 위해 곧바로 "만약 이순신이
아니었다면 이만큼 되기도 어려웠을 것입니다. 수륙의 모든 장수 중에

(이)순신이 가장 우수합니다."라고 답했다.[4] 더 이전인 1593년 12월 19일에 선조는 유성룡과 수군에 관한 이야기를 나누던 도중에 "이순신이 계속 승리한 것은 수군의 힘이다."라고 말했는데, 이것은 그동안의 승전이 이순신의 뛰어난 지휘 때문이 아니라 수군 자체가 강력해서라는 뜻이나 다름이 없었다. 유성룡은 "적이 돌격해 오지 못하는 것은 (이)순신의 힘이니, 이와 서로 호응해서 공을 이루도록 해야 될 것 같습니다."라고 즉시 논박했다.[5] 하지만 유성룡처럼 권위 있고 존경받는 대신이 이순신을 옹호해 준다고 해도 점차 그에 대한 신뢰를 잃어가고 있는 선조의 마음을 되돌릴 방법은 없었다.

게다가 몇몇 자료들을 보면 선조는 처음부터 이순신이 비범한 능력을 가진 장군이라고 생각하지 않았던 것으로 보인다. 예를 들어 한산도해전에 대한 논공행상論功行賞을 할 때, 이 전투에 주도적인 역할을 한 이순신이 가장 큰 포상을 받았지만, 나중에 선조는 원균과 이억기도 같은 공을 세웠으니 이들의 품계도 높이라는 명령을 내린 적이 있었다.[6] 선조가 이순신을 무능한 인물이라고 점점 더 확고하게 생각하는 동안 원균에 대한 긍정적인 관심은 점점 더 커지기 시작했다.

선조가 원균을 높이 평가한 계기는 어쩌면 원균이 자신을 최대한 잘 홍보한 덕분일지도 모른다. 예를 들어 한산도해전에서 승리를 거둔 뒤 이에 대한 포상은 이순신이 제출한 장계에 적힌 군공에 따라서 차등을 두어 승진이 이루어졌다. 그런데 원균은 이를 무시하고 단독으로 한산도해전에 대한 장계를 올렸는데, 선조가 원균을 가자加資해야 한다고 한 것을 보면 원균은 분명히 그 보고서에 자신에게 유리한 내용을 적었을 것이다.[7] 원균은 이후로 계속해서 단독으로 보고서를 올렸고, 이순신은 그가 올린 어떤 장계의 초본을 볼 기회가 있었는데 그 내용이 무엇이었는지는 알 수 없지만 "그(원균)의 거짓됨은 이루 말할 수 없다."고 일기에 적었다.[8] 나중에 이순신은 원균이 자신에게 이익이 되는 허위사실이 담긴 공문을 올렸다고 정식으로 문제제기를 했다.

이외에도 원균은 일본군으로부터 노획한 조총 70여 정을 조정에 올려 보낸 적이 있었는데 이것은 분명 세간의 관심을 끌 만한 전리품이었다. 침략군에 의해 소개된 조총은 그 위력적인 성능으로 인해 수요가 폭발적으로 늘어났지만 만들기가 까다롭고 아직 제조법이 널리 전해지지 않았기 때문에, 조선군에서 사용하는 조총의 대부분은 일본군으로부터 노획한 것이었다.[9] 조정에서는 이순신에게 온전하고 성한 조총을 골라서 바치도록 했지만, 나중에는 깨지거나 부서진 것도 고쳐서 쓸 테니 가리지 않고 올려 보내라고 했다.[10] 그런데 원균이 조총 70여 자루를 조정에 바치는 일이 있었다. 조총에 흥미가 많았던 선조는 "이것만 보아도 그의 전공戰功을 알 수 있다."라고 기뻐하며 조총을 가지고 올라온 원균의 아들 원사웅元士雄에게 직을 제수하라는 명을 내렸다.[11]

하지만 원균의 가장 효과적인 무기는 이순신에 대한 비판이었다. 전쟁이 일어난 직후에 원균은 이순신에게 병력을 이끌고 와서 부족한 자신의 병력을 도와 달라는 요청을 했었는데, 이순신은 곧바로 와서 구원해 주지 않고 꽤 시간이 지난 뒤에야 와서 그의 군대와 합류한 적이 있었다. 원균 측의 주장은 이순신이 원균을 곧바로 도우러 가지 않았던 이유는 그가 겁을 먹었기 때문이라고 했으며, 거기에서 한발 더나가 원균은 싸울 마음이 없던 이순신에게 군사를 청해서 성공했으니 수공首功은 자신에게 있다고 주장했다.[12] 원균의 이런 주장은 이순신이 게을러지고 무능해졌다고 믿고 있던 선조의 견해와 상당히 부합되는 것이었다. 원균과 그를 지지하는 세력은 이 일을 가지고 끈질기게 물고 늘어졌다.

그 당시 이순신이 곤경에 빠진 경상우수군을 지원하러 가는 것을 미룬 것은 사실이다. 이순신이 경상우도지역으로 출격하라는 공문을 처음으로 받은 것은 1592년 4월 20일이었으며, 26일에 다시 진격을 종용하는 공문을 받았는데, 이때 그는 단순한 절차상의 문제를 들어 출전을 늦췄다. 하지만 그가 출격을 연기한 진짜 이유는 따로 있었다. 27일에 다시 원균을 도우라는 명령서가 이순신에게 당도하자 그는 29일에 진라좌수군 전 병력을 모아서 출전하기로 결정했다는 보고서를 올렸다.[13] 그러나 이순신은 30일에 병력이 부족하여 전라우수군이 지원하러 올 때까지 다시 출전을 미루겠다고 보고서를 올렸는데, 이것이 그가 진격을 연기했던 실제 이유였을 것이다.[14] 4월 30일에 출항한다는 이억기의 공문을 받았던 이순신은 전라우수군이 오기만 애타게 기다렸는데, 이런 그의 심정은 5월 3일의 일기에서 본진으로 오는 방답의 판옥선을 보고 그 배가 이억기의 전함인 것으로 착각했다가 아닌 것을 알고 크게 실망했다는 내용에서 확실히 알 수 있다. 하지만 그날 녹도만호 정운鄭運이 진격할 것을 간청했고 더 이상 진격을 연기할 수 없었던 이순신은 바로 다음 날인 5월 4일에 드디어 출격하기로 결정했다. 여전히 전라우수군과 합류하는 일에 대한 미련을 버리지 못했던 그는 출격하면서 이억기에게 빨리 뒤따라오라는 공문을 보냈다.[15]

도움이 절실했던 원균의 간절한 지원요청에도 이순신이 병력부족을 이유로 전라우수군이 합류할 때까지 출항을 미룬 것에 대해서 비판을 하는 사람이 있을지도 모르겠다. 하지만 이순신에게는 판옥선이 겨우 24척밖에 되지 않는다는 현실이 놓여 있었다. 경상우도 해역에서 원균의 군대와 합세한다고 해도 경상우수군의 남은 판옥선이 너무 적어서 채 30척도 채우지 못하게 될 터였다. 출전 이전에 이순신은 적의 선박이 수백 척에 달한다는 보고를 여러 차례 받은 상태였다. 나중에 일본의 함대가 허장성세라는 점이 밝혀지지만 이때까지 한 번도 해전을 실전에서 치러 본 경험이 없었던 이순신이 소문 속 적함대의 규모에 대해서 신경이 쓰이지 않을 리는 없었을 것이다. 이순신이 전라우수군과 합세해서 어느 정도 규모를 키우고 출전하려 했던 것은 너무나도 당연했다. 이런 의미에서 보면 이순신이 출동을 미루려 했던 것에는 원균의 책임도 없지 않았다. 만약 원균이 휘하 병력을 온존하고 있었더라면 이순신도 그를 도우러가는 일에 대해서 그렇게까지 고민하지는 않았을 것이다.

이순신에 대한 이런저런 추문을 제기하는 역할은 원균보다는 그를 지지하는 관료들이 담당했으며 그 편이 효과가 더 좋았다. 원균을 지원하던 대표적인 고위 관료로는 서인인 윤두수, 윤근수, 김응남이 있었다. 서인의 중심인물인 윤두수와 그의 동생인 해평부원군海平府院君 윤근수는 원균과 혈연관계였으며, 김응남은 윤두수의 사위였다. 또한 유성룡에 대한 직접적인 공격을 할 수 없었던 그의 정적政敵들도 이 갈등에 끼어들기 시작하면서 상황은 더욱 혼잡해졌다. 유성룡은 이러한 상황에 대해서 자신의 저서에 다음과 같은 기록을 남겼다.

> 이때 조정의 의논은 두 갈래로 나뉘어 저마다 주장하는 것이 달랐다. 이
> 순신을 추천한 사람은 처음에 나였기 때문에, 나를 좋아하지 않는 사람
> 은 원균과 어울려서 이순신을 공격하는 것이 매우 강력하였다.
>
> 징비록, 178쪽

그들은 이순신에게 타격을 가함으로써 그의 후원자인 유성룡의 정
치력이 약화되기를 바랐다. 그 대표적인 인물이 북인의 영수인 이산해
였다. 유성룡이 남인의 영수에 오른 이후로 줄곧 경쟁관계에 있었던
이산해는 전쟁이 발발했던 당시에 최고의 관직인 영의정에 재임 중이
었는데, 계속된 패배에 대한 책임과 파천을 주장했다는 이유로 실각
당해서 꽤 오랫동안 유배지에 머물러 있었다. 1595년 1월에 겨우 영돈
녕부사領敦寧府事로 임명되었는데, 기록에 의하면 그가 이렇게 오랫동안
조정에 돌아오지 못한 이유는 유성룡이 복귀를 막았기 때문이었으며,
이로 인해 이산해는 유성룡에게 깊은 원한을 품었다고 한다.[16] 기존에
원균을 지원했던 신료들도 기본적으로 모두 유성룡의 경쟁자였으며,
이때쯤 이들도 이순신을 수세에 몰아넣는다면 유성룡에게 어느 정도
손실을 끼칠 수 있으리라는 사실을 분명히 이해했을 것이다. 사태는
점차 정권을 장악한 남인과 재야세력인 북인, 서인의 대리전 양상으
로 변질되기 시작했다.

선조는 이때까지만 해도 원균을 적극적으로 지지하고 있지는 않았
던 것으로 보인다. 비변사에서 원균을 충청병사로 전보시켰을 때 선조
가 이를 승인했으며 나중에 사간원에서 두 차례나 원균을 계속 경상
우수사에 유임시켜야 한다고 종용했을 때에도 선조는 이를 윤허하지

않았다. 이것은 최고 회의기구로 발전한 비변사를 무시할 수 없었기 때문일 수도 있다.[17] 하지만 이 사건은 예기치 못한 결과를 불러일으켰다. 선조가 원균에 대해서 진지한 관심을 갖게 되는 계기가 되어버린 것이다. 이 점을 이해하기 위해서는 이 사건의 진행과정 중에 선조가 한 발언들을 다시 한 번 자세히 살펴볼 필요가 있다.

비변사에서 선조에게 원균을 체차시켜야 한다고 말한 것은 11월 28일이었다. 이때 비변사는 원균을 당장 수군에서 내쫓아야 한다는 식으로 강경하게 주장한 것이 아니라, 이순신과 원균이 사이가 나쁘며 이것을 법으로 따진다면 둘 다 죄를 주어야 하지만 원균을 체차해야 한다는 의견이 많으니 그를 수군에서 내보내어 분쟁을 끝내는 것이 어떻겠냐는 식으로 물었었다. 선조는 이순신과 원균 둘 중에 누구를 체차시켜도 상관이 없으니 비변사에서 알아서 하라고 답하긴 했지만, 원균보다는 이순신이 물러나야 한다는 데 더 무게를 싣는 발언을 했다.[18] 다음 날 조정의 회의에서 원균을 체차시키기 보다는 충청병사로 이직시켜야 한다는 의견이 제기되었으며 선조도 이를 찬성하고 있었다. 하지만 비변사에서 이에 대해 원균이 추핵推覈 중에 있는데 충청병사의 직임에 보직시키는 것은 바람직하지 않다고 하자 선조는 "군율을 범했다고 말한다면 유독 이순신만은 군율을 범하지 않은 사람인가. 나의 생각에는 이순신의 죄가 원균보다 더 심하다고 여겨진다. 원균을 (충청)병사로 삼아서는 안 된다는 그 주장을 나는 알 수 없다. 그러나 참작해서 시행하라."라고 답했다. 선조의 강경한 태도에 놀란 비변사는 마지못해 원균을 충청병사로 옮기자는 의견에 동의했다.[19]

이때 선조는 원균이 경상우수사에서 물러나는 것 자체를 막진 않앉지만, 충청병사에조차 임명되지 못하고 그대로 체차될 위험에 처해 있던 그를 구해 준 것에 더해서 이순신에게 못마땅한 감정을 가지고 있다는 점을 명확하게 표현했다. 전체적인 선조의 발언을 자세히 살펴보면 그가 이 사건이 진행되는 과정 중에 점차 원균에게 호의적으로 바뀌었던 것으로 보이는데, 그 이유는 처음부터 원균에 대해서 남다른 애착을 가졌다기보다는 이순신에 대한 반감으로 인해서 이순신의 반대자인 원균에 대한 동정심이 생겨난 것으로 여겨진다. 즉 자신의 적의 적을 최소한 심정적으로 지지하게 되는 것과 비슷한 심리현상이 일어난 것으로 추측해 볼 수 있다. 선조는 이 일을 기점으로 원균의 가장 열렬한 조력자로 변모했다.

충청병사로 옮기고 얼마 지나지 않아서 원균은 조정에 전마戰馬를 요청하는 장계를 보낸 적이 있었는데, 선조는 직접 명령을 내려서 내구마內廐馬 2필을 하사했다.[20] 그리고 약 4개월 후에 사헌부에서는 원균이 입방入防한 군사를 기한이 차지 않았는데도 방면하고 그 대가로 콩을 납부하도록 했으며 무리한 형벌까지 자행하여 원성이 자자하다는 이유로 그를 탄핵했다. 그러나 선조는 "원균의 사람됨은 범람하지 않다. 이런 시기에 명장을 이처럼 해서는 안 된다."고 하면서 윤허하지 않았다.[21] 사헌부는 이 이후로 사흘이나 원균에 대한 문제를 재고해 달라는 요청을 했지만 선조는 "오늘날의 장수로서는 원균이 으뜸이다. 설사 정도에 지나친 일이 있었다고 하더라도 함부로 처벌할 수 없다"고 하면서 끝내 허락하지 않았다.[22]

1596년 1월 12일에 사헌부는 원균을 재차 탄핵했다. 이번의 탄핵사유는 충청병사 원균이 제멋대로 전 가평군수加平郡守 최덕순崔德峋을 종사관으로 임명했다는 것이었다(최덕순은 가평군수로 있을 때 무고한 양민의 머리를 베고 그것을 적군의 수급이라고 속여서 파직당한 적이 있었다). 병사는 원래 종사관을 거느리지 않으며 원균이 발탁한 그 종사관도 빈둥거리며 전식傳食해서 민간에 피해를 끼치니 원균을 추고하고 최덕순의 종사관 칭호를 없애야 한다는 것이 사헌부의 견해였다. 선조는 최덕순의 종사관 칭호를 없애는 것은 동의했지만 원균에 대한 처벌은 반대했다.[23] 나중에 원균이 전라병마절도사에 임명되어 배사拜辭하기 위해서 상경했을 때 선조는 몸이 불편해서 직접 접견하지는 않았지만, 그가 탁월한 충성과 용기를 갖춘 인물이라고 극찬하며 다시 내구의 양마良馬 한 필을 하사했다.[24] 선조는 마치 원균에 대한 어떠한 비난도 귀담아듣지 않기로 작정한 것처럼 행동했으며 기회가 있을 때마다 그에게 칭찬과 배려를 아끼지 않았다.

이러한 상황 속에서 우의정 겸 남부의 강원, 충청, 전라, 경상 4개도의 절제를 맡은 사도체찰사 이원익이 공개적으로 이순신을 후원했을 뿐만 아니라, 적극적으로 원균을 비난하기 시작했다. 1596년 10월 5일에 선조는 남부의 관할지역을 시찰하고 조정으로 돌아온 이원익에게 현지의 민심과 군사적 현황을 묻던 도중에 이순신이 임무를 충실하게 수행하고 있는지에 대해서 물어보았다. 이원익은 이순신이 자신의 사명을 성실하게 실행하고 있다고 대답했다. 그다지 마음에 들지 않은 답변을 들은 선조는 "당초에는 왜적들을 부지런히 사로잡았다던데, 그 후에 들으니 태만한 마음이 없지 않다 하였다. 사람 됨됨이가 어떠하던가?"라고 하면서 자신의 속마음을 드러냈지만 이원익은 이순신이 장수들 중에서 가장 두각을 나타내며 그가 "처음과 달리 태만하였다는 일에 대해서"는 자신은 모르는 바라고 하면서 선조의 견해를 정면으로 부인하는 대답을 했다.[25] 같은 달 21일에 있었던 회의 때는 이원익이 원균이 성질이 사납고 거칠며 상사의 절제를 받지 않는 자라고 힐난하자 선조는 곧바로 원균을 옹호했지만, 이원익은 "원균은 전공이 있기 때문에 인정하는 것이지 그렇지 않다면 결단코 기용해서는 안 되는 인물입니다."라고 하거나 그의 성격이 포악해서 병사를 미리 준다면 반드시 배반하고 원망하게 될 것이니, 전투하기 직전에 배정해서 돌격전에나 쓸 인물이라고 하면서 선조와 다시 의견충돌을 빚었다.[26]

이원익은 왜 이순신과 원균에 대해서 상반된 평가를 내렸을까? 그 원인은 이원익이 재직히고 있던 사도체찰사의 임무와 연관이 있다. 사도체찰사는 해당지역을 몸소 순회하면서 일을 수행해야만 했고, 이 과정에서 그는 이순신과 원균 둘 다 직접 접촉할 기회가 있었다.

『난중일기』를 보면 이원익은 업무상의 이유로 이순신과 여러 번 만났으며, 정확한 시기는 알 수 없지만 한산도까지 내려간 적도 있었다. 이때 이원익은 한산도의 수군 진영이 빈틈없이 잘 짜여 있다는 점에 만족스러워 했다. 이원익이 시찰을 끝내고 그대로 돌아가려 하자 이순신은 그에게 "대신이 여기까지 왔으니 성상의 뜻을 선유하고 또 상을 내리어 군사들의 사기를 돋우지 않을 수 없다."라고 조심스럽게 이야기했고, 이에 그는 크게 깨달아서 병사들의 기예를 시험하여 상을 주고 30여 마리의 소를 잡아 큰 잔치를 베풀어주었다. 이원익은 병사에 대한 이순신의 사려 깊은 배려에 깊은 감명을 받았다.[27]

이원익은 원균에 대해서는 완전히 정반대의 평가를 내렸다. 이원익은 선조 앞에서 원균을 비난하기 이전에 그가 군졸들을 괴롭히고 학대한다는 이유로 충청병사에서 파직시켜야 한다는 장계를 올렸었다.[28] 이원익이 이런 결정을 내린 원인은 아마 원균이 상당산성上黨山城을 쌓으면서 부역에 동원된 지역민들에게 심각한 피해를 입힌 일 때문이었을 것이다.[29] 충청병영은 이 당시 해미海美에 있었는데, 이곳은 지나치게 해안지역에 치우쳐 있었기 때문에 내지를 통해 침입하는 일본군을 막기에 적합하지 않다고 판단해서 원균을 교통의 요충지인 청주淸州의 상당지역으로 옮기고, 그곳에 새로운 방어시설을 건설하도록 한 것이 이런 사태를 일으킨 것이다.[30]

원균의 성격을 파악한 이원익은 더 이상 그를 믿지 않게 되었다. 이 당시 충청도순안어사忠淸道巡按御史 이시발李時發은 병사들을 훈련시키는 임무를 맡고 있었는데, 조련을 마친 군사들은 원균이 인솔하도록 되어 있었다. 이시발이 훈련시킨 병사들을 원균에게 전적으로 맡긴다면 제 마음대로 사용할 것이라고 우려한 이원익은 원균이 이들을 지휘하지 못하도록 조치를 취했다.[31]

이원익이 이순신에게 우호적이었던 것에는 또 다른 동기도 충분히 있었다. 그는 유성룡과 아주 친밀한 사이였고, 이들은 같은 남인으로서 서로에게 가장 믿을 만한 정치적 동지였다. 이원익은 이순신이 유성룡의 조력을 받고 있다는 점도 잘 알고 있었으므로 그가 이순신을 후원하게 된 것도 유성룡의 영향 때문이었을 것이다.[32] 그가 이순신과 대립하고 있던 원균을 부정적으로 인식한 것도 이런 배경과 전혀 무관하지는 않았을 것이다.

이처럼 이순신에게 다른 든든한 원군이 생기기는 했지만 여전히 선조는 이순신은 무능한 인물이고 원균은 탁월한 장수라는 의견을 공공연히 표현하고 있었다. 선조의 이러한 태도는 원균을 지지하는 신료들의 발언권을 더욱 강화해 주었으며 반대로 이순신을 지지하는 신료들의 입지가 줄어드는 결과를 불러일으켰다. 이에 힘입은 원균의 지지자들은 그가 수군절도사로 복직되도록 노력을 아끼지 않았다. 그 핑계거리 중에 하나가 이전에 점령하는 데 실패했던 거제도에 수군을 주둔할 것을 역설하는 것이었다.

당시 조선은 충분히 그 지역을 장악할 수 있었는데 조선군이 거제도의 일본군을 몰아낼 정도의 군사적 역량이 생겼다기보다는 평화회담이 진전됨에 따라 일본군이 자진해서 철군했기 때문이었다. 일본군은 거제 북部의 장문포, 영등포, 소진포 3개이 진영 중에서 장문포는 1595년 7월 중순에, 영등포는 같은 해 9월 초에 철수했으며, 적어도 11월 2일 전에는 거제도에서 완전히 물러났다.[33] 기를 쓰고 빼앗으려고 했던 전략적 요충지를 갑자기 공으로 얻게 된 것이다. 하지만 이를 어떻게 처리할지에 관해 상당히 난감해했다. 유성룡과 이원익은 수군이 거제에 거점을 마련해야 한다는 점에는 동의했지만 그것은 어디까지나 실현가능한 범위 내에서의 문제였을 것이다. 그런데 김응남과 윤근수는 한산도를 버리고 거제로 수군 본진을 옮기는 한이 있더라도 거제를 공고히 장악해야 하며 거기에 더해서 그곳에 원균을 반드시 파견해야 한다고 주장했다.[34]

이들이 거제도에 원균을 파견하자는 것은 과연 무엇을 의미하는 것이었을까? 거제도는 경상우도지역에 포함되어 있었다는 점을 고려해 보면 이들의 주장은 사실상 원균을 다시 경상우수사로 복직시켜야 한다는 뜻이나 다름없었다. 물론 이순신에게는 확실히 반가운 소식이 아니었다. 원균이 복귀하게 된다면 이순신에게는 예전과 같은 갈등과 다툼이 연속되는 것을 의미했다. 김응남과 윤두수는 11월 1일에 재차 거제 수군기지 건설의 중요성을 또다시 강조했다.[35] 수세에 몰리게 된 유성룡과 이원익은 불리한 형국을 일거에 뒤집을 강력한 반격을 가할 기회를 찾고 있었다.

그 반격은 1596년 11월 7일 이른 오후에 선조가 유성룡, 이원익, 이산해, 윤두수, 김응남 등의 주요 대신들을 불러 모아서 일본군 침입에 대한 방비대책을 논의하는 자리에서 일어났다. 논의 도중에 선조는 유성룡에게 원균을 어떻게 생각하는지 물었던 적이 있었다. 선조가 갑자기 이런 말을 하게 된 것은, 회의가 시작되자마자 이산해가 원균을 다시 수군 장수로 임명해야 한다는 취지의 발언을 한 것에 대한 반향이었다. 유성룡은 원균이 수전에 익숙하지 않으며 이전에 경상수사로 일할 때 병사들을 함부로 부려서 아직도 그를 원망하는 이들이 많다고도 했고, 대장인 이순신에 대해서 언제나 노기怒氣를 품고 있었다고 비판했다. 이원익도 이에 가세해서 원균이 이순신에게 원한을 품고 있으니 원균을 계속 육군 장군으로 활동하게 해야 한다고 주장했다. 유성룡과 이원익이 그동안 지속적으로 원균을 비판해 왔지만 두 명이 같은 자리에서 이렇게 강경한 자세로 이 문제를 거론한 적은 없었다. 유성룡과 이원익의 이렇게 대담한 행보를 나타낸 의도는 무슨 이유 때문이었을까? 그동안 조정에서 상이한 의견이 서로 팽팽하게 맞설 때에는 국왕이 어느 쪽에 힘을 실어주느냐에 따라서 정책의 방향이 결정되었다. 노련한 정치가인 유성룡은 대소신료들이 모인 이런 공개된

석상에서 국왕이 원균을 비판하는 자신의 의견을 지지하는 모습을 보이기 원했던 것으로 보인다. 비록 평소에 선조는 이순신을 비판하고 원균을 지지하지만, 정권을 주도하고 있는 자신들의 뜻을 결국 따라 줄 것이라고 생각했을 수도 있다. 만약 그렇게만 되면 원균 측의 문관들은 더 이상 드러내 놓고 원균을 다시 수군절도사로 복귀시키자는 주장을 하지 못할 터였다. 문제는 선조가 유성룡과 이원익의 의견에 동조할 마음이 전혀 없었다는 사실이었다. 오히려 윤두수가 원균을 두둔한 것을 계기로, 선조는 원균이 이순신보다 더 큰 공을 세웠는데도 이순신에게 더 큰 포상을 주었다고 했는데, 이 말로써 자신이 원균을 지지하고 있으며 이순신에 대해서는 탐탁찮게 여기고 있다는 뜻을 내비쳤다. 선조가 이순신을 비판하고 나서자 유성룡은 곧바로 논쟁을 중단했고 직설적인 성격이었던 이원익은 끝까지 이순신을 변호했지만 선조의 의향을 바꾸기에는 역부족이었다.[36]

사실 그동안 이순신과 원균에 대한 선조의 태도를 고려해 보면 그가 이런 반응을 나타낸 것은 어쩌면 당연한 결과일지도 모른다. 이렇게 유성룡과 이원익의 도박은 실패로 돌아갔다. 도리어 선조가 이순신을 싫어하고 원균에게 호의적이라는 사실이 명확하게 드러나 버려서 원균의 지지자들은 더욱 노골적으로 자신들의 의견을 표출하기 시작했다.

11월 7일의 회의가 끝난 지 겨우 이틀밖에 지나지 않은 9일에 윤근수는 선조에게 원균을 경상우수사로 임명해야 한다는 뜻을 확실하게 밝히는 글을 써서 올렸다. 그는 임진년 이후로 해전에서 원균만큼 큰 공을 세운 장수가 없으며 원균의 장기가 육전이 아니라 수전이니 그대로 전라병사로 일하게 하는 것은 국가로서는 큰 손해라는 이유를 들어가며 자신의 주장의 정당성을 뒷받침했다. 그가 한 여러 주장들 중에서 가장 독특한 것은 원균이 다시 수사로 임명되면 통제사 이순신의 절제를 받지 않으려 해서 혼란이 생길 것이 분명하다는 '어떤 이'의 우려를 해결하는 방법이었다. 그는 "통제사란 직임은 한때의 필요에 의해 생긴 것이므로 그대로 둘 수도 있고 없앨 수도" 있어서 이순신의 통제사 직위를 낮출 수도 있고 원균을 '경상도통제사慶尙道統制使'로 칭하도록 해서 이 둘의 명위名位를 비슷하게 할 수도 있다고 했는데, 이것은 단지 원균의 직위를 이순신과 동등하도록 하기 위해서 통제사 제도를 폐지하거나 유명무실화시키자는 말이나 다름없었다. 선조는 윤근수의 이런 주장을 듣고도 "이렇게 써서 아뢰니, 매우 아름답고 기쁘다."라고 답했다.[37]

같은 달 13일에 벌어진 회의 중에 윤두수는 거제도의 전략적 중요성을 강조하면서 그 지역에 수군을 배치시키고, 원균이 거제 영등포를 지키도록 해야 한다고 주장했다. 이 자리에 이원익 또한 참석해 있었지만 윤두수의 이러한 언사에 대해서 그는 어떠한 반응도 나타내지 않았다.[38] 17일에 이원익은 도체찰사로서 임무를 수행하기 위해 다시 남쪽으로 내려가기 전에 선조와 단 둘이 만나서 여러 문제들에 관해 의논하던 중 "원균은 주사로 용감히 싸웠으므로, 윤두수가 신에게 반드시 그를 쓰게 해야 한다고 하였는데, 소신도 반드시 그렇게 하려 합니다."라고 했다.[39]

이원익이 이런 말을 했다고 해서 그가 원균을 지지하는 쪽으로 돌아섰다고 판단한다면 그것은 지나치게 성급한 결론일 것이다. 하지만 이원익이 이전에 했던 원균에 대한 비판적인 발언을 사실상 번복하는 표현을 하지 않을 수 없는 상황에 처한 것은 확실한 듯하다. 11월 7일 이후 유성룡이 이순신을 옹호하거나 원균을 비난하는 말을 한 기록도 『선조실록』에서는 찾을 수가 없다. 이 시점에서 유성룡은 더 이상 원균의 복귀를 막을 수 없었으며 이순신을 보호해 줄 방법도 없다는 점을 깨닫기 시작했다. 이순신과 원균이 물과 기름처럼 화합하지 못할 것이 확실한 이상, 그리고 원균을 원조하는 문관들의 목적 중에 이순신의 평판을 떨어뜨려서 그를 지원하는 유성룡에게 타격을 가할 의도도 포함된 이상, 그들이 원균을 복귀시키는 선에서 만족하지 않고 이순신의 해임을 요구할 것은 불을 보듯 뻔한 일이었다. 이순신이 중앙에서 벌어지는 일을 어느 정도 알고 있었는지는 알 수 없지만, 그는 이미 정치적으로 무방비 상태나 다름없었으며, 사소한 탄핵만으로도 불명예스러운 파직을 당하게 될 터였다. 그리고 그 시간은 부지불식간에 그리고 너무나 가혹한 방식으로 그에게 찾아오고 있었다.

8장

이순신의 실각

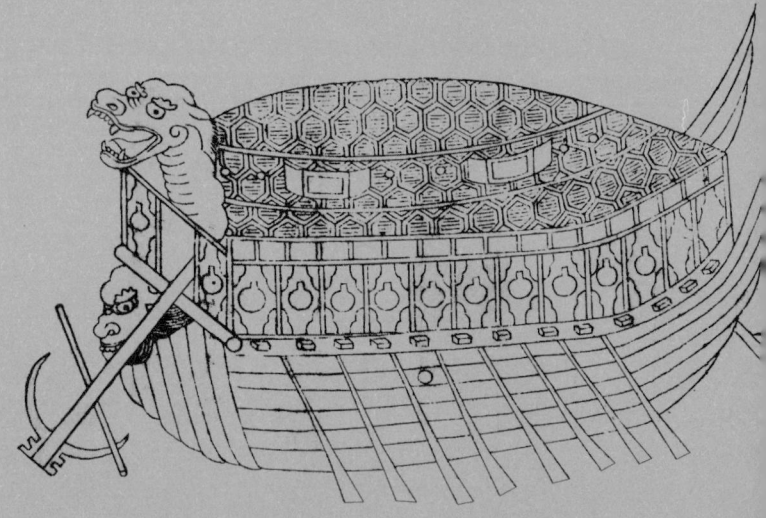

1597년 2월에 이순신은 결국 실각당했다. 이순신의 실각에 대한 직접적인 원인은 바다 건너 조선으로 오는 일본군의 주요 지휘관 중 한 명인 가토 기요마사를 요격하지 못했다는 이유 때문이었다. 그는 이 과정에서 격렬한 비난에 직면해야 했는데, 가토가 언제 도해할 것인지에 관한 정확한 정보를 이순신이 알고 있었음에도 아무런 대응도 하지 않았다는 것이 비판자들의 논리였다. 이순신의 실각과 거의 동시에 경상우수사로 재임명된 원균이 통제사의 직책까지 넘겨받았다. 그런데 한 가지 놀라운 사실은 그 정보를 알려준 인물이 조선을 침공한 일본군의 선봉장을 맡았으며 가토와 사이가 나쁘기로 유명했던 고니시 유키나가라는 점이다.

하지만 이 사건에는 더 놀라운 반전이 숨겨져 있는데 그것은 고니시가 일본에 가장 위협적인 지휘관인 이순신을 제거하기 위해 쳐 놓은 덫이라는 것이었다. 기록에 의하면 이순신은 적의 정보만 믿고 위험한 작전을 펼칠 수가 없어서 머뭇거렸는데, 고니시는 간악한 대마도 출신 첩자 요시라要時羅를 보내서 가토가 이미 육지로 건너왔는데 어째서 막지 않았느냐고 거짓으로 한탄하는 체 하게 만들었다고 한다. 고니시의 간계에 감쪽같이 속은 조정에서는 이순신에 대한 분노가 들끓었으며 결국 파면시키고 말았다는 것이 이 사건을 언급한 여러 사료들의 종합적인 주장이다.

하지만 각 자료들 간의 내용들이 모두 약간의 차이를 보이기 때문에 가장 객관적이고 정확한 『선조실록』에 나오는 내용만으로 당시 사건의 경과를 자세히 살펴보고자 한다. 가토가 휘하 선단을 거느리고 1597년 1월 13일에 부산 다대포多大浦에 무사히 입항했다는 첩보를 같은 달 21일에 입수했었다.[1] 그런데도 이순신에 대한 비난 여론은 형성되지 않았었다. 그러나 다음 날 고니시가 "조선의 일은 매양 이렇다. 이런 기회를 잃었으니 매우 애석한 일이다."라고 하면서 작전의 실패를 아쉬워했다는 경상도제진위무사慶尚道諸陣慰撫使 황신黃愼의 보고서가 올라왔는데, 이것이 상황이 바뀌게 되는 결정적인 계기를 제공했다.[2] 그 다음 날에 선조가 이 점을 들어 이순신이 가토를 해치울 천금 같은 기회를 놓쳤다고 맹비난하고, 원균을 지지하는 신료들이 이에 동조하면서 이순신을 처벌해야 한다는 공론이 생기기 시작했다. 국면의 이런 전개과정은 고니시가 이순신을 수군에서 몰아내려 했다는 주장에 상당한 설득력을 불어넣어 주고 있다.[3]

1월 27일에 선조와 대신들과 유사당상有司堂上 간의 두 차례 회견은 이순신의 무능을 성토하는 비판의 장이나 다름없었다. 첫 번째 회의에서 이순신이 조정의 명령을 무시하고 전쟁에 나가는 일에 싫증을 내고 있다는 윤두수의 개탄을 시작으로 이순신에 대한 비난이 이어졌는데, 그에 선조도 "지금 비록 그의 손으로 청정의 목을 베어 오더라도 결코 그 죄는 용서해 줄 수 없다."라고 답했다. 이산해와 김응남도 곧바로 이 질책에 동참했다. 그러면서 이들은 용감무쌍한 원균을 되도록 신속하게 수군으로 복귀시켜서 상황을 바로잡아야 한다고 주장했다. 유성룡도 이 자리에 있었지만 이순신에 대한 비난 여론에 압도당한 나머지 이순신이 지나치게 높은 지휘에 올라서 교만하고 게을러졌다고 비판하고, 원균이 나라를 사랑하는 마음이 깊다는 식의 이야기를 하고 말았다.[4] 이처럼 이순신을 비난하는 여론이 비등하기는 했지만 아직까지 이순신을 통제사에서 파면시키자는 결론에 이르지는 않은 상태에서 회의는 끝났다. 하지만 두 번째 회의에서 윤두수가 나중에 번복하기는 했으나 처음으로 이순신을 체직시키자는 의견을 냈다. 이미 첫 번째 회의가 끝나자마자 이복남李福男을 전라도 병마·수군절도사로, 원균을 경상우도 수군절도사로 삼으라는 지시를 내린 선조는 물론 이 의견에 흔쾌히 동의했다.[5] 이 회의에서도 다시 이순신의 무능함과 부정직성, 사악함 등에 관한 갖가지 비난이 난무했고, 상대적으로 원균의 용맹성과 유능함을 칭송했다. 이미 상황이 돌이키지 못할 정도로 악화되었다는 것을 깨달은 유성룡은 이번에도 이순신을 변호하는 일을 포기해 버렸다. 다만 이조참판 이정형李廷馨만이 홀로 이순신을 옹호하고 원균이 다시 해군지휘관에 임관하는 것을 강경하게 반대했다.[6] 이전까지 이순신과 원균에 관해 공식적으로 어떠한 발언도 한 적이 없었던 이정형의 이런 반응은 너무나도 갑작스러운 것이었다. 이순신을 힐난하는 여론이 비등한 이런 분위기를 완전히 거스르는 발언을 쏟아낸 까닭은 과연 무엇 때문이었을까? 그것은 이정형이 이원익과 친한 친구였기 때문이었을 것이다. 이정형은 1596년 3월에 체찰부사體察副使에 임명되었는데 하사도체찰사로 일하던 이원익의 보좌관이라 할 수 있는 자리였다. 그런데 이정형이 체찰부사에 임명된 이유는 이원익의 천거로 인한 것이었다.[7] 이정형은 체찰부사가 되기 오래전부터 이원익과 개인적으로 아주 깊은 친분을 나누고 있었다.[8] 그리고 체찰 업무로 경상도에 파견되어 있어서 이 논쟁에 끼어들 기회조차 없었던 이원익은 나중에 이순신을 변호하는 보고서를 올리는 것에 만족해야 했다.[9]

이정형의 갑작스러운 이순신에 대한 지지표명은 별다른 효과를 보지 못했다. 이순신의 거취문제는 이날 회의에서 이미 결정된 것이나 마찬가지였다. 그 다음 날인 28일 선조는 "우리나라가 믿는 바는 오직 수군"뿐인데, 이순신이 명령을 받들지 않고 가토를 놓쳤으니 그 대신에 원균을 경상우수사 겸 통제사로 임명시킨다는 것을 원균에게 알리라는 비망기를 내렸다.[10] 이에 사헌부가 이순신을 잡아서 국문을 벌여야 한다고 하자 선조는 비변사의 동의를 얻어내는 형식적인 승인과정을 거친 후인 2월 6일에 이순신을 잡아오라는 전교를 내렸으며, 이튿날 의금부도사가 이순신을 체포하기 위해서 한산도로 길을 떠났다.[11]

이 사태를 겉으로만 보면 조정에서 고니시가 제공한 정보에 의지하여, 가토를 바다 한가운데서 요격하라는 조정의 명령을 이순신이 불이행한 일로 인해 벌어진 단순한 문책이라고 정의를 내릴 수 있다. 물론 이 일의 배경에는 이순신을 탄핵할 만한 좋은 구실을 찾고 있던 그의 반대자들도 있었다는 사실도 빼놓을 수 없다. 하지만 세부적인 자료를 검토해 보면 이 사건이 그리 간단하게 정의를 내릴 수 있는 사안이 아니라는 점을 알려준다.

『선조실록』 30년 2월 23일의 기록에는 흥미로운 내용이 적혀 있는데, 여기에는 선조가 이순신을 체포하라는 명을 내리고 며칠 후인 2월 10일에 삼도수군의 전선 63척이 부산으로 출전한 뒤에 쓴 전투보고서가 나와 있다. 이 기록에 따른 수군의 경로는 이러하다. 10일 이른 아침에 거제 장문포에서 출발한 이순신의 함대는 당일 한낮에 부산에 도착했으며 부산인근의 절영도絶影島에서 밤을 보냈다. 한동안 부산에서 지내다가 12일에 귀환을 결정하고 돌아오는 길에 가덕도加德島 동쪽지역에서 정박을 하고 13일에 거제 영등포에 도착했다고 되어 있다. 이것은 이순신이 1592년 9월 초에 부산을 공격한 이후로 약 4년 반 만의 부산출정이었지만 여러 가지 면에서 많은 의문점을 남긴 출정이었다. 그래서인지 이순신에 관해 연구하는 역사학자들조차도 이 출정에 관해서 짚고 넘어가는 사람은 거의 없는 실정이다.

첫 번째로 이상한 점은 이순신이 병력을 이끌고 부산까지 갔음에도 불구하고 그곳의 일본군을 공격하지 않았다는 사실이다. 유일한 전투는 돌아오는 길에 가덕도에서 벌어졌는데, 이 전투도 이순신이 계획적으로 벌인 것이 아니었다. 수군이 가덕도에 정박하던 중 그곳에 주둔중인 일본군의 습격으로 약간의 인명피해를 입었고, 이에 대한 보복공격으로 조선전함의 화포들이 불을 내뿜긴 했지만 교전의 규모는 그리 크지 않았다. 두 번째는 이 출정에 경상우병사 김응서가 참가했으며 이 전투보고서를 작성한 인물도 수군지휘관인 이순신이 아니라 육군지휘관인 김응서라는 점이다.

이 의문점들에 대한 해답은 김응서가 이 출정에 참가하게 된 주요 목적이 무엇이었는지와 연관이 있다. 사실 이번 출전의 주목적은 부산에 타격을 가하는 것이 아니었다. 그 점은 함대가 부산에 도착한 첫날인 10일 밤에 고니시가 요시라를 김응서에게 보내서 자신의 뜻을 전달하게 한 것을 보면 알 수 있는데, 이 전언傳言은 크게 두 가지로 요약할 수 있다. 첫 번째는 고니시가 다른 일본 장수들에게 조선은 오랫동안 전쟁을 치러서 훈련이 잘되어 있으며 특히 전함이 많아서 그 수가 1,000여 척이나 된다고 하면서, 가토가 바다를 건너와 사람들을 학살한 탓에 조선이 분노하여 이달 8일에서 10일 사이에 적의 수군이 부산 앞바다를 봉쇄하고 보급선을 끊을 것이니 병사들을 단속해서 사단을 일으키지 말라고 경고했는데, 지금 함선의 숫자가 너무 적어서 자신이 퍼뜨린 말이 거짓으로 탄로가 나버렸다고 불평하는 내용이다. 두 번째는 가토가 히데요시 앞에서 조선을 당장이라도 점령할 수 있다고 큰소리친 적이 있었는데, 조선수군이 압박해 들어오면 사람들이 가토에게 조선을 재차 침범하는 문제에 대해서 히데요시에게 허풍을 떨었으니 책임지고 격퇴하라고 할 것이고, 가토는 맞서 싸우려고 바다로 출전할 것이니 그때 조선수군이 가토를 잡을 기회가 있을 것이라는 내용이다. 고니시의 첫 번째 주장은 이때 조선수군이 부산까지 진출한 이유가 그의 전략에 근거했다는 사실을 짐작케 해주는 내용이다. 두 번째 내용은 이번 출정의 목적이 이전부터 추진해온 작전 즉 고니시의 정보를 이용하여 해로에서 가토를 제거하려 했던 것이었음을 알려준다. 나중에 김응서가 일본군의 상황을 정탐하도록 하기 위해서 자신의 부하장수인 송충인을 부산으로 보냈는데, 그곳에서 송충인은 고니시를 만나서 그가 "전일 수군이 부산 앞바다에 진주한 일은 다른 뜻이 없었다. 청정이 나온다면 그의 배 약간 척을 습격하여 그의 난폭한 마음을 꺾으려는 것이었는데 청정이 나오지 않았다."고 한 말을 들었다고 보고했다.[12] 이러한 증언들은 위의 추론이 진실이었음을 확정시키는 명백한 증거이다. 전함들이 거제로 귀함하고 얼마 후인 14일에 다시 요시라가 김응서에게 찾아와서 고니시의 말을 전했다. 그 내용은 자신이 이번 조선수군의 출정으로 인해 기가 꺾인 가토를 비롯한 여러 일본 장수들을 설득해서 조선을 함부로 침범하지 않을 것을 맹세하는 맹약문盟約文에 서명하도록 했다는

조선과 일본은 누구와 싸웠는가

것이었다. 그의 이런 납득하기 힘든 주장은 마치 자신의 뜻에 따라 출전한 조선수군이 단지 시간낭비를 한 것이 아니라 소기의 성과를 거두었다고 믿도록 하기 위한 것처럼 느껴진다.[13]

군대의 출정과 같은 중대한 사안을 거의 전적으로 적장의 말만 믿고 결정한 것은 상당히 믿기 힘든 사실이다. 게다가 2월 23일자 장계의 내용은 수군의 활동보다는 고시니와 주고받은 서신의 내용이 훨씬 더 많이 적혀 있다. 그리고 고니시의 사신이 수군 최고 사령관인 이순신과 만나서 상의하지 않고 김응서와 대면한 이유는 무슨 이유 때문이었을까? 그것은 김응서가 이전에 보인 행적과 깊은 관련성이 있다.

무과급제자였던 김응서는 전쟁 전까지는 이름이 알려지지 않은 무명의 장수였지만 평양수복전에 참전하여 무공을 세운 이후에 두각을 드러낸 인물이었다. 김응서가 평안도우방어사平安道右防御史, 경상도방어사慶尙道防禦使를 거쳐 1594년에 경상우병사에 이르렀을 때 그의 나이는 겨우 30세에 불과했다. 평안도우방어사였을 때까지 그는 전형적인 무관의 모습을 취하고 있었지만 경상도방어사로 일하게 되면서 그는 점차 외교관적인 변모를 드러내기 시작한다.

처음에 그는 단지 적의 동태를 살피고 상부에 전하는 간단한 역할만을 수행했다. 하지만 1594년 2월경부터 일본이 화친을 청하는 서신을 받아 조정에 보내면서 김응서는 점차 화평교섭 논의에 적극적으로 뛰어들었다.[14] 조정에서는 김응서가 일본의 고위급 인물들과 만나는 것을 반대했지만 그는 이를 무시하고 계속해서 접촉을 이어갔다. 같은 해 8월 그는 다시 소 요시토시宗義智와 그의 가신 야나가와 시게노부柳川調信가 보내온 강화를 요청하는 서장을 조정에 올렸다.[15] 원래 이 두 서신을 보낸 배후는 바로 독실한 가톨릭 신자로 알려진 고니시로 추측되는데, 그는 일본에서 조·명과의 강화를 추진하는 비둘기파에 속했다. 그는 원래 유명한 상인가문의 출신이라서 교섭에 매우 능했다. 그리고 고니시는 오랫동안 조선과 일본 사이의 무역을 독점했던 쓰시마의 다이묘인 소 요시토시의 장인이었는데, 이런 개인적인 혈연관계는 그가 조선과 협상을 벌이는데 결정적으로 유리한 입지를 제공했다. 평화협정을 맺기 위해 조선에서 소서비小西飛라고 부르는 나이토 조안內藤如安을 북경으로 보낸 적이 있었던 고니시가 조선과 접촉하려 했던 것도 강화에 비협조적인 조선의 태도를 누그러뜨리기 위한 움직임이었던 것으로 보인다. 그와 외교문서를 주고받는 와중에 김응서는 고니시의 가신이나 동료들과의 접촉이 점차 빈번해지기 시작했다. 김응서는 휘하 군관을 고시니에게 보내거나 직접 고니시의 부하장수를 만나기도 했다.[16]

이런 와중에 김응서와 고니시는 직접 만나서 화의를 위한 회담약속을 잡는 일이 벌어졌다. 더욱 놀라운 사실은 김응서가 조정으로부터 허락도 받지 않고 먼저 회담을 제의한 점이었다.[17] 비변사와 선조는 급히 회합의 취소를 명령했다.[18] 하지만 김응서는 이를 무시하고 11월 22일에 조선 측 진영인 함안과 일본 측 진영인 창원의 경계에서 고니시와 회담을 가졌다.[19]

김응서가 중대한 명령위반을 무릅쓰고 무리하게 고니시와 접촉을 한 것은 당시 명과 일본 간의 강화협상과 관련이 있는 듯하다. 강화회담은 오래전부터 진행되고 있었지만 조선은 계속해서 이를 반대하는 입장이었다. 하지만 명의 주화파들의 압력으로 인해 조선은 8월에 일본의 봉공封貢을 원한다는 주문奏聞을 올릴 수밖에 없었다. 이 사건은

조선과 일본은 누구와 싸웠는가

과정이야 어찌됐든 간에 조선정부가 일본과의 평화협상을 공식적으로 찬성한 것이라 볼 수 있다.[20]

김응서는 항복한 일본군으로 구성된 소규모 부대를 보유하고 있었는데 그는 이들에게 상당히 관대한 대우를 해주고 있었다. 예를 들어 신임하는 항왜에게 특별히 군관이라는 칭호를 주거나 투항한 일본군을 허락도 없이 살해한 현감을 고발하기도 했다.[21] 이항복李恒福은 의령宜寧에 있을 때 김응서 휘하 50명의 항복한 일본군을 목격한 적이 있었다. 이항복은 그들이 모두 뛰어난 군사들이었으며 사기도 무척 높았고 무엇보다도 김응서가 이들을 아주 능숙하게 다루었다고 평가했다.[22] 하지만 나중에 김응서의 진영을 직접 가본 적이 있었던 이원익의 평가는 이와 사뭇 달랐다. 그가 보기에는 김응서가 투항한 일본군을 잘 제어해서 그들이 따르는 것이 아니라, 그들이 원하는 대로 후하게 대접하기 때문이며 나중에 이들로 인해 폐단이 발생할지도 모른다고 경고했다.[23] 이런 증거들을 보면 김응서가 적과의 화의에 뛰어든 원인 중에는 일본에 대해 비교적 유화적이었던 그의 개인적 성향과도 연관이 있음을 어렵지 않게 추측할 수 있다.

김응서의 평화회의 제의는 일본과의 강화논의 자체를 치욕이라고 여기던 당시 일반적인 정서에 정확히 위배되는 행위였다. 하지만 국내에서도 점차 일본과 화약和約을 맺어야 한다는 의견이 조금씩 고개를 들고 있었으며, 이 일은 강화를 반대하는 선조를 중심으로 하는 다수의 여론을 자극시키기에 충분했다. 여기에 조정에서 적의 진영에 사람을 보내는 일을 그만두라고 명령했지만 여전히 정보를 수집한다는 목적으로 고니시 측과 계속 접촉을 이어 나간 김응서가 있었다.[24]

드디어 1595년 4월 25일에 국왕의 비서기관 격인 승정원이 김응서와 그를 감독할 책임이 있는 권율의 추고를 청하고 이것을 선조가 적극 동의하는 일이 벌어졌다.[25] 5월 1일에 선조가 직접 김응남을 추고할 것을 명했다.[26] 선조의 이런 움직임에 자극을 받은 양사가 5월 3일에 김응서와 권율의 처벌을 주장하기 시작했는데 비변사가 이에 동의하지 않으면서 논쟁은 5월 11일까지 하루도 빠짐없이 벌어졌다. 특히 5월 3일에 국왕의 비서기관인 사간원이 선조에게 차자를 올렸는데 대체적인 내용은 김응서를 표적으로 삼은 것으로, 화친의 말이 퍼져가면서 대소신료들이 적에게 복수할 준비는 하지 않고 기강이 해이해져버렸다는 것이었다. 선조는 이 글에 강하게 동의하면서도 김응서 같이 무식한 무부武夫가 기탄없이 강화를 주장한 것은 화의를 원하는 어떤 문신집단이 막후에서 그를 조종하고 있는 것이라고 의심을 품었다. 선조는 처벌논의가 "원래 사악한 말을 제창하여 세상을 의혹시키고 백성을 속여서 온 세상을 무부무군無父無君의 지경에 몰아넣어 그 화가 홍수나 맹수보다도 참혹하게 만든 소유小儒에게는 미치지 않고" 있으며 김응서만을 논죄하고 이들을 빠져나가게 그냥 두어서는 안 된다고 주장했다.[27] 다소 유치하기까지 한 선조의 이런 표현은 점차 확산되고 있던 평화회의에 대한 찬동론을 차단하고 주화파에 대한 엄중한 경고의 메시지를 보내려는 목적도 있었던 것으로 보인다.

비변사는 김응서의 처벌을 반대하면서 비변사 낭청 김용金涌을 보내 질책하는 선에서 일을 일단락하려 했다.[28] 비변사의 의견에 따르기로 한 선조가 자신의 뜻을 접고 양사의 빗발치는 탄핵을 막음으로 사건은 흐지부지 종결되었다. 그리고 김용이 한양에서 내려와 직접 김응서에게 고니시와의 관계를 끊고 화의를 위한 활동을 중지하라는 선조의 명령서를 전달하는 일이 실제로 진행되었는데, 그 내용은 같은 해 7월 7일 이순신의 일기에 적혀 있다. 이 김응서에 대한 비난 일색으로 된 경고장을 본 이순신은 "김응서란 어떠한 사람이기에 스스로 회개하여 힘쓴다는 말을 들을 수가 없는가. 만약 쓸개가 있는 자라면 반드시 자결이라도 할 것이다."라고 하면서 자기 나름대로의 감상을 일기에 적었다.[29] 그는 이때까지만 해도 나중에 이 인물과 같이 극비작전을 벌이리라고는 꿈에도 생각하지 못했을 것이다.

각종 비난을 듣기는 했지만 어쨌든 김응서는 강력한 사퇴압력을 뚫고 구사일생으로 살아남을 수 있었다. 게다가 조정이 김응서를 결국 처벌하지 않았다는 사실은 그가 벌이고 있던 일본과의 비공식적인 외교업무를 사실상 승인해 준 것이나 다름없었다. 김응서는 이 이후로도 지속적으로 고니시와 교류했지만 조정에서는 더 이상 접촉을 금지하지 않았다. 김응서는 이런 외교업무와 관련해서 상부로부터 어떠한 공식적인 직함도 받지 못했지만, 적어도 그는 더 이상 상부의 눈치를 보지 않고 고니시 측의 인사들과 교류를 할 수 있게 되었으며 조정에서도 점차 그를 고니시와의 외교라인으로 활용하기 시작했다. 간단히 말하자면 김응서가 가토 요격작전에 뽑히게 된 것은 그의 무관으로서의 능력보다는 이미 고니시와 대화를 하고 있었다는 점이 더 강조되었기 때문이었다.

1596년 12월 5일에 선조는 일본군에 대적하기 위해 개인적으로 실행되기를 원했던 기획들을 모아 비변사에 보내어 의논하게 하고, 그것들이 실현가능성이 있는지 알아보도록 했다. 이때 가토를 해상에서

격파하자는 대담한 계획이 처음으로 제기되었다. 선조의 기획안들은
총 12개항으로 구성되어 있었는데 그중에 2번째와 11번째 항의 내용
은 각각 이러했다.

> 1. 청정淸正이 1~2월 사이에 나온다고 하니, 미리 통제사로 하여금 정탐
> 꾼을 파견하여 살피게 하고, 혹 왜인에게 후한 뇌물을 주어 그가 나오는
> 기일을 말하게 하여, 바다를 건너오는 날 해상에서 요격하는 것이 상책
> 이다. 다만 바다를 건너오는 날을 알아내기가 어려울 따름이다.
> 1. 김응서金應瑞로 하여금 평행장平行長 등과 두터운 관계를 맺게 하지 않
> 을 수 없다. 청정淸正을 도모하려면 모사謀事로써 허락해야 하는데, 그러
> 나 이 일은 쉽게 말할 수 없다.
>
> 선조실록, 29년 12월 5일

이 두 개의 항들 중에 2번째 항의 내용을 요약하자면, 가토가 곧 조
선에 상륙할 것이니 이순신을 시켜서 정탐꾼을 보내도록 하거나 일본
인에게 뇌물을 줘서 그가 오는 정확한 날짜를 알아내어 해상에서 격
파해야 한다는 내용이다. 11번째 항은 고니시로 하여금 가토의 도해일
자를 알아내도록 하기 위해 평소 그와 잦은 접촉이 있는 김응서를 이
용해야 한다고 주장하고 있다. 즉 김응서가 가토 공격작전에 개입한
것은 다름 아닌 선조의 명령으로 인한 것이었다는 사실을 확인할 수
있다. 게다가 이를 위해 고니시를 끌어들여야 한다고 되어 있다.

비변사는 사흘 후에 선조가 구상한 이 기획들에 대한 답변을 보냈
다. 그 글은 선조에게 가토를 해상에서 치는 계획은 아주 타당한 작전

조선과 일본은 누구와 싸웠는가

이라는 겉치레로 시작하긴 했지만 자세히 살펴보면 상당히 부정적이었다. 비변사의 의견에 따르면, 조선수군의 세력이 강해서 일본선박이 부산과 대마도를 빈번히 왕래하는 해로를 차단한다면 가토가 오고 안 오고 하는 것은 전략적으로 중요한 일이 아니며, 조선수군이 가토가 아닌 다른 적선들을 격침시킨다고 하더라도 육상에 주둔한 일본군은 퇴로가 끊길 것이 두려워서 감히 깊숙이 진격하지 못할 것이라고 했다. 그리고 가토를 치기 위해 고니시를 이용하자는 선조의 주장에 대해서 비변사는 "평행장平行長을 시켜 청정淸正을 없애는 일은, 행장의 마음을 알 수가 없으므로 이 말은 쉽사리 발설하기는 어려울 듯하고 심유격沈遊擊이 잘 처리해 준다면 그런 대로 시행할 수 있는 일이기는 합니다."라고 했다.[30]

이런 문헌들을 보면 매우 충격적인 사실을 추측할 수 있다. 이 기록들만을 놓고 보면 고니시가 조선에 정보의 제공을 약속하고 가토를 바다 위에서 격파할 것을 건의한 것이 아니라 오히려 선조가 먼저 고니시에게 가토의 도해시기를 알아내도록 요청했을 가능성이 매우 높기 때문이다. 특히 "행장의 마음을 알 수가 없으므로 이 말은 쉽사리 발설하기는 어려울 듯"하므로 대신 일본과 평화협상을 주도하고 있던 명의 관원인 심유경沈惟敬에게 가토를 없애는 일을 부탁해야 한다는 비변사의 말은 고니시가 먼저 조선에 가토를 없애자는 제안을 했다면 결코 할 수 없는 발언이다. 게다가 이전에 고니시가 가토의 암살계획을 알려왔다면 선조와 비변사가 이런 논의를 할 때 분명히 이 사실을 언급했을 것인데, 사료의 내용을 보면 그러한 낌새조차 느껴지지 않는다. 또한 이 이전에 고니시가 가토를 제거할 것을 조선에 제의했다면 선조와 대신들은 분명히 이 일을 어떻게 처리할 것인지에 대한 토론을 벌였을 것이고 그런 중요한 기록은 실록에 남아 있었을 텐데,『선조실록』내용만을 보면 그런 글은 어디에도 찾아볼 수 없다. 마지막으로 이원익이 이 작전과 관련해서 작성한 장계에서 이번 계획이 적의 정보에 의존하는 것에 대해 경계심을 나타내면서도 "반드시 가등청정을 죽이려고 하는 것은 본디 우리들이 계획한바"라고 적어 놓았다.[31]

고니시를 통해 정보를 얻어 가토를 해상에서 습격하려는 작전은 선조의 회심의 역작이었던 것은 확실하다. 사실 조선에서는 고니시와 가토의 불화를 이용해서 모종의 이득을 취하려는 움직임을 일찍부터 보여 왔다. 일본군이 한양에 집결해 있던 1593년 3월에 선조는 첩문諜文 한 통을 지으라는 명령을 내렸다. 선조가 작성하라는 그 첩문의 내용을 요약하면 이렇다. 평양에서 고니시가 심유경과 어떤 밀약이 있었으며, 패전에서 궁지에 몰리게 되자 심유경에게 사람을 보내 한양의 여러 일본군 장군들과 함께 명에 내응하기로 약속을 했고, 일이 잘 성사되면 고니시는 '일본의 관백日本關白'으로 봉해질 것이라는 내용이었다. 선조는 이 첩문을 한양에서 실수로 잃어버린 척하면 적들은 이것을 읽어보게 될 것이고 그러면 일본군의 진영이 내분에 휩싸이게 될 것으로 기대했다. 선조의 이러한 계획을 들은 정철과 윤두수는 좀 더 그럴듯한 계책을 세웠다. 그들은 심유경에게 부탁하여 고니시에게 반란을 일으킬 것을 종용하는 가짜 편지를 쓰도록 하고, 이 편지를 고니시와 사이가 나쁘기로 유명한 가토에게 실수로 보내는 것처럼 꾸미자고 했다. 이 서신을 본 가토는 적과 내통했다면서 고니시를 고발할 것이며, 이 사건으로 인해 일본군 지휘관들은 서로 불신하

조선과 일본은 누구와 싸웠는가

게 될 터였다.[32]

휴전에 들어간 이후에 일본과 강화논의가 진행되기 시작하자 고니시와 가토는 서로 공조하지 않고 마치 경쟁이라도 하듯이 각각 자신의 방식대로 조선과 협상을 추진했다. 둘의 이런 분열상은 선조와 대소 신료들이 보기에는 적의 내분을 조장시킬 절호의 기회로 여겨졌다.[33] 고니시와 가토를 이간질시키기 위한 목적으로 조정에 논의되거나 실제로 실행된 계획들은 이 둘과 조선의 사신들이 강화협상으로 만난 1593년에는 셀 수 없을 정도로 많다. 1594년 한 해에만 해도 4차례나 있었다. 그중 세 가지 계책은 비변사에서 기획했으며,[34] 나머지 하나는 9월 6일에 선조가 직접 구상해낸 것이었다. 선조의 이 계획에는 계책을 실행할 사람이 해야 할 매우 구체적인 지시사항까지 포함되어 있다.[35] 이런 사실들은 조정에서 고니시와 가토를 이간시키는 일이 조선에 실질적으로 큰 도움이 된다고 믿었으며 선조의 생각도 이와 다르지 않았다는 사실을 알려준다.

그러나 고니시와 가토의 다툼은 양자 간의 사회적, 신분적, 종교적 차이에서 오는 근본적인 문제에 뿌리를 두고 있었으며, 조선이 이 둘을 이간질시키려 하기 이전에 이미 이들의 관계는 더 나빠지기도 어려울 정도로 악화된 상태였다. 또 조선에서 고니시와 가토의 사이를 이간시켰다고 해서 조선이 그것 자체로 가시적인 효과를 거두리라는 법은 없었다. 확실한 성과를 위해서는 좀 더 확실한 방식이 필요했다. 그때, 일을 처리하는 방식에 있어서 언제나 가장 직접적이며 극단적인 행동을 선호하는 일본인들이 돌파구를 마련했다.

가토를 제거하자는 주장이 처음으로 제기된 것은 1595년 2월 29일에 고언백이 거느리고 있던 항복한 일본군들에 의해서였다. 그들은 먼저 가토가 자신의 근거지인 서생포西生浦를 떠나 인근의 임랑포林郎浦에 있는 일본군 진지에 자주 들렀으며, 이때 그의 경호는 상당히 허술했다는 점을 지적했다. 그리고 자신들은 조선의 허락만 떨어진다면 가토가 자주 다니는 이 길목에 매복해 있다가 그가 지나가면 조총으로 저격하겠다는 뜻을 내비쳤다. 비변사는 이 계획에 대해 조심스럽지만 시도해 볼 만하다는 평가를 내린 반면에 선조는 매우 부정적이었다. 가토를 제거할 가능성이 높지 않고, 그를 암살하는 데 성공한다고 해도 일본의 보복공격을 초래할 위험이 높으며, 일본과 평화회담 중인 명에 이 사실이 알려지면 조선에 대한 군사적 원조를 끊어버릴 가능성도 배제할 수 없다는 것이 선조의 반대 논리였다.[36] 다음 날에 조정에서 게시된 논의에서도 선조는 계속해서 가토의 암살을 반대했으며, 격론이 오간 끝에 이 계책을 폐기하기로 결정했다.[37]

가토의 암살계획은 선조의 반대에 부딪쳐 끝내 실행되지 않았지만, 이 사건은 후에 수군을 이용해 가토를 제거하자는 선조의 계획에 직접적인 영향을 미쳤다. 이 점은 나중에 선조가 주장한 '12개항' 중에서 3번째 항을 보면 확실히 알 수 있다.

1. 옛날 사람들은 용병用兵할 때에 혹 자객을 쓰기도 하였다. 지금 적이 다시 덤벼들려는 것은 오로지 청정清正에게서 연유하니, 혹 항복한 왜인을 모집하거나 어떤 핑계로 사람을 파견하여 도모한다면 그 무리들은 저절로 와해될 것이다. 그러나 우리나라가 이를 해내지 못할까 염려된다. 어떤 자가 "이러한 일은 왕자王者의 일이 아니다."고 말하기에, 나는

조선과 일본은 누구와 싸웠는가

대답하기를 "옛날 불이 나서 이웃집에 사다리를 빌리러 가는 자가 진퇴할 때 읍을 하고 계단을 양보하면서 걸어갔다고 하니, 이 말이 이와 무엇이 다르겠는가." 하였다.

선조실록, 29년 12월 5일

이는 항복한 일본군을 자객으로 삼아서 가토를 암살하자는 것으로, 이것은 그가 이전에 가토를 없애는 것을 반대했던 자신의 의견을 완전히 뒤집는 것이었다.

이 이후의 자료들만을 봐도 수군으로 가토를 제거하려는 선조의 계획은 실제로 진행되었으며 점차 더 몰두하고 있었는데, 그 예로 선조가 이원익과 권율에게 김응서를 바다로 보내서 수군과 합류시키라는 전교를 내린 것을 들 수 있다.[38]

특히 1597년 1월 1일에 김응서가 이 작전과 관련하여 보낸 비밀장계가 조정에 도착했는데 선조가 보인 반응이 상당히 남달랐으리라는 것은 어렵지 않게 예상할 수 있다. 『선조실록』에는 이 장계가 어떤 내용인지 적혀 있지 않아서 정확히 무슨 내용이었는지는 알 수 없지만, 이후의 상황 전개로 유추해 보면 고니시가 가토를 제거하는 작전에 협력을 약속하는 글이었을 것으로 추정된다. 이 문서가 도착한 당일에 선조는 새해를 맞아서 국가의 각종 제례와 의식을 주관하는 일로 바빴지만, 그 와중에도 외교업무로 곧 경상도로 떠나게 될 황신에게 이 장계와 관련된 몇 가지 명령을 내렸다.[39] 다음 날인 1월 2일에 선조는 곧바로 대신들을 소집시켜서 이 문제를 본격적으로 논의하도록 했는데, 그 결과가 마음에 들지 않았는지 비변사가 이 문제를 어떻게 처리할 것인가에 대한 판단을 내리도록 했다.[40] 그리고 비변사의 회의결과가 채 나오기도 전에 두 가지 명령을 내렸는데, 하나는 "만약 함께 청정淸正을 제거한다면 마땅히 족하와 수호修好할 것이며, 우리나라와 중국이 어찌 구원하지 않을 리가 있겠는가."라는 구절이 담긴 편지를 작성해서 고니시에게 전달하도록 하라는 것이었다.[41] 그의 또 다른 명령은 이번 작전은 "조정에서 허락하느냐 허락하지 않느냐에 달려 있을 뿐, 허다한 절차를 멀리서 지휘하기는 어려울 것" 같으니 체찰사로 하여금 신속히 계획을 수행해 나가도록 하고, "일을 성공하면 마땅히 김응서와 이순신을 함께 수공首功으로 삼을 것"이라는 뜻이 담긴 유지有旨를 써 보내도록 명령한 것이었다.[42] 이 자료는 이 두 명이 가토를 없애는 작전의 직접적인 책임자였으며, 각자 역할이 나뉘어져 있어서 김응서는 고니시를 통해서 정보를 탐지하는 작업을 수행하고 이순신은 이를 토대로 작전을 실행에 옮기는 일을 수행했으리라고 짐작된다.

이 두 명령은 선조가 이 작전에 대해 얼마나 큰 기대를 걸고 있었는지를 증언하고 있다. 하지만 비변사에서 내린 결론은 이 일로 흥분해 있던 선조와 상당한 온도차를 드러낸다. 비변사는 먼저 적의 기만책에 말려들지도 모른다는 우려를 제기하면서 "김응서에게도 내려 형세를 보아 처리하라고 유시하는 것이 무방"하다고 했지만, "대개 이번 일로 인하여 적의 정세를 정탐하고 따라서 부산영釜山營의 허실을 아는 것이 더욱 급선무이므로 한갓 요시라의 일만 듣고서 그 진짜 형세를 살피지 않아서는 안 됩니다."라는 경고성 짙은 글로 끝을 맺었는데, 이 문장은 이 작전의 위험성에 대한 의구심을 떨쳐버리지 못했다는 느낌을 준다.[43] 선조는 비변사의 우려를 의식해서인지 이에 대한 응답으로 "내가 너무 지나치게 생각한 나머지 나온 일설一說로 경들의 의견에 도움이 되려고 한 것뿐이다."라는 말로 한발 물러서긴 했지만 "또 대양大洋 싸움에서 적의 괴수를 사로잡는 일을 어찌 기필할 수 있겠는가."라고 하면서 가토가 무사히 상륙한 후에라도 기회가 있을 때 서로 도모하여 그를 제거하자는 뜻을 고니시에게 전하고 또한 김응서가 고니시와 친분을 돈독히 쌓도록 해야 한다고 주장했다.[44] 거기에 더해서 기밀의 유출을 우려한 선조는 사관史官이 계획에 대한 내용을 기록하는 작업을 금지시키고, 비변사 관원이 이와 관련된 기록을 가져다 보지 못하도록 명령했다.[45] 『선조실록』 1월 2일의 기록을 살펴보면 선조는 이날 주어진 자신의 공무시간의 대부분을 가토를 암살하는 일을 처리하는 데 할애했음을 알 수 있다.

하지만 대부분의 신료들은 이 작전에 대해 여전히 선조와 큰 시각차이를 보였다. 가토가 바다를 건너 자신의 근거지인 서생포에 무사히 도착했다는 소식이 전해진 첫날인 1월 21일에 비변사는 이 작전의 실행가능성에 대해서 상당히 회의적인 반응이 담긴 의견을 선조에게 알려줬다. 가토를 바다에서 제거하는 일을 적의 말만 믿고 따른다는 것은 위험할 수 있으므로 작전을 전개할 수 있으면 진행하고 불가하다면 집착하지 말고 포기하는 게 적절하다는 것이 비변사의 판단이었다.[46]

그러나 그 작전에 애착을 갖고 있던 선조가 다음 날인 22일에 고니시로부터 "조선의 일은 매양 이렇다. 이런 기회를 잃었으니 매우 애석한 일이다."라고 힐책했다는 소식을 들었을 때, 그가 평소에도 불만을 품고 있던 이순신에 대해 격분한 것은 결코 예상치 못할 일은 아니었다.[47] 선조는 가토를 요격하는 작전의 실패에 관련해서 이순신을 비난한 최초의 인물이었다.[48] 선조가 가토를 암살하는 작전에 대해서 강력히 문제제기를 하지 않았다면 어떻게 되었을까? 신료들은 대체로 그 작전의 성공가능성을 낮게 보고 있었던 만큼 작전이 실패했다고 해서 이에 대해 책임을 물어야 한다고 하는 사람은 거의 없었을 것이다. 결론적으로 말하자면 사소한 에피소드로 끝날 수도 있었던 사건을 부풀린 것은 바로 선조였다. 나중에 이순신을 반대하는 관리들도 이런 비판에 합류했는데, 무엇보다도 이순신을 몰아낼 기회만을 찾던 그들에게 있어서 수단의 옳고 그름을 따지는 것은 그리 중요한 문제가 되지 못했을 것이다.

이러한 제반 정황을 알고 나면 몇 가지 궁금증이 생기지 않을 수 없다. 선조는 왜 이런 작전을 구상하고 실행에 옮겼을까? 가토와 앙숙지간이라고 해도 엄연히 적군인 고니시의 정보만을 토대로 수군을 출격시키는 이 무모해 보일 정도로 대담한 결정을 왜 내렸을까? 그는 얼마 전까지만 해도 가토의 암살계획에 반대하지 않았던가?

선조가 이런 결단을 내린 배경은 먼저 일본과의 오랜 강화협상이 파탄에 이르렀다는 점을 들 수 있다. 원래 명과 일본 측이 내걸은 평화협상 조건에는 심각한 이견 차이가 존재했다. 명은 조선에서 일본군의 완전 철군을 요구하고 그 보상 차원으로 히데요시를 일본 국왕으로 책봉하고 명과 일본과의 접촉 재개를 허락하는 정도의 양보를 생각한 반면에, 일본은 명나라 공주를 일본 천황의 왕비로 보내고 조선의 8도 중에서 남부 4도를 자신들에게 할양하며 조선의 왕자와 대

조선과 일본은 누구와 싸웠는가

신들을 인질로 보낼 것을 원했다. 양측의 강화협상 조건의 시각 차이가 너무나도 컸기 때문에 이 사실을 그대로 알리면 곧바로 평화협상이 깨질 것이 확실했다. 회담을 주도했던 심유경과 고니시는 강화를 진행시키기 위해서 양측 모두를 속이고 말았다. 심유경은 명에 일본이 항복하여 일본 국왕에 책봉되기를 바라고 있다고 했으며, 고니시는 히데요시에게 명이 일본의 요구들을 받아들였다고 말했던 것으로 보인다. 명의 책봉사절단과 직접 접촉한 9월 3일에야 히데요시는 자신이 속았다는 사실을 깨달았다. 격노한 히데요시는 얼마 지나지 않아 내년에 조선에 재출병할 것을 통고했다. 조선이 강화협상의 결렬을 알았던 것은 명의 사신들과 같이 조선 측 대표로 일본에 갔던 황신의 비밀 서장이 11월 초순에 조정에 도착하면서였다.[49] 평화협상이 실패한 이상 일본의 재침공은 단지 시간문제일 뿐이었다. 선조는 적군이 태세를 갖추기 전에 최대한 신속히 타격을 가할 필요가 있다고 생각했을 것이다.

그렇다면 선조는 가토를 제거하는 작전을 왜 수군이 담당해야 한다고 생각했을까? 1594년 8월 20일에 선조와 윤근수가 나눈 대화를 보면 이런 의문을 어느 정도 해소할 수 있을 듯하다.

상이 이르기를,
"적이 만약 험한 곳을 점거하고 있으면 수군으로 칠 수 있겠는가?"
하니, 근수가 아뢰기를,
"수군만으로는 안 되고 꼭 육군이 함께 협공해야 칠 수 있습니다."
하였다. 상이 이르기를,

"그렇다. 중국이 만약 참으로 격멸하고자 한다면 어찌 힘이 부족할 이치가 있겠는가."

선조실록, 27년 8월 20일

이 대화를 이해하기 위해서는 이 당시 군사적 상황을 이해할 필요가 있다. 앞서 언급한 내용이지만 조정에서는 수군의 활동범위를 넓히고 용이하도록 하기 위해 웅포나 거제도의 요새화된 지역을 침공하자는 논의가 한창 진행되던 시기였다. 이런 배경을 고려해 보면 선조는 윤근수에게 해안지역의 성채를 수군 단독으로 공격해서 점령이 가능한지에 대해서 물어보았으며, 윤근수는 수군만으로는 불가능하며 육군의 도움이 반드시 필요하다고 대답한 것이었다. 윤근수가 자신의 뜻에 동의하지 않자 난데없이 중국을 언급한 이유는 무엇일까? 그동안 선조의 언동에 비춰볼 때 육군의 투입은 명군의 도움 없이는 안 된다는 의견을 여전히 고수한 것으로 보인다. 즉 조선육군 단독으로는 공격이 불가하다는 점을 우회적으로 표현한 것이다.

여기서 당시 선조가 품고 있던 조선의 해군과 육군에 대한 왜곡된 견해가 그대로 드러난다. 해군만으로 육상의 요새를 점령하는 것은 불가능하다. 진지를 차지하기 위해서는 육군의 투입이 반드시 필요하며 이때 해군이 할 수 있는 일이란 보조적인 역할에 불과하다. 해군의 양과 질이 아무리 향상된다고 하더라도 해결될 문제가 아니었다. 그것은 해군과 육군과의 근본적인 기능 차이에 있었다. 이 점은 군사전략에 대해서 깊은 식견을 갖고 있지 않더라도 충분히 이해할 수 있는 사실이다. 윤근수가 선조의 무모한 주장에 동조하지 않은 것은 결코 이상한 일이 아니다. 이때 선조는 '수군 만능주의'에 빠진 것으로 보인다.

　조정에서 육군과 수군에 대해 균형 잡히지 못한 시각을 갖게 된 것은 처음에는 순전히 현실적인 상황에서 기인한 것이었다. 임진왜란기간 내내 육군의 대처는 대부분 형편없었던 데 비해 수군은 시종일관막강한 전력으로 적을 압도했다. 육군보다는 수군에서 미래의 군사적성공가능성을 찾으려고 한 것은 너무나도 당연했다. 문제는 이런 인식이 굳어지면서 점차 고정관념에 가까운 편견으로 자리 잡고 말았으며,선조는 특히 이런 관념이 극단적일 정도로 심했다는 점이다. 그런 생각이 선조의 머릿속에 뿌리박히게 되면서, 그는 육군은 수동적인 방어전만 수행하도록 고집한 반면에 수군에 대해서는 끊임없이 공격적인 전략을 강요했다. 그리고 결과가 신통치 않아 보이자 그 원인을 이순신의 무능함이나 소심함 때문이라고 넘겨짚고 말았다. 선조가 이순신에게 가토를 놓친 일에 대한 책임을 물을 때 "임진년 이후에 한 번도거사를 하지 않았다"거나 "원균이 앞장서서 싸움에 나가는데 이순신이 물러나 구하지 않는다면 사세가 어려울 것이다."라고 말한 것도 이런 그의 생각을 반영한 것이었다.[50]

　고니시가 계획했든 아니면 선조가 계획했든 간에 가토를 치기 위해서 육군보다는 수군을 이용하려 한 것은 수군만큼은 조선이 일본보다 우세하다는 의식이 밑바탕에 깔려 있었던 것이라고 볼 수 있다. 사실 임진왜란이 종료되고 정유재란丁酉再亂이 발발하기까지의 짧지 않은기간에 조선에서 주도적으로 기획해서 벌인 공격작전들은 모두 수군단독으로 운용하는 것이었거나 육군이 동원된다 하더라도 수군과 밀접한 관련이 있는 것이었다.

하지만 선조의 계획에는 심각한 오류가 있었다. 선조의 전략은 간단히 말하자면 육군을 투입시키지 않고 비교적 우위의 전력을 갖춘 수군만으로 공격해야 한다는 것이었다. 하지만 수군의 공격적 운용을 위해서는 일본군이 장악한 해안의 요충지를 탈환해야만 했고 그러기 위해서는 육군의 도움이 반드시 필요했다. 그의 주장은 조선수군을 전략적 딜레마에 빠뜨리는 것이었다. 그도 이런 오류를 눈치 채고 있었다. 그렇지 않았다면 윤근수에게 수군 단독으로 일본군 성채를 점령할 수 있는지와 같이 터무니없는 질문을 하지는 않았을 것이다.

고니시가 보내오는 정보를 이용해서 해상에서 가토를 제거하자는 선조의 작전은 그의 일천한 군사경험으로 계획한 다른 비현실적인 명령들과 마찬가지로 실현되기 불가능한 것이었다. 가장 논란이 되는 것은 적군의 거짓정보에 놀아날 위험성이 크다는 점인데 이 사실만으로도 이 작전은 진지하게 고려할 만한 계획이 되기에는 무리가 있었다. 선조가 이 작전을 진행시키려 할 때마다 비변사에서 근본적인 위험성을 지적하면서, 되면 좋고 아니면 포기하자는 식으로 그를 설득하려 한 것은 너무도 당연했다. 그렇다면 이 작전을 직접 실행에 옮겨야 했던 이순신은 이것에 대해 어떻게 생각했을까? 여러 사료들에 따르면 처음부터 고니시의 함정이라고 의심한 이순신이 그 작전에 매우 소극적이었다고 되어 있다. 하지만 이원익의 장계에는 이와 사뭇 다른 내용이 적혀 있다.

이원익이 1597년 1월 12일에 작성한 장계에는 이순신이 해상에서 가토를 요격할 준비를 거의 끝마쳤으며 어느 항로로 올 것인지 예상을 해서 미리 그곳에 병력을 잠복시킬 계획을 하고 있다고 되어 있다.

조선과 일본은 누구와 싸웠는가

그리고 이순신이 고니시와 비밀리에 통하는 사람이 있어서 그로부터 독자적으로 가토에 관한 정보를 수집하고 있다는 내용도 있다.[51] 이원익이 이 이전에 쓴 장계에는 "가등청정加藤淸正이 바다를 건널 때는 별도로 물색하여 즉시 막는 것이 마땅하다 하고 아울러 미리 이순신에게 지휘하도록" 했으며 이 거사를 위해서 이순신이 가토와 고니시 사이에서 정보를 캐내고 있다고 되어 있다. 심지어 이런 활동을 위해 일종의 첩보비가 필요하기 때문에 조정에서는 이순신에게 은자銀子를 보내주어야 한다고 되어 있다.[52] 이순신의 이런 행동은 아마도 '12개항' 중에 2번째의 내용인 "미리 통제사로 하여금 정탐꾼을 파견하여 살피게 하라"는 선조의 권고에 어느 정도 보조를 맞추려 한 것으로 보인다.

이원익의 장계에 의하면 이순신이 이 작전에 대해서 대단한 의욕을 가진 것처럼 묘사해 놓고 있다. 하지만 탁월한 해군 전략가인 그가 이 계획이 거의 실현불가능하다는 사실을 모를 리가 없었을 것이다. 물론 앞에서 서술한 대로 그는 이후에 김응서와 같이 부산으로 원정을 떠나긴 했지만 그것도 선조의 압력으로 인해 어쩔 수 없이 내린 결정이었을 것이다. 게다가 이순신은 실제로 대규모 전투를 전개할 준비를 갖추지 못한 상태였다. 이원익의 장계와 다른 기록에 따르면, 한산도와 거리가 먼 충청도와 전라우도의 병사들에게 겨울이 시작되는 10월에 휴가를 주어 원래 지역으로 돌려보내 휴식을 취하도록 했기 때문에 수군병력이 완전히 집결되지 못한 상태라고 되어 있다.[53] 이 당시 부산원정에 동원된 판옥선 63척은 1592년 9월의 부산포해전에 참전한 판옥선 74척보다 적은 것이었다. 이런 기록들은 가토 요격작전이 혹독한 겨울에 사전예고도 없이 갑자기 발동되어 수군이 제대로 활동을 할 수 없었다는 점을 지적해 준다. 그리고 이순신은 작전실패의 원인이 제때 병력을 보내지 않은 수령들의 태만이라고 지적하면서 그중에서 가장 심한 남원과 광주의 수령을 처형할 것을 조정에 요구했다.[54]

하지만 이 사건 이전부터 이순신에 대한 불만이 가득 차 있던 선조와 그에게 적대적인 관료들 중에서 이상의 이순신에 대한 변명과 뒤늦은 행동에 관심을 둔 사람은 거의 없었다. 그들은 이순신이 최대한 빨리 처벌받기를 원했다. 어찌됐든 이순신은 체포되었으며 이것은 원균의 성공으로 이어졌다. 아니 그런 것처럼 보였다. 원균은 이때까지만 해도 자신의 오랜 숙적의 몰락으로 얻은 자리가 얼마나 불안정하고 위험한 것인지 깨닫지 못하고 있었다. 그리고 그는 얼마 있지 않아 그 직분의 무게를 이기지 못하고 압사당하게 될 터였다.

9장

칠천량漆川梁 전투, 자초한 재앙

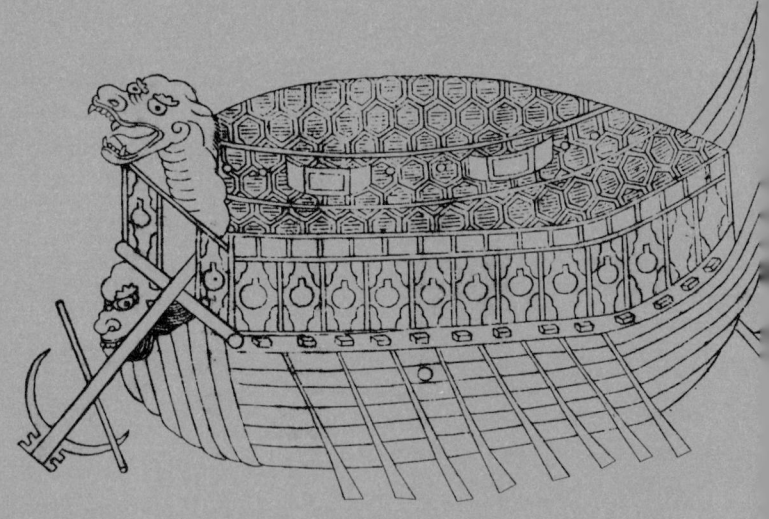

1597년 7월 16일 새벽에 칠천량해전에서 일본군의 공격으로 원균 휘하의 조선수군이 궤멸을 당하는 믿기지 않는 사태가 벌어졌다. 이 패배로 한때 당당한 위용을 자랑하던 전함 거의 모두가 파괴되었으며, 원균을 비롯해서 전라우수사 이억기, 충청수사 최호崔湖 등 최고위 지휘관들과 대부분의 병사들이 전사하거나 익사했다. 이전에 있었던 조선수군의 활약을 생각하면 너무나도 믿기지 않는 일이었다. 이러한 엄청난 비극에 대해 실망감과 분노를 느끼지 않을 수가 없었던 당대의 역사가들과 관찰자들은 하나같이 패전의 원인을 원균의 어리석음과 무능함 탓이라고 적어 놓았다.

물론 동서고금을 막론하고 중요한 전투에서 심각한 패전을 겪게 되면 그 군대의 최고 지휘관이 지탄의 대상이 되기 마련이다. 하지만 어떤 결과가 발생했을 때 그 결과가 생긴 원인을 알아내기 위해서는 그 결과만을 연구해서는 정확한 원인을 알아내기 어렵다. 그러므로 결과가 일어나기까지의 과정을 면밀히 분석해야만 그 사건을 명확히 정의할 수 있다. 그래서 칠천량해전이 벌어지기 이전에 수군의 활동과 그 제반 환경들을 면밀히 관찰해 보는 데 먼저 초점을 맞춰보려고 한다. 그러기 위해서 먼저 칠천량해전 직전에 가덕도에서 벌어진 일을 살펴볼 것이다.

칠천량해전이 벌어지기 직전에 삼도수군은 부산 인근 해역에서 작전을 벌이던 도중 식수가 떨어진 적이 있었다. 그래서 식수를 얻기 위해 가덕도에 상륙했다가 그곳에 주둔 중인 다카하시 나오쓰구高橋直次, 쓰쿠시 히로카도筑柴廣門 예하 일본군의 기습으로 약 400명이 전사하는 피해를 입었었다.[1] 이 작은 패전은 곧 칠천량에서 벌어질 엄청난 참패에 가려져 세인들의 큰 관심을 끌지 못했다. 하지만 일본군은 가덕도를 상당히 오랫동안 점령하고 있었고 원균도 그 지역이 적군의 수중에 있다는 점을 알고 있었다. 비록 수군의 갈증이 심했다고 해도 그렇게 위험한 지역에 원균은 왜 수군을 상륙시켰을까? 게다가 더욱 이해하기 어려운 사실은 앞서 언급했지만 이순신 역시 그해 2월 중순에 부산원정을 끝내고 돌아오던 중에 가덕도에 배를 정박시켰다가 적의 공격으로 1명이 죽고 5명이 납치되는 사건이 발생했다는 점이다. 게다가 같은 날 사후선 한 척이 마찬가지로 적이 점령하고 있는 웅천 원포院浦에서 급수할 목적으로 하륙했다가 승선인원 5명 전원이 일본군에서 사로잡히는 불상사가 발생하기도 했다.[2] 이순신이 입은 손실은 원균에 비해 훨씬 적기는 했지만 그는 왜 원균과 똑같이 적의 공격을 받을 위험성이 큰 가덕도와 원포에 배를 대는 결정을 내린 것일까? 특히 두 번이나 가덕도에 함대를 정박시켜서 손실을 입게 된 이유는 무엇일까?

이 점을 이해하기 위해서는 이순신이 그동안 작성한 전투경과 보고서들과 그의 일기를 자세히 살펴볼 필요가 있다. 이 자료들을 보면 이 당시 조선수군이 일정한 패턴에 따라 움직였다는 사실을 알 수 있다. 그것은 함선들이 낮에만 기동하고 밤에는 거의 예외 없이 뭍에다 배를 정박시켰다는 점이다. 그 원인은 당시의 여러 가지 기술적인 한계와 관련이 있었다. 예를 들어 근대적인 동력기관이 전무하던 그 당시 배들을 움직이게 하는 동력이라고는, 해류와 풍력을 제외하면 오로지 인력밖에 없었던 상황에서 체력이 고갈된 뱃사공이 휴식을 취할 시간은 반드시 필요했을 것이다. 그리고 현대적인 관측설비가 없던 시절에 어두운 밤을 항해하는 것 또한 너무나도 위험한 일이었을 터였다. 그러려면 밤에는 세찬 바다 바람과 파도를 피할 수 있는 포구를 찾아서 닻을 내려야만 했을 것이다. 거기에 더해서 필요에 따라 육지에서 신선한 식수를 긷는 작업도 수행해야만 했다.[3] 때로는 정박지 근처에 물을 구할 수 없을 경우에는 다른 곳에서 먼저 식수를 확보한 후에야 정박지에 배를 대기도 했다.[4]

　이러한 측면에서 보면 가덕도가 얼마나 중요한 전략적 요충지였는지 확실히 알 수 있다. 다른 부산출정인 1592년의 부산포해전에서 조선수군의 행적을 추적해 보면 이 점은 명확히 드러난다. 동쪽의 적을 치기 위해 이억기의 군대와 함께 8월 24일에 출발한 이순신의 함대는 25일에 사량에서 원균과 합류하게 된다. 27일 웅천 원포에서 밤을 지낸 조선수군은 28일에 적에 대한 정부를 수집하면서 조심스럽게 진격하여 가덕도 천성天城에서 밤을 지냈다. 다음 날 29일에는 부산포 인근의 낙동강洛東江 하구에서 적선 6척을 불태우고 다시 가덕도 북변으로 되돌아와서 밤을 지냈다. 그리고 다음 날인 9월 1일 이른 아침에 발선해서 소규모 해전을 치르면서 동진했고, 드디어 부산 앞바다에서 500척에 달하는 적선이 정박한 모습을 목격하게 되었다. 이순신은 곧바로 적을 공격하여 적의 선박 100여 척을 파괴시키는 성과를 올린 후 함대를 되돌려 다시 가덕도에서 밤을 지냈다. 그리고 다음 날에 이순신은 작전을 종료하고 귀환했다.[5] 여기서 주목할 점은 부산포해전의 전투 내용이 아니라 수군이 밤에 어디에서 머물렀느냐는 것이다. 즉 낮에는 부산과 그 인근 지역에서 작전을 벌였지만 밤에는 어김없이 가덕도에서 정박하면서 휴식을 취했던 것이다. 물론 그곳에서 소중한 식수도 길어왔을 것이다.

1597년에 가덕도의 중요성은 더 증대된다. 일본군이 그들이 점령한 남해안에 강력한 성채들을 건설한 탓에 1592년 조선수군이 정박 가능했던 기착지들 대부분을 더 이상 쓸 수 없게 된 것이다. 거제도 북단에서 일본군이 철수한 것은 그나마 다행스러운 일이었다. 당시 조선수군이 부산까지 닿기 위해서 사용할 수 있는 중간 기착지 중에 가장 부산과 가까운 곳이 바로 거제도 북단이었는데, 이곳을 기착지로 쓸 수 있게 되면서 가까스로 판옥선이 부산에 닿을 수 있게 되었다. 만약 이 지역마저 이용할 수 없었다면 조선수군이 부산까지 항해하는 일은 거의 불가능했을 것이다. 하지만 수군의 원활한 활동을 위해서는 부산과 거제도 북단 사이에 적어도 하나의 중간 기착지가 필요했으며, 원균은 지난 부산원정을 교훈삼아 가덕도가 가장 적당한 곳이라고 생각하고 있었다. 무엇보다도 부산과 일본을 잇는 일본군의 병참선을 끊기 위해서는 조선수군으로 부산을 장기간 봉쇄해야만 했다. 하지만 일본군이 가덕도를 점령하고 나서는 더 이상 그곳을 중간 기착지로 쓸 수 없게 되었다. 원균이 조정에 가덕도 수복을 요청했던 것도 결코 이상한 일이 아니었다.

1597년 4월 19일에 조정에서 공표된 원균 서장의 대체적인 내용은 4월에서 5월 사이에 안골포와 가덕도를 공격해서 점령해야 한다는 것이었다. 원균은 조선군 정병精兵 30만을 발동시킨다면 3~4천밖에 되지 않는 이 두 곳을 간단하게 제압할 수 있을 것이며, 그렇게 된다면 수군은 배후의 위험 없이 일본에서 부산까지 이어지는 적군의 보급선을 끊어버리게 될 것이라고 주장했다.[6] 그리고 원균의 서장이 공표되기 6일 전에 조정에서 열린 회견에서 이산해는 원균의 아들인 원전이 안골포와 가덕도를 차지하기를 원한다고 하면서 속히 이 지역들을 공격해서 병선의 안전을 확보할 것을 주장했다.[7]

원균이 가덕도에 더해서 인근의 안골포까지 빼앗아야 한다고 한 이유는, 추측건대 먼저 안골포를 장악하고 이 포구를 사용하여 육군을 가덕도까지 실어 날라서 가덕도를 도모하는 항구로 써야 한다고 생각했던가, 그게 아니라면 가덕도를 조선이 점령해도 안골포가 너무 이 섬과 가깝기 때문에 가덕도에 위협을 가할 수 있는 이 일본군 진지를 무력화시켜야 한다고 생각했던 것으로 보인다. 하지만 여전히 육상전을 기피하려는 분위기가 팽배한 상황에서 원균의 제안이 받아들여질 여지는 거의 없었다. 얼마 후 비변사는 원균의 이러한 제안에 대해서 대체로 받아들이기 어렵다는 견해를 제시하면서도 혹시 가능할 수도 있으니 이원익과 권율에게 이 일에 대해 어떻게 생각하는지 물어보기로 했다. 여기에 더해 비변사는 안골포는 육지와 이어져 있어서 육군의 투입이 가능하지만, 가덕도는 수군이 아니고서는 공격할 수 없다고 상기하면서 원균이 제대로 상량商量하지도 않고 섣불리 공격을 계획했다고 지적했다.[8] 이것은 원균이 이번 공격에 대한 자신의 진정한 의도가 무엇인지 조정에 제대로 설명해 주지 못했다는 인상을 준다. 원균의 궁극적인 목표가 안골포가 아니라 가덕도라는 점은 그가 제출한 이전의 장계를 보면 알 수 있다.

가토를 해상에서 요격하지 못했다는 이유로 이순신에 대한 선조의 분노가 극에 달했던 때인 1월 22일에 원균은 수군의 운용에 대한 자신의 의견을 담은 장계를 제출한 적이 있었다. 그의 장계를 보면 "수백 명의 수군으로 영등포 앞으로 나가 몰래 가덕도 뒤에 주둔하면서 경선輕船을 가려 뽑아 삼삼오오 짝을 지어 절영도 밖에서 무위를 떨치고, 1백여 명이나 2백 명씩 대해大海에서 위세를 떨치면, 청정은 평소 수전水戰이 불리한 것에 겁을 먹고 있었으니 군사를 거두어 돌아갈 것"이라고 적혀 있다.[9] 이 당시 원균은 전라병사로 육군에 소속되어 있었음에도 자신의 병과도 아닌 수군의 작전에 대해 왈가왈부한 것은 이 당시 이순신에 대한 여론의 악화를 이용해서 다시 수군에 복귀하려 했던 것으로 보인다. 하지만 더 중요한 사실은 원균이 통제사가 되기도 전에, 부산을 공격하려면 가덕도를 확보해야 한다고 한 점이다. 이것은 원균이 통제사가 되기 이전에 이미 가덕도의 점령이 반드시 필요하다고 생각했음을 증명해 준다. 하지만 조정에서 이원익과 권율에게 이 작전의 타당성 여부를 검토해서 실행가능성이 있는지 물어보도록 했는데 권율의 답신은 상당히 부정적이었다.[10]

권율이 원균의 육군지원 요청을 사실상 거부한 것은 그동안 그의 행동유형과 상당한 차이가 있다. 이 이전까지 사실 그는 유명한 육상전 옹호론자였다. 앞서 언급했지만 권율은 육군 3만 명을 모집하려 한 적이 있었는데 그때 수군 4천 명을 육군으로 전환시키려 했다가 이순신과 갈등을 빚었다. 1593년 12월에는 이순신이 진주 등지의 수령들을 하해下海시킨 것에 대해서 권율이 항의한 적이 있었다. 이 사건으로 인해 뜻하지 않게 권율은 수군에 대한 절제권을 얻게 되었다. 이때 비변사는 "도원수의 의견은 육전陸戰을 중히 여기고" 있다고 했다.[11] 이런 그가 육군으로 적을 공격하지 못할 것이라는 취지의 의견을 내비친 것은 역시 당시 육군에 대한 전반적인 불신과 연관이 있다.

권율은 1593년에 일본군에 대한 대대적인 공세를 벌여야 한다고

　　　　　　　　조선과 일본은 누구와 싸웠는가

주장한 적이 있었다. 그해 12월 4일에 조정에서는 권율의 계획을 실행할지 말지에 대한 논의가 벌어졌다. 이 논의에 대한 결론은 회의에 참석한 유성룡이 "우리나라의 장수와 군대로 헤아려 보건대, 적을 막는 것은 할 수가 있지만 진격하는 것은 할 수가 없습니다."라고 한 말로 축약된다. 육군의 적극적인 운용에 대해서는 언제나 부정적인 태도를 보인 선조 역시 적을 공격하는 것이 불가하다는 뜻을 확연하게 나타냈다.[12] 나중에 권율은 거제도침공을 지휘하기도 했지만 이미 여러 가지 결함을 안고 있던 육군은 거의 아무런 임무도 수행해내지 못했다.

그리고 이 시기를 전후로 해서 『선조실록』에는 권율이 무사 안일함에 빠져있다는 내용의 사평이 끊임없이 기록되어 있다. 이 기록들의 대체적인 내용은 권율이 행주전투에서 요행히 승첩을 거둬서 세인들이 그를 명장이라 여기고 도원수에도 올랐지만, 그 이후로 상황을 개선할 계책은 하나도 내지 않고 하는 일 없이 먹고 마신다는 것이다. 그가 이런 비방에 노출된 주원인은 이전에 그가 거둔 성공에 반해 도원수에 임명된 이후로 두드러진 성과를 내지 못했기 때문이었다.[13] 하지만 선조를 비롯한 대부분의 신료들이 육군의 투입을 기피하고 명군의 지원에 기대고 있던 상황에서 그가 할 수 있는 일은 거의 없었다.

이후로 권율은 점차 각 진영을 순시하거나 한양에서 온 명령서를 검토하는 것 같은 기본적인 일을 수행하는 것도 등한히 하기 시작했다. 그는 임무를 수행하는 데 필요한 자신의 종사관 두 명이 일시에 귀가하는 것을 허용하기도 했다. 선조도 권율에 대해서 "범용한 인물"은 아니지만 "다만 근래에는 일을 하지 않는 것 같다."는 평을 내렸다.[14] 이처럼 조정에서 권율의 무기력한 모습에 대한 비판이 일었을 때에도 예전에 적을 공격하자고 했던 그의 적극적인 모습을 기억하는 사람은 전혀 없었다.

그는 결국 체찰사로 부임한 이원익에게 1595년 8월에 체직당했는데,[15] 이 이전에 조정에서는 이미 권율 대신 이덕형李德馨이나 이원익을 도원수 또는 체찰사로 삼아서 그를 대신하도록 하자는 말이 오가고 있었다.[16] 이러한 그의 무기력한 모습은 당시 조선육군의 무기력함과 일맥상통하는 면이 있다.

나중에 이원익이 업무의 과중함을 들어 권율을 다시 도원수에 복직시키자고 해서, 이듬해 2월에 체찰사의 명령에 복종하겠다는 약속을 한 뒤에 그는 도원수에 재임명되어 3월 4일 한양에서 부임지로 내려가게 되었다.[17] 그리고 11월 10일에 다시 권율은 조정을 논란에 빠뜨릴 대담한 요구가 담긴 서장을 작성했다. 이 서장에는 수군으로 하여금 일본에서 부산에 이르는 수로를 끊는 동시에, 동으로는 울산과 기장機張에서 서로는 함안과 의령에 이르는 지역의 군영을 요소요소에 배치시켜야 한다고 적혀 있었다. 그리고 이 요충지들에 주둔시킬 5~6만에 달하는 육군을 징발할 것을 요청했다.[18] 이 문서에는 육군이 쳐들어오는 적을 막기 위한 병력을 모집해야 한다고 되어 있지 적과 결전을 벌여야 한다는 내용은 전혀 적혀 있지 않았다. 하지만 대부분의 신료들은 권율이 육군을 확충하려는 움직임이 수비를 강화하려는 목적이 아니라 일본군에게 공세를 취하기 위한 것이라는 점을 깨닫고 있었다.[19]

11월 26일에 열린 회의에서 권율이 내민 안건을 받아들일 것인지, 말 것인지에 대한 논의가 있었다. 선조와 유성룡은 식량부족을 이유로 반대했지만 김응남과 윤두수는 권율의 의견에 찬성했는데 명확하게 결론을 내리지 않고 회의가 끝났다.[20] 약 한 달 후에 다시 권율의 요청을 이행할 것인지, 말 것인지에 대한 논의가 벌어졌다. 이때 권율이 올린 두 건의 장계가 조정에 도착한 상황이었다. 선조의 표현을 빌리자면 하나는 "큰일을 할 수 있다는 장계"였으며, 나중에 도착한 다른 하나는 "부산에 잔류한 적을 섬멸할 수 있다."는 것이었다. 선조는 권율이 적을 공격할 목적으로 병력을 모으려 한다는 것을 확신하게 되었다. 그는 노골적으로 권율의 계획을 반대했다. 다시 김응남과 윤두수가 권율을 지지하는 발언을 했지만 선조의 압력으로 그들도 침묵하지 않을 수 없었다.[21] 나중에 선조의 비망기와 비변사가 선조에게 올린 사연 등의 문서들을 이조좌랑吏曹佐郎 김신국金藎國이 챙겨서, 지방까지 직접 내려와 이원익과 권율에게 보여주었다. 얼마 지나지 않아 이원익과 권율이 육군으로 부산 등지의 일본군을 공격하는 것은 섣부른 판단이었다고 하면서, 수군이 먼저 가시적인 성과를 거두고 나서 "육지의 거사는 (나중에) 적당한 기회를 보아 움직이는 것이 온당할 것" 같다는 장계를 올렸다. 이것은 사실상 작전을 스스로 포기한 것이나 마찬가지였는데, 이를 통해 한양에서 보낸 그 문서들의 내용이 어떠했을지 짐작할 만하다.[22] 권율이 이 일로 인해 어느 정도의 실망감을 느꼈을지 상상하기란 어렵지 않다. 그도 이순신이나 원균처럼 수군을 지나치게 중시하고 육군을 폄하하던 상황의 피해자였다. 권율에게는 의지가 없던 것이 아니라 기회가 없었다.

이러한 사건은 원균이 육군으로 가덕도와 안골포를 장악해야 한다고 조정에 정식으로 요청하기 약 3개월 전에 있었던 일이었다. 조정에서 권율에게 이 작전의 실행여부를 물었을 때, 그는 자신이 지지한다고 해도 원균의 요청이 수락되지 않을 것임을 이전에 경험해 본 쓰디쓴 체험을 통해 확신했었을 것이다. 자신이 원하는 육군 위주의 작전을 진행시키지 못하게 된 권율은 선택의 기로에 서 있었다. 하나는 병영시찰이나 문서처리 따위의 지루한 업무를 수행하면서 언제 쳐들어올지 모르는 적에 대비하는 것이었고, 다른 하나는 육군과 달리 일본군을 상대할 수 있다고 여겨지는 수군으로 적을 공격하는 것이었다. 적극적인 성격의 권율은 후자를 선택했다. 전투를 원했던 그로서는 다른 선택의 여지는 없었다. 문제는 권율이 명목상 육군은 물론 수군까지 통괄하고 있긴 했지만 해전에 관해서는 문외한이나 다름없었다는 점에 있었다. 권율은 언제나 육군을 중시했으며 그가 도원수에 올랐던 것도 이전에 육상전에서 거둔 승첩 때문이었다. 해군을 거느려 본 적도 없었고 이순신에게서 병력을 강제로 빼앗아서 육군에 복무시키려 할 정도로 해군에 무관심했던 그가 갑자기 정교한 해군작전을 주도하는 것이 과연 현명한 판단일까?

4월 21일에 이원익은 권율과 공동으로 일본군을 공격할 작전을 세워서 조정에 보냈다. 그 대강의 내용은 지금 육군의 약한 형세로는 적의 진지를 선제공격하기 어려우므로 반드시 수군이 먼저 해로를 차단하여 바다를 건너지 못하게 해서 식량을 조달하지 못하게 한 후에야 육군이 적을 기습할 여건이 갖추어 진다는 것이었다. 이런 주장은 육군이 먼저 공격한 연후에야 수군을 투입시킬 수 있다는 원균의 계획과 정면으로 배치되는 것이었다.[23] 이 장계는 이원익이 작성하긴 했지만, 전후의 사료를 비교하면 그 작전은 바로 권율이 이원익의 동의 아래 주도적으로 만든 작품이라는 점을 어렵지 않게 깨달을 수 있다. 게다가 원균은 이때까지 뚜렷한 전공을 세우지 못하고 있었다.

이순신이 한양으로 압송되어 공석이 된 삼도통제사 겸 전라좌수사 직에 원균이 부임한 때는 2월 하순경이었다. 이전에 이순신에게 밀려 본의 아니게 수군 장관직을 내놓아야 했던 원균은 분명히 통쾌한 역전승에 희열을 느꼈을 것이다. 원균은 얼마 전에 있었던 이순신의 부산출정을 비난하는 보고서를 올렸다. 원균이 전임자의 업적을 깎아내리려는 의도로 작성한 것이 확실한 이 장계에서 그는 이순신이 부산에서 군세를 과시하다가 썰물 때에 미쳐 바다로 물러나지 못해서 이순신이 탑승한 배가 바닥에 닿아 멈추는 사고가 발생했다고 주장하고 있다. 위험에 빠진 이순신을 안골포만호가 등에 업어서 자신의 배에 옮기고 이순신이 탔던 배는 선미에 밧줄을 묶고 끌어와서 겨우 빠져나올 수 있었다는 것이다. 원균은 부산출정에 대해 "대개 이번 부산의 거사擧事에서 우리나라 군졸들이 바다 가득히 죽어 왜적의 비웃음만 샀을 뿐, 별로 이익이 없었다."는 결론을 내렸다.[24]

원균은 이처럼 한동안 승리감에 도취되어 있었지만 그는 오랫동안 자기만족에 빠져있을 틈이 없었다. 그동안 원균이 각광을 받게 된 가장 큰 요인 중 하나는 조정에서, 그중에서도 특히 선조가 이순신에 대해 가지고 있던 실망감으로 인한 반사이익이었기 때문이다. 드디어 통제사가 된 지금 그는 탁월한 실적을 보여줌으로써 자신의 존재가치를 증명해야만 했다. 그러나 어느 때보다도 수군의 역할에 대한 기대감이 높아지고 있던 시기에 그 기대에 부응하는 성과를 내는 일은 결코 쉽지 않은 일이었다.

그가 부임하고 처음 몇 개월 동안에는 그런 성과를 낼 기회는 거의 없었다. 3월 9일에 거제 기문포器門浦에 정박한 적선 3척을 유인해서 격파한 것이 유일한 예외였다.[25] 하지만 그 일본선박들은 조선과 아직까지 우호적인 관계에 있던 고니시와 그와 관련된 일본무장들이 거제도에서 땔나무를 채취하도록 보낸 배들이었고, 이에 대해서 이미 사전에 양해를 얻은 상태였던 것으로 보인다. 고니시는 동원 가능한 외교채널을 모두 사용해서 이 공격에 대해서 강한 유감을 표명했다.[26] 하지만 거제도는 수군의 중요한 기착지였기 때문에 원균의 이러한 방어적인 움직임은 필요한 것이기도 했다.

원균이 통제사에 임명돼도 삼도수군이 더 나은 전과를 얻기 어렵다는 사실이 점차 증명될 무렵인 5월에 권율은 수군을 좀 더 적극적으로 운용해야 한다는 장계를 조정에 보냈다. 권율은 먼저 수군 함선과 병력이 대규모로 모아졌다는 점을 지적하면서, 그런데도 "근래는 주사의 출입이 거제巨濟 등지의 적들을 수포搜捕함에 불과하고 부산 앞바다는 왕래하지 못하고 있어, 군량을 실은 적선들이 연이어 왕래하며 꺼리는 바가 없으니, 매우 잘못된 것"이라고 했다. 그러면서 원균에게 수군을 거제도에 주둔시키게 하고 함대를 크게 3등분으로 나누어서 번갈아가며 일본과 부산 간의 보급로를 차단하도록 해야 한다고 주장했다. 비변사는 이 안에 적극 동의했지만 선조는 처음에는 다소 유보적인 반응을 보였다.[27]

수군을 나눠서 번갈아가며 부산 앞바다를 점거하는 계획을 세운 이유는 무엇일까? 이원익이 이 시기에 쓴 장계에는 이런 내용이 있다.

새로 건조한 전선과 옛날에 있던 전선이 세력을 합하여 절반은 한산도 등에 머물고 그 절반은 몰운대沒雲臺 등에 나아가 해양에 비록 정박하여 오래 유지할 장소가 없더라도 윤회 교체하며 왕래해 끊어지지 않는다면 반드시 피차가 서로 만날 때가 있을 것이니, 비록 안골 등에 왜적이 있더라도 본진의 배가 배후에서 계책을 펼 수 있고, 비록 바다를 지나는 적이 있더라도 해양의 배가 목전의 거사에 미칠 수 있을 것입니다.

오리선생문집, 539~540쪽

함대를 나누어서 부산 앞바다를 봉쇄해야 한다고 한 것은 "해양에 비록 정박하여 오래 유지할 장소가 없었던" 조선수군의 여건을 반영한 것이었다. 장기간 부산을 봉쇄하기 위해서는 근처에 수군기지를 설치하고 그곳에서 끊임없이 전함들을 왕래하도록 하는 것이 가장 좋은 방법이었지만 그럴 수 없었던 수군을 위한 고육지책이었다. 이원익과 권율도 수군의 실정을 완전히 무시하고 있지는 않았던 것이다.

원균에게 과감한 작전을 촉구했던 권율의 뜻에 이원익이 협력했던 이유는 확실히 알 수는 없지만 아마도 질질 끄는 전쟁을 단기전으로 끝내서 더 이상 백성들에게 피해를 입히지 않으려는 목적이었던 것으로 보인다. 6월 10일에 조정에서 논의된 이원익의 장계에 따르면 적의 대군이 건너오기 전에 군사들을 총동원해서 한번 결전을 치러보고 싶지만 "우리와 저들의 힘을 헤아려 보건대 크게 우려되는바"가 있으며, "권율權慄 역시 군사를 내어 책柵을 공격하는 일은 결코 할 수 없다고 하는데 밤낮으로 생각해도 좋은 계책이 없습니다."라고 적혀 있다. 이렇게 육군이 열세적인 상황에 처해 있다고 강조한 후에 그는 "오는 적을 막아 죽이는 것은 오직 수군水軍만을 믿고 있는데, 근일에는 수군이 한 번도 해양海洋에 나아가지 않고 있습니다."라고 함으로써, 권율에 이어 이원익도 원균이 지나치게 수세적인 움직임을 보이고 있다고 비판했다. 그리고 수군을 둘로 나누어 교대해 가면서 적의 수로를 차단하라고 원균에게 지시했으며, 그렇게 하면 "오랫동안 정박停泊할 곳이 없기는 하지만 번갈아 교체하면서 끊임없이 왕래하면 형세상 반드시 피차 만나게 될 것"이라고 주장했다. 또한 그는 각고의 노력 끝에 수군의 전력을 증강시켰다고 했다. 이 시기에 이원익은 이 이전에도 수군의 증강을 위해 함선건조를 늘리고 제석산성帝錫山城의 육군을 수군에 귀속시키며, 조정에 화약과 병력을 더 많이 요청했었다.[28] 덕분에 수군의 규모는 더 커지긴 했지만 원균의 입장에서는 마냥 좋게만 받아들이진 못했을 것이다. 이원익과 권율이 수군의 증강에 매달렸던 이유에는 수군을 부산으로 출정하게 하려는 자신들의 계획을 원균이 실천해 주기를 바라는 의도가 깔려 있다는 사실을 그는 알고 있었다. 함선과 병력의 수가 늘어나면 늘어날수록 원균에게는 더 모험적인 작전을 감행하라는 압박이 비례해서 늘어났다.

상황이 뜻대로 흘러가지 않자 원균은 다시 육군이 가덕도와 안골포를 점령한 연후에야 부산공격이 가능하다는 장계를 조정에 올렸다. 여기에서 그는 일본군 진지들이 밀집해 있어서 부산을 침입하기 어려우며 "설사 대거 이를 수 있다 하더라도 나아가서는 배가 머무를 곳이 없고, 물러나서는 뒤를 돌아다보아야 할 근심이 있으니, 실로 병가兵家의 승산勝算이 아닙니다."라고 지적했다. 원균의 장계를 받은 비변사는 "원균의 뜻은 반드시 육군이 먼저 안골포와 가덕도의 적을 공격해야 한다는 것이고, 도원수와 체찰사의 뜻은 그렇지 않아 수군을 나누어 다대포 등처를 왕래시키면서 해양에서 요격하려는 계획입니다."라고 했다. 이것은 비변사가 육군이 먼저 출전해서 가덕도 등지를 점령하고 난 후에 수군이 부산을 쳐야 한다는 원균과, 가덕도를 점령하지 않고 수군이 나뉘어 번갈아가며 부산을 공격해야 한다는 이원익과 권율 측 사이에 전술적 운용 측면에서 충돌이 있다는 사실을 정확하게 알고 있었다는 것을 의미했다. 그런데 비변사는 원균의 손을 들어줄 의사가 전혀 없었다. 먼저 비변사는 안골포를 공격하는 것이 매우 어렵다고 하면서 "도원수가 진공進攻을 어렵게 여기는 것이 또한 반드시 소견이 있을 듯"하다고 했다. 그리고 "대저 군중軍中의 일을 제어하는 권한이 체찰사와 도원수에게 있으니, 제장諸將으로서는 품하여 지휘를 받아서 진퇴하는 것이 마땅한데도 근일 남쪽의 장수들이 조정에 처치해 달라고 자청하는 일이 다반사여서 체통을 유지시키는 뜻이 도무지 없다."고 했다. 이것은 원균이 상관의 작전명령에 불복종하고 조정에 직접 이 문제를 제기한 것은 잘못이라는 뜻으로 해석된다. 선조도 비변사의 이러한 의견에 동의했다.[29]

조정의 이러한 반응은 이미 약 1개월 전인 5월 15일에 있었던 회의에서 이미 결정된 것이었다. 유성룡, 윤두수, 김응남, 김명원, 이항복 등 당시의 고관들이 대부분 참석했던 이 회의에서 수륙군의 운용방안에 대한 논의가 있었다. 여기에서 수군을 나누어서 부산을 공략해야 한다는 권율의 방안이 소개되었다. 참석자 대부분이 방안에 대해 대체로 긍정적이었다. 하지만 육군에 대한 운용에 관해서는 권율이 예전에 성공을 거두었던 방어전을 상기시키거나 공격을 해도 명군의 뒷받침을 받는 상황에서 공격해야 한다는 것이 대부분이었다. 어느 누구보다도 육군을 무시했던 선조는 여러 경멸에 찬 표현을 썼는데, "육군으로 소란스럽게 적을 침략하자는 말은 무엇을 두고 하는 말인가?"라고 하거나, 윤두수가 예전에는 육군의 힘이 미약해서 적을 공격하지는 못하지만 지금은 명군의 도움을 받고 있으니 성공을 거둘 수도 있다고 한 말을 "마치 잠자는 범의 꼬리를 건드리는 격이 되지 않겠는가."라고 쏘아붙이기도 했다.[30]

이렇게 수군의 부산공격이 허가된 것처럼 보이기도 했지만, 변덕이 심한 선조는 6월 14일에 비변사가 정식으로 부산공격을 허가해 달라고 한 요청에 대해서는 신중히 병력을 운용해야 한다면서 거부했다.[31] 하지만 6월 26일에 비변사가 원균이 상관들인 이원익과 권율의 명을 따르지 않는다고 비판하면서 다시 수군의 부산공격 작전을 비준해 달라고 하자 선조는 이를 허가했다.[32] 그러나 원균은 권율과 이원익의 압력에 못 이겨 이미 수군을 출격시킨 상황이었다. 권율은 원균이 바다로 나가도록 그에게 어떠한 압력을 행사했는지 알리는 장계를 작성했다. 여기에 따르면 그는 원균에게 얼마나 계속해서 전령을 보내어 질책했는지 모르며, 이원익에게도 세 번이나 군관을 보내서 원균을 압박하도록 도와 달라고 요청했다고 되어 있다. 결국에는 이원익의 종사관인 남이공南以恭이 한산도에서 내려가서 독촉하고 나서야 그를 출진시키게 할 수 있었다. 권율은 이 출격이 "남이공의 힘이었지 어찌 원균의 마음이었겠습니까."라고 썼다.[33]

부산공격 여부에 대한 권율과 원균의 갈등은 『난중일기』에도 실려 있다. 이때는 의금부에서 심문을 받고 나온 이순신이 백의종군을 명

받고 권율의 객장(客將)으로 몸을 의탁하고 있던 시기였다. 6월 17일 아침식사 후에 이순신은 권율과 만나서 이야기한 적이 있었다. 권율은 원균을 비난하면서 두 개의 문서를 이순신에게 보여주었다. 하나는 비변사에서 내려온 공문으로 여기에는 원균이 안골포를 장악한 후에 부산을 쳐야 한다고 주장한 내용이 적혀 있었고, 다른 하나는 권율이 작성한 것으로 대체적인 내용은 원균이 안골포를 먼저 공략해야 한다는 것을 핑계 삼아서 출진을 거부한다고 불평하는 것이었다. 이순신의 일기에는 권율의 격앙된 반응에 그가 무엇이라고 말했는지는 적혀 있지 않다.[34] 이틀 후에 이순신은 다시 격노한 권율을 만났는데, 이 자리에서 그는 권율에게 이런 말을 들었다.

> 통제사의 일은 말로 할 수가 없소. 흉악한 그는 조정에 청하여 안골과 가덕의 적을 모조리 무찌른 뒤에 수군이 나아가 토벌해야 한다고 하니, 이것이 정말 어떤 마음이겠소? 질질 끌다가 나아가지 않으려는 뜻에 불과한 것이오.
>
> 난중일기, 1597년 6월 19일

이 기록을 통해서 권율은 원균이 가덕도와 안골포를 장악한 후에 부산을 공격하겠다고 주장하는 것은 싸우고 싶지 않아서 만들어 낸 허울 좋은 핑계에 불과하다고 믿고 있었다는 점을 알 수 있다. 권율의 이러한 생각은 당시 상황을 고려해 보면 어느 정도 신빙성이 있는 것이었다.

원균이 가덕도를 탈환하자고 요청한 것은 부산까지 해군의 활동범위를 확대하기 위해서는 반드시 필요한 현실적인 제안이었지만, 당시 조정의 부정적인 인식과 허약한 조선육군의 전력으로 보자면 비현실적이고 거의 실행 불가능한 요구이기도 했다. 이전에 이순신이 웅포나 거제도와 같은 중간 기착지의 점령을 위해 육군의 지원을 요청할 때마다 거듭 묵살당했으며, 우여곡절 끝에 육군이 거제도 공격에 투입되더라도 시종일관 무기력한 모습만을 보이다가 흐지부지하게 작전이 종결되는 광경을 모두 체험했던 원균이 어떻게 가덕도와 안골포를 간단히 차지할 수 있을 것이라는 낙관적인 전망을 내놓았을까? 또한 원균은 전에 아무렇지도 않게 이 작전을 위해 조선의 병력 30만을 동원해야 한다고 했지만 지난 거제도 공격에서 겨우 백분의 일에 불과한 3천 명의 병력이 동원되었으며, 그중에서 실제로 전투에 파견된 인원은 겨우 수백 명밖에 되지 않다는 사실을 그가 몰랐을 리가 없다. 그리고 이 시기에 조정에서는 중국에 조선이 하삼도에서 동원 가능한 총병력이 13,600명이라고 통보했는데, 그중에서 수군 5천을 제외하면 육군은 고작 8천 6백에 불과했다.[35] 해군지휘관에서 물러나고 한동안 육군 요직에서 일했던 원균이 육군의 이러한 비참한 현실을 모르고 있었다는 것이 말이나 되는 일일까? 원균이 육군의 지원이 안 된다는 점을 핑계 삼아서 수군의 출전을 지연시키고 있다고 권율이 확신하게 된 것도 무리가 아니다.

당시 조선 사람들의 수군에 대한 막연한 기대감도 원균을 압박하는 하나의 요인이 되었을 것이다. 권율을 비롯한 대부분 사람들의 수군에 대한 인식은 매우 단순했는데, 조선수군을 마치 출진만 하면 승리를 거두는 무적의 군대라고 여겼다. 그러한 승리를 거두기 위해 그동안 이순신이 얼마나 사전에 철저한 준비를 했으며, 신중히 작전을 구상하고 전개했는지에 대해서 그들은 모르고 있었다. 권율은 조선수군이 부산 앞바다에 닿기만 하면 대승을 거둘 수 있다고 믿었다. 하지만 이 세상에 무적의 군대란 존재하지 않는다. 아무리 기량이 뛰어난 군대라 할지라도 무모한 작전을 감행하거나 전술적으로 심각한 실수를 저지른다면 작전의 실패는 당연한 일이며 괴멸적인 타격을 입을 수도 있다. 앞으로 서술할 조선수군의 상황은 이러한 예의 전형이 될 것이었다. 어찌됐든 수군은 다시 행동을 개시했다. 드디어 칠천량해전이라는 비극의 서막이 올랐다.

삼도수군은 18일 새벽에 한산도를 출항하여 거제도 장문포에서 밤을 지내고 19일에는 안골포와 가덕도를 목표로 진격을 시작했다. 이때 원균 함대의 규모는 판옥선 90여 척이었다. 원균은 먼저 안골포를 공격하고 다음으로 가덕도를 공격해서 다수의 적선을 격침하거나 나포하고 거제도 영등포에서 밤을 지냈다. 이 과정에서 보성군수 안홍국安弘國이 전사하고 평산만호平山萬戶 김축金軸이 부상당하긴 했지만 전체적으로 큰 피해를 입지는 않았다.[36] 원균이 가덕도와 안골포를 공격한 이유가 부산을 치기 전에 사전에 이 두 지역을 먼저 견제하려 했던 것인지 아니면 자신의 주장을 무시한 것에 대한 무언의 항의였는지는 확실하지 않다. 하지만 이 전투 이후로 원균은 이원익과 권율의 지시에 따라 수군을 나눠서 번갈아가며 부산까지 항해시킨 것으로 보인다.

그러던 중에 경상우수 함대가 7월 8일에 다대포에서 적함과 조우하여 10여 척을 포획하는 전공을 거뒀고 이 소식은 조정에 보고되었다.[37] 하지만 이 희소식에는 밝혀지기 꺼려했던 다른 정보는 생략되어 있었다. 권율의 막하에 있어서 당시 수군에 대한 상세한 정보를 얻을 수 있었던 이순신은 이 작전에서 조선수군이 적지 않은 피해를 입었다는 정보를 들었다. 그는 9일에 부산 인근 해역에서 작전수행 도중 적지 않은 전선이 표류해서 5척은 두모포豆毛浦에 배를 댔고 또 다른 7척은 행방도 모른다는 소식을 접했다.[38] 얼마 후에 이순신은 표류한 7척의 함선들이 나중에 어떤 최후를 맞게 되었는지 들을 수 있었다. 이 함선들 중 하나에 승선해 있다가 구사일생으로 도망쳐 온 세남世男이라는 병사를 직접 만나서 더 상세한 이야기를 듣게 되었던 것이다. 그에 따르면 7일에 다대포에 정박한 빈 적선 8척을 파괴하고 부산 절영도 바깥바다로 향하다가 대마도에서 1천여 척에 달하는 일본함대를 발견했다고 한다. 하지만 적선들은 전투를 회피하였고, 적선을 뒤쫓던 와중에 세남이 타고 있던 배를 포함한 7척의 배들이 제어할 수 없는 지경에 이르러 표류하다가 서생포에 배를 대고 뭍에 올랐다. 그러나 이것은 치명적인 실수였다. 서생포는 포악하기로 악명 높은 가토가 주둔하고 있던 지역이었다. 육지에 오른 수병 거의 대부분이 일본군에게 살육당하고 세남은 수풀에 숨어 있다가 겨우 탈출에 성공했다.[39] 사실 다른 5척이 배를 댔다는 두모포도 부산 인근의 일본군 점령 지역이었다. 다만 이 함선들이 적군의 공격으로 전멸당했는지 아니면 잠깐 정박했다가 무사히 본대에 합류했는지는 기록에 나와 있지 않다. 더 끔찍한 사실은 이순신이 세남을 만나기 전날에 이덕필李德弼이라는 장교에게서 수군의 배 20여 척이 패배했다는 정보를 들었다는 점이다.[40] 이 당시 조선수군의 피해규모가 어느 정도였는지 정확히 추산하기는 어렵지만 이때의 부산원정에서 일본수군보다는 조선수군이 더 큰 타격을 입은 것으로 보인다.

권율은 이 전투 후에 원균을 곤양으로 소환하여 곤장을 쳤다. 『난중잡록』에 따르면 권율이 그런 심한 형벌을 가한 이유는 원균이 직접 바다에 가서 함대를 통솔하지 않고 게으름을 피웠기 때문이라고[41] 했지만, 이전에 몰랐던 기록을 알게 된 지금의 관점에서 보면 이 작전으로 수군의 피해가 적지 않았던 것에 대해 책임을 물은 것일 수도 있다. 하지만 일개 병사도 아니고 수군 최고 지휘관에게 가해진 징계로는 지나친 처벌이었다. 권율은 이미 수군으로 부산을 봉쇄하는 자신의 작전이 호응을 얻고 있는 이상, 원균에게 이런 조치를 취해도 조정에서 용인해 줄 것임을 예상하고 있었을 것이다. 실제로 권율의 입지를 더 강화시켜 주는 일이 7월 9일과 10일 양일간에 걸쳐서 있었다.

7월 9일 선조는 명군 부총병副摠兵 양원揚元의 거처에 방문한 적이 있었다. 그 자리에서 뜻밖에도 양원은 조선수군으로 일본과 부산의 사이를 왕래하는 선로를 차단할 것을 선조에게 권유했다. 선조는 아마 양원의 이 제안에 적잖게 놀랐을 것이다. 약 한 달 전인 6월 7일에 이원익은 전주全州에 있던 양원을 만난 적이 있었다. 이원익이 양원을 찾아간 이유는 곧 있을 조선수군의 부산출정을 명군이 반대할 것인지 알아내려는 목적이었다. 이원익은 양원과 대화한 후에 양원이 조선군의 공격을 찬성하지 않는다는 비밀장계를 작성했다.[42] 명군의 동의 없이 이미 수군작전을 전개하고 있어서 내심 불안했던 선조에게 양원은 아주 고무적인 제안을 한 것이다. 선조는 그 기회를 빌어서 양원에게 조선수군의 원활한 활동을 위해 안골포와 가덕도를 점령해 달라고 했다. 양원은 애매하게 말을 흐리며 지원요구를 사실상 거부했다.[43] 이 일으로 인해 양원은 자신도 모르게 원균의 요청을 묵살하고 권율의 안案을 지지하게 되었다. 다음 날 비변사는 "양총병의 분부"를 들먹이면서 수군의 부산공격이 "(수군)제장들이 명령을 잘 이행하지 않아 부득이 출병하였다가 오히려 앞을 다투어 돌아옴으로써 크게 형세를 이루어 적의 사기를 떨어뜨리지 못"하고 있다고 했는데, 이것은 원균이 임무를 이행하는 데 태만하다고 비판한 것이나 다름없는 발언이었다. 이에 대해 선조는 불쾌감을 드러내며 곧장 이런 전교를 내렸다.

> 아뢴 대로 시행하라. 원균에게도 아울러 말을 만들어 하유하기를, "전일과 같이 후퇴하여 적을 놓아준다면 나라에는 법이 있고 나 역시 사사로이 용서하지 않을 것이다."라고 하라.
>
> 선조실록, 30년 7월 10일

선조의 이런 태도는 그가 이전에 했던 원균에 대한 호의적인 발언들과 극명한 차이가 있다. 이 대목을 통해 선조가 원균을 열렬히 옹호했던 이유가 그에 대해 단순히 개인적인 호감을 느꼈기 때문이 아니라 그가 침체된 수군을 더 잘 이끌 수 있다고 믿었기 때문이었음을 알 수 있다. 원균이 자신의 기대에 미치지 못하자 선조는 즉시 그를 비난하고 압력을 행사했다. 원균은 수치심과 분노로 가득 찬 채, 전병력을 모아서 직접 부산으로 진격하는 것 이외에는 다른 선택의 여지가 없었다.

일본 측 기록을 보면 그들은 조선수군이 거제도와 부산 앞바다를 왕래하면서 일본선박이 조선으로 건너가는 것을 방해하는 것에 부담을 느끼고 있었다. 만약 일본과 부산 간의 해로를 조선수군이 끊는 데 성공한다면 일본군은 생명줄이 끊기는 것이나 마찬가지였다. 일본군도 조선수군의 움직임에 진지하게 대응하지 않을 수 없게 된 것이다. 그래서 일본수군은 웅천에 병력을 대기시키고 조선수군을 격파할 기회를 노리고 있었다.[44]

원균이 다시 출정한 일자는 7월 14일로 추정된다. 부산 앞바다에 도착한 조선함대는 마침 본토에서 나온 적선 천여 척과 마주쳤다. 적함들은 일본 쪽으로 방향을 틀어서 도주했고 원균은 이들을 추격하라는 명을 내렸다. 일본선박들을 따라잡을 수 있을 것처럼 보였지만 끝내 따라잡지 못했는데, 유성룡은 이것을 일본군이 조선수군의 힘을 탕진시키기 위해 벌인 의도적인 유인책이라고 추측했다. 그 결과 함대는 대마도에 이를 정도로 너무 깊숙이 들어오고 말았다. 그제야 사태를 파악한 원균이 후퇴명령을 내렸지만 오랜 추격으로 노잡이들은 기진맥진했다. 돌아가는 길에 거친 역류까지 상대해야 했던 조선함선들은 대열을 유지하지 못하고 흩어져버리고 말았으며, 그중 7척은 동해안까지 표류해서 떠내려가고 말았다(이전에 전함들이 서생포와 두모포로 표류한 상황과 매우 유사하다). 이 선박들은 다행히 경상좌도의 조선군 관할지역에 무사히 도착했다.[45]

원균은 나머지 함선들을 모아 가덕도에서 수군을 수습했다. 제대로 쉬지도 못하고 갈증에 시달리던 병사들이 식수를 얻기 위해 그 섬에 상륙했고 앞서 언급한 대로 이곳에 주둔 중이던 일본군의 습격으로 약 400명이 목숨을 잃었다. 이 군사들은 원균의 허가 없이 상륙한

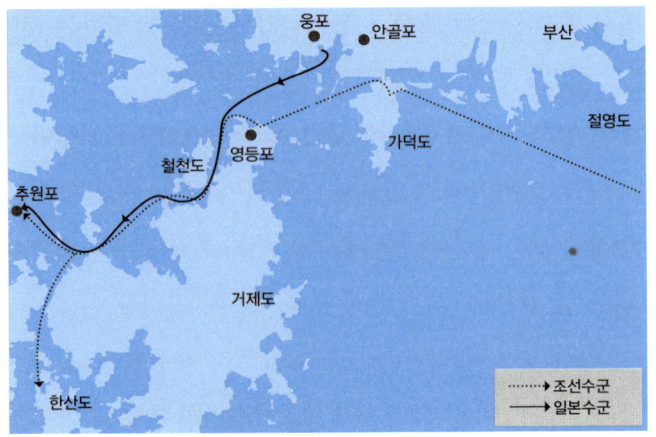

칠천량 해전 상황도

1. 대마도 근해까지 일본선박들을 뒤쫓아 가던 조선수군이 되돌아와서 가덕도에 정박. 일본육군의 습격을 받음.
2. 영등포에 정박. 일본육군의 습격을 받음.
3. 칠천량에 정박. 야간에 일본수륙군의 기습을 받고 괴멸적인 타격을 입음.
4. 칠천량에서 빠져나와서 추원포에 상륙한 조선수군을 일본수군이 뒤쫓아 가서 분멸 시킴. 배설이 이끄는 소수의 병력만이 포위망을 뚫고 한산도로 탈출.

것으로 추정된다. 아무리 갈증에 시달린다고 해도 가덕도에 적군이 주둔하고 있었다는 사실을 누구보다도 잘 알고 있었던 원균이 상륙을 허락했을 리는 없었을 것이다. 가덕도를 떠난 함대는 거제도 북단의 영등포에 도착해서 휴식을 취하고 식수와 땔나무를 구하려 했다. 하지만 그곳도 이미 시마즈 요시히로島津義弘의 일본육군이 한발 앞서 상륙해서 매복하고 있던 상황이었다. 일본 측의 여러 연구자료에 의하면 일본육군은 이 공격에서도 상당한 전과를 거두었다고 되어 있다.[46]

다시 물을 구하지도 쉬지도 못하고 물러난 원균 함대는 15일에 거제도와 칠천도 사이의 좁은 해협인 칠천량으로 가서 휴식을 취했다.[47]

이때 일본군은 야음을 틈타서 칠천량의 조선수군을 완전히 포위하고 있었다. 16일 새벽 4시쯤에 일본수군이 칠천량에 기습공격을 가했다.[48] 이때 일본수군의 병선 수는 500여 척이었다.[49] 조선수군은 불리한 상황에서도 격렬하게 저항했지만, 뿔뿔이 흩어졌고 원균은 고성 추원포秋原浦에 배를 버리고 상륙했다가 뒤쫓아 온 적군에 의해 죽임을 당한 것으로 보인다. 그가 살해당할 때 부하들은 모두 도망가 버려서 주위에 그를 호위하는 사람은 아무도 없었다고 한다.[50] 전라우수사 이억기와 충청수사 최호도 전사했다. 배설이 이끄는 소수의 함대만이 포위망을 돌파해서 한산도로 귀환했고 나머지 조선함선들은 모두 적에게 파괴되거나 나포되는 괴멸적인 타격을 입었는데, 그 수는 판옥선만 따져도 1백 적이 넘을 것으로 추성한다. 상황이 절망적이라고 여긴 배설은 한산도 통제영의 군민들을 육지로 보낸 후 모든 군수물자를 불태우고 서쪽으로 퇴각했다.[51]

그동안 일본수군에 비해 월등히 우수하다고 알려진 조선수군이 어떻게 이렇게 허무하게 섬멸당한 것일까? 그 원인에 관해서는 여러 이론들이 있었다. 특히 당시 조선수군이 적과 제대로 맞서 싸우기보다는 도주하려 했던 것에 대해 원균에게 책임이 있다는 기록이 많다. 유성룡은 자신의 저서에서 원균이 통제사가 되자마자 이순신과 친한 장수들과 군사들을 모두 내쫓아버리고, 주색에 빠져 업무를 등한히 여겨서 예하 지휘관들이 그를 만날 수조차 없었으며 그로 인해 부하들의 신망을 잃었다고 주장한다.[52] 하지만 그 반대로 원균의 주위 장수들이 모두 이순신의 막하幕下라서 그가 고립되었다는 기록도 있다.[53] 어느 쪽이 어느 쪽을 배척했는지 정확히 알 수는 없지만 원균과 장병들

사이에 넘기 힘든 벽이 있었던 것은 확실한 듯하다. 또한 유성룡은 원균이 전투 당시에 술에 취해 있었다고 했는데,[54] 유감스럽게도 유성룡의 이러한 주장은 전투에 직접 참가한 장수의 증언과도 일치한다. 그에 따르면 원균은 술에 너무 취해서 제대로 된 명령을 내릴 수 없을 정도였다고 한다.[55]

하지만 최고 지휘관의 무능과 무책임만으로 조선수군의 완패를 설명하기에는 무리가 있다. 일본수군이 예전에 비해서 강화된 것도 한 요인이 될 수 있다. 여러 연구 성과에 의하면 강화협상 시기에 일본에서는 도요토미의 명령에 따라 대형화된 병선이 대량으로 건조되었다고 한다.[56] 그렇다고 일본수군의 근본적인 약점이 해결된 것은 아니었다. 일본수군의 전술은 백병전 위주였다. 이에 반해 조선수군의 강점이 튼튼한 선체를 기반으로 하는 함포공격이라는 점을 잘 알고 있었던 선조와 신료들은 일본이 조선의 선박건조기술과 화포제조법을 습득하는 것을 특히 두려워했다.[57] 1596년 12월 21일에 선조는 강화 책봉 사절로 일본에서 같은 해 8월에서 11월까지 머물렀던 황신에게 "우리나라의 기계 중 선제船制, 대포, 궁시弓矢와 같은 것들을 모두 배웠는지" 물은 적이 있었다. 황신은 일본인은 가볍고 빠른 것을 선호해서 조선의 두껍고 튼튼한 조선造船기술을 받아들이지 않고 있으며, 화포는 없고 조총만 사용하고 있다고 대답했는데, 이것으로 일본수군이 근본적인 체질개선을 이루지 못했음을 알 수 있다.[58] 칠천량해전에서도 일본수군은 대포의 화력으로 조선함선을 격파한 것이 아니라, 선상의 조선병사와 육박전을 벌이기 위해 높다란 판옥선의 현측에 침입하려 애썼다.[59] 수적으로 열세였다고는 하지만 근대적인 전법을 구사하는 해군이 어떻게 전근대적인 전법을 고수하는 해군에게 그런 참패를 당한 것일까?

이틀 후에 조정에 공개된 황신의 보고서에는 이러한 의문점에 대한 어느 정도의 힌트를 제공하고 있다. 여기에는 대마도 영주인 소 요시토시의 가신인 야나가와 시게노부가 한 말이 실려 있다.

> 조선이 점차 수전에 익숙해지고 배도 견고하여 피차가 서로 버티면서 밀고 당기며 싸운다면 꼭 승리를 거둔다고 단정하기 어려우니, 차라리 어두운 밤에 몰래 가서 불시에 공세를 펴서, 조선의 큰 배 한 척에 일본의 작은 배 5~6척 내지 7~8척이 한꺼번에 공격해 싸운다면 성공할 수 있다.
>
> 선조실록, 29년 12월 23일

여기에는 일본수군이 조선수군을 격파하기 위해 만든 전술이 전체적으로 묘사되어 있다. 생각해 보면 조선수군은 일본군선을 주로 화포로 공격하기 때문에 어느 정도 거리를 두는 편이 좋았다. 백병전에 능했던 일본수군은 반대로 최대한 배를 바짝 붙여서 조선군함에 전투 병력을 승선시키는 것이 유리했다. 물론 조선군함에 접근할 시 발생하는 피해는 최소화되어야만 했으므로 기습공격이 더 효과적이었다. 일본수군에게 이상의 조건이 가장 잘 들어맞는 상황은 시야가 떨어지는 어두운 밤이었다. 반대로 함포로 먼 거리의 적선을 조준해야 했던 조선수군으로서는 넓은 시야를 확보할 수 없는 야간은 작전을 운용하기에 적절한 시간이 아니었을 것이다. 게다가 일본수군은 야간 공격으로 조선수군에 심리적인 타격을 가하는 것도 기대했을 것이다.

결국 조선수군은 일본수군의 대규모 야간기습공격에 완전히 패배하고 말았다.

게다가 바로 얼마 전까지 기착지로 이용했던 영등포에서 일본군에게 매복공격을 당한 일은 조선수군에 또 다른 심각한 약점이 있었음을 보여준다. 왜냐하면 이 사건은 거제도 북단에 정박한 배와 병력을 보호할 수 있는 요새화된 해군기지가 없었다는 사실을 의미하기 때문이다. 그런 상설 해군기지가 있었다면 일본육군의 공격에 그렇게 쉽사리 노출되지는 않았을 것이다.

거제도는 일본군 점령지와 매우 가까운 곳이라서 조선수군이 없을 때 일본군이 병력을 출동시키면 간단히 빼앗길 수밖에 없는 상황이었다. 이 지역을 수군 정박지로 안전히 쓰기 위해서 방어시설이 완비된 해군기지를 만드는 것은 필수적인 일이었다. 영등포에서 조선수군을 습격한 육군지휘관인 시마즈 요시히로는 강화협상에 따라 자진해서 물러나기 전까지 거제도지역에서 적지 않은 기간을 주둔한 장수였으므로 그곳의 지리와 사정에 대해 밝았을 것이다. 이 점은 일본이 이 공격을 상당히 치밀하게 준비했음을 알려준다. 가덕도에 이어서 영등포에서도 일본육군의 공격으로 타격을 입은 조선수군은 칠천량에 도착했을 때 이미 사기와 기운이 상당히 떨어져 있었을 것이다.

앞서 언급했지만 조정에서도 거제도에 해군기지를 건설하자는 말이 수없이 많이 있었다. 1596년 4월에 비변사에서도 거제도의 버려진 일본군 성채를 이용해서 함선을 보호할 수 있는 해군기지를 건설하고 수군을 주둔시켜서 부산을 공격해야 한다고 건의한 적이 있었다.[60] 하지만 건의 수준에서 그쳤을 뿐 해군기지는 결국 지어지지 않았다. 많은 학자들은 예전에 칠천량이 수군 정박지로 자주 사용되었다고 강조하고 있지만, 거제도 북단지역도 여러 번 정박지로 이용되었다는 점과 그렇게 중요한 지역들에 해군기지가 건설되지 않았다는 점은 간과하고 있다. 사실 한산도와 부산 사이에 조선수군이 사용할 수 있는 정박지 중에서 요새화된 해군기지가 건설된 곳은 단 한 곳도 없었다. 이것은 당시 조선수군이 일본육군의 공격에 쉽게 노출된 상태에서 작전이 전개되었음을 알려준다. 결국 조선수군은 칠천량에서도 일본수군뿐만 아니라 시마즈 요시히로가 이끄는 일본육군의 공격에 직면해야 했다.[61] 이러한 상황은 일본함선이 방어시설을 갖춘 항구에 정박되어 있어서, 우세한 해군력에도 불구하고 어쩌지 못했던 이전의 조선수군의 상황과 대조를 이룬다. 그리고 수군의 원활한 운용을 위해 웅천과 가덕도 등을 육군으로 점령할 것을 부탁했던 이순신과 원균의 요청이 끝내 실행되지 못했다는 사실과는 더욱더 극명한 대조를 이룬다. 일본수군의 강점은 수군 자체의 강력함보다는, 그들은 일본육군의 지원으로 수륙합동작전까지 가능했지만 조선수군은 조선육군으로부터 전혀 그런 도움을 받지 못했던 것에 있었다.

칠천량의 참변이 확실한 사실로 조정에 알려진 7월 22일에 선조는 주요 대신들을 소집해서 비상대책회의를 열었다. 적극적으로 회의를 주재한 선조와는 달리 신료들은 심각한 패배로 인한 충격으로 처음에는 아무런 대답도 하지 못했다. 선조는 이때서야 수군이 한산도를 굳게 지켰어야 했는데 원균에게 무리한 공격을 가하도록 독촉해서 패배를 자초하도록 했다고 시인했지만, 책임을 인정하기 싫었던 그는 실패한 원인에 대해서는 하늘의 뜻이라거나 원균에게 곤장을 친 권율의 책임이라고 얼버무렸다.[62] 회의가 끝나고 곧바로 선조는 조정 전반에 퍼진 사기저하와 비관적 분위기를 질타하는 전교를 승정원承政院에 내렸다. 여기에서 그는 심각한 패전과 절망적인 상황에서도 나라를 일으킨 예를 중국 사서로부터 인용하면서 신하들에게 용기를 내라고 격려했다.[63] 이 전교를 읽은 충심이 있는 신하라면 눈물을 흘리며 분발하지 않을 수 없었을 터이다. 하지만 이것으로 패전으로 인한 충격이 완전히 가시기는 어려웠을 것이다.

칠천량해전에서 사망자는 적어도 1만 명에 달할 것으로 추산되는데, 사실 정규 병력으로만 따지면 조선은 전쟁발발 이래로 이 정도로 심각한 손실을 당한 적은 없었다. 주요 결전 중 하나인 탄금대彈琴臺전투에서 전사한 조선군은 8천여 명 정도였으며, 2차 진주성전투에서 성이 함락되면서 수만 명이 사망했다고 하지만 그중 정규군은 3천 명이 조금 넘었을 뿐이다. 용인龍仁전투에서 5만에 달하긴 하지만 오합지졸이나 다름없는 조선군이 겨우 1천 6백 명에 불과한 일본군에 패퇴한 일이 있으나, 공격한 일본군의 숫자가 조선군에 비해 극히 적었기 때문에 조선군 전사자가 그렇게 많지는 않았을 것이다. 단 한 번의 전투에서 1만 명이 넘는 정규군을 잃은 것은 아마 칠천량전투가 유일할 것이다.

그리고 무엇보다도 중요한 사실은 삼도수군은 당시 조선왕조가 보유하고 있던 군대 중에서 가장 강력하고 정예화된 군대였다는 점이다. 힘겹게 일본에 대항하고 있던 조선으로서는 연전연승하는 삼도수군은 전쟁에서 승리하리라는 희망의 증표였다. 이 군대가 단 하룻밤만에 소멸해 버린 것이다. 신료들이 아무리 실망한다고 해도 결코 이상한 일이 아니었다.

선조는 감동적인 전교를 발표하고 곧바로 이순신을 삼도수군통제사에 복귀시킬 것을 명했다.[64]

10장
굴욕에서 영광으로, 명량해전

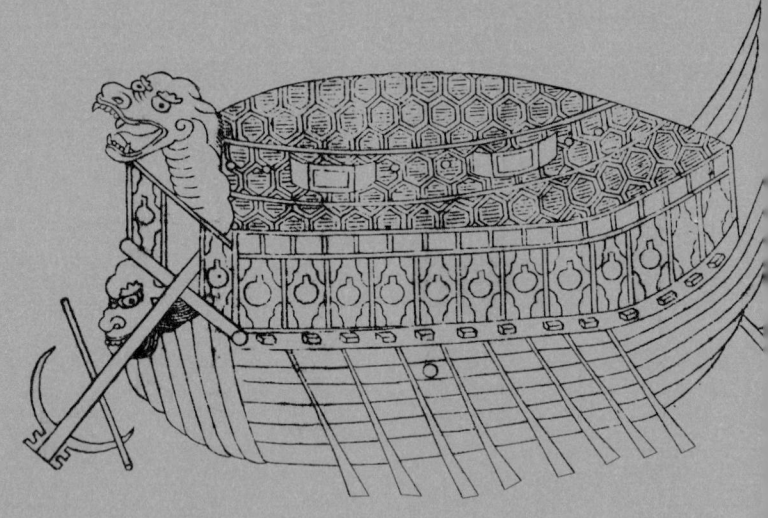

이순신이 의금부에 하옥된 것은 3월 4일이었으며, 권율 휘하에서 백의종군하라는 결정이 내려져서 석방된 것은 4월 1일이었다. 겨우 한 달 남짓한 옥살이였지만 이순신의 심신은 엉망진창이었을 것이다. 이 것은 최고위급 장군에서 밑바닥으로 떨어졌다는 자괴감이나 무능한 지휘관으로 지탄받았다는 사실로 인한 심적인 고통만이 아니었다. 이 순신이 출옥하게 된 결정적인 계기는 정탁의 구명상소로 인한 것으로 알려져 있다. 여기에 따르면 이순신에게도 육체적인 형벌이 내려졌는 데 한 번 더 가하면 목숨이 위험하다고 한 내용이 있는 것을 보면 적어 도 심문과정에서 한 차례 이상 체형이 집행된 것으로 보인다.[1] 지난 몇 년 동안 눈부신 전과를 거둔 위대한 장군에게는 너무나 부당한 처사 였다.

참담한 심정으로 한양에서 권율의 막하로 가던 길에 오랫동안 찾 아가지 못했던 충청도 아산牙山의 본가에 들러서 한동안 머무르며, 친 척과 지인들을 만난 일이 아마도 유일한 위안거리였을 것이다. 하지만 또 다른 불행이 그를 덮쳤다. 이순신의 배려로 한산도 인근의 여수에 서 머무르고 있던 그의 어머니가 배를 타고 아산으로 되돌아오던 와 중에 사망한 것이다. 원래 노환으로 건강이 좋지 않았던 데다가 오랜 항해와 이순신의 하옥 소식에 충격을 받아서 사망한 것으로 보인다. 어머니를 마중하려고 바닷가로 가던 도중에 어머니의 부고소식을 들 은 그는 배로 달려갔다. 그는 일기에 "길에서 바라보며 가슴이 찢어지 는 슬픔을 이루 다 적을 수 없었다."고 적었다.[2] 이순신은 장례준비를 서둘렀지만 그를 권율에게 보낼 임무를 맡은 의금부 관원들은 더 이 상 시간이 지체되는 것을 기다릴 수가 없었다. 그들은 갈 길을 재촉했

으며, 이순신은 제대로 장례도 치르지 못하고 떠나야만 하는 처지를 비관하며 다시 길을 떠났다.[3]

이순신은 자신의 비참한 상황을 곱씹으며 사실상 귀양길이나 다름없는 여정 도중 적은 일기에 때때로 분노를 표출했는데, 그 분노의 화살이 향한 인물은 언제나 원균이었다. 그의 일기에는 한산도에서 이순신의 예전 부하들이 그를 찾아와서 "흉악한" 원균의 잘못에 대해 이야기하는 일이 빈번하게 적혀 있다. 심지어 원균에 대해서 점을 치기도 했는데 물론 크게 흉하다는 결과가 나왔다.[4] 5월 8일 일기에는 이런 내용도 있다.

> 원元: 원균이 온갖 계략을 꾸며 나를 모함하려 하니 이 또한 운수로다. 뇌물로 실어 보내는 짐이 서울 길을 연잇고 있으며, 그러면서 나를 헐뜯는 것이 날로 심하니, 스스로 때를 못 만난 것을 한탄할 따름이다.
>
> 난중일기, 1597년 5월 8일

이처럼 이순신은 통제사직 해임의 모든 책임을 원균과 비롯된 사적인 원한관계라고 확신하고 있었는데, 이것은 상당히 근시안적인 생각이었다. 이순신은 자신의 해임이 원균의 모함보다 당시의 정치·군사적 상황이 더 근본적인 영향을 끼쳤다는 사실을 이해하진 못하고 있었다. 그리고 앞으로 벌어질 정치·군사적 상황도 결코 그에게 호의적으로 작용하지 않게 될 것이었다.

이순신이 도원수부都元帥府가 위치한 합천陜川 초계草溪에 도착한 날은 6월 4일이었다.[5] 거기에서 권율은 이순신에게 특별히 임무를 부여하지 않았기 때문에, 이순신은 별수 없이 한가한 나날을 보내게 되었다. 그의 둘째 아들 이열李悅과 종들이 같이 도원수부에 있었기 때문에 불편한 일을 겪지는 않았다. 하지만 부지런한 습관이 몸에 배어 가만히 있을 수 없었던 그는 자신의 집안과 긴밀한 관계를 맺고 있던 초계 변씨卞氏의 족보를 만들거나 무밭을 가꾸어 관리하는 따위의 일거리를 만들기도 했다.[6]

그는 이처럼 무료함 속에 있었지만 그의 마음은 언제나 한산도로 향해 있었다. 이순신은 원균을 제외한 수군의 주요 무관 14명에게 보낼 편지를 하루 만에 써서 한산도로 보내기도 했다.[7] 그는 언제나 수군의 군사적 동향에 귀를 기울였고, 권율의 진영에 있었기 때문에 정확하고 신속하게 그 소식을 접힐 수 있었다.

그 무렵 권율은 수군으로 부산을 공격하는 작전을 실천에 옮기려 하고 있었는데 그 여파는 이순신에게도 미쳤다. 작전을 끈질기게 거부하고 있던 원균으로 인해 울화가 치민 권율은 이순신을 두 번이나 불러서 원균을 비난했다.[8] 이것은 권율이 이순신이 원균에게 원한을 품고 있다는 점을 잘 알고, 이순신도 원균에 대한 비난에 동참해 주기를 바랐던 것으로 보인다. 하지만 권율은 자신이 주도하는 이 해상작전이 얼마나 실행가능하며 효과적인지에 관해서 이순신에게 진지하게 자문을 구한 적은 없었다. 한 번도 수군을 이끌어 본 적 없는 권율이 수군의 장단점을 그 누구보다도 잘 파악하고 있던 전직 제독을 참모로 쓰지 않고 왜 내버려두었던 것일까? 이순신이 초계에 도착하기 이전에 권율이 부산공격을 강력히 주장하고 있었고 조정에서 이미 작전의 승인단계에 있었던 것도 한 가지 이유가 될지 모른다. 하지만 이 점은 수군에 관해 문외한이나 다름없었던 권율이 별도의 해군 전문가에게 자문도 구하지 않고 독단적으로 해군작전을 진행시켰다고 비판할 근거가 될 수 있을 것이다.

수군의 부산출정이 개시되고 적에게 큰 피해를 주기는커녕 오히려 피해만 누적된다는 소식을 들으면서 이순신의 걱정은 더 깊어졌다. 그는 수군이 안골포와 가덕도를 공격하다가 보성군수 안홍국이 죽었다는 소식을 6월 25일에 듣게 되었다.[9] 칠천량해전의 결과를 듣게 된 것은 전투가 벌어지고 약 이틀이 지난 7월 18일 새벽녘이었다. 믿을 수 없는 소식에 큰 충격을 받은 그는 한동안 통곡했다. 하지만 곧바로 정신을 되찾은 이순신은 대책을 논의하려 찾아온 권율에게 해안으로 직접 찾아가서 방책을 정하겠다고 자청했다. 권율은 흔쾌히 그 요청을 수락했고 이순신은 몇몇 수행원들을 대동하고 급히 남쪽으로 내려갔다.[10]

이순신은 사흘 후인 7월 21일에 노량 인근의 해안에서 잔존한 수군과 재회했다. 생존병사들은 울부짖으면서 "대장 원균이 적을 보고 먼저 뭍으로 달아나고 여러 장수들도 모두 그를 따라 뭍으로 달아나서 이 지경에 이르렀다."고 말했다.[11] 그는 여전히 백의종군 상태로 아무런 직책도 없었지만, 대부분의 수군 장수와 병사들이 그에게 몰려왔다. 배설은 이 소규모 패전함대의 합법적인 책임자였음에도 여전히 기세등등한 전직 제독을 만나기를 두려워하여 다음 날에야 그를 만나러 왔다.[12] 백의종군 상황에 처해 있어 수군에 명령을 내릴 아무런 직책도 받지 못한 상태였던 이순신은 다음 날인 7월 23일에 육지로 물러나서 권율에게 보고서를 작성해서 보냈다.[13] 8월 3일에 드디어 이순신은 그를 삼도수군통제사로 재임명한다는 교서를 받았다.[14] 공교롭게도 이 무렵에 대규모 일본군이 작전을 개시하면서 정유재란이 발발했다.

강화협상이 결렬된 후에 히데요시가 조선침공 명령을 하달한 것은 1596년 9월 초경이었다. 1597년 2월, 작전의 대체적인 윤곽이 드러났다. 강화협상으로 대폭 감축되었던 조선주둔 일본군 병력을 141,500명까지 확충하기로 했다. 이중 약 12만 명을 공격에 투입하고 나머지는 수비군으로 남길 것이었다. 일본군 수뇌부는 적국赤國: 전라도을 집중적으로 공략하기로 했는데, 이것은 조선군의 주요 인적, 물적 공급처였던 전라도를 점령해서 조선군의 전쟁의지를 저하시키리라 기대했던 것으로 보인다.[15] 더욱이 칠천량해전에서 조선수군을 괴멸시킴으로써 자신들의 계획을 가로막는 주요한 장애요소까지 제거했다. 드디어 8월 초경에 침공군은 크게 좌군左軍과 우군右軍으로 나뉘어 각각 전라도 주요 도시인 남원과 전주를 목표로 진격했다. 특히 좌군은 선박을 이용해서 고성에 상륙한 후 사천에 집결하고 한동안 남해안을 따라 이동했는데, 이 진로는 이순신과 가까운 지역이었다. 그래서 이순신이 가는 곳마다 마을과 관사는 텅 비었으며 도로는 피난민으로 가득 메워진 지극히 혼란스러운 상황이었다.

이순신은 하동河東에서 구례求禮, 곡성谷城, 옥과를 통해 내륙 깊숙이 들어갔다가 남쪽으로 방향을 돌려 순천, 낙안, 보성 등의 해안지대를 거쳐서 수군과 합류하려 했는데, 한시바삐 수군과 접촉해야 했던 상황에서 처음에 그는 왜 내륙지방으로 진로를 잡았던 것일까? 그것은 수군에 필요한 병력과 무기를 모아들이기 위함이었던 것으로 보인다. 이순신은 처음에 겨우 군관 9명과 군사 6명만을 거느리고 있었지만, 피난민들로부터 지원병을 받아들여서 보성에 이르렀을 때는 군사가 120명에 이르렀다.[16] 『난중일기』를 보면 8월 7일에 조선육군 패잔병에게서 말과 활, 화살을 빼앗아 왔으며, 다음 날에는 모두 도망가서 인적이 없는 순천성에 방치된 병기들을 수습했다.[17] 8월 19일에는 장흥에 위치한 회령포會寧浦라는 포구에서 정식으로 배설에게서 수군을 인계받았다.[18] 이 당시 조선수군 전함의 총수는 9척에서 10척으로 추정된다.[19]

전쟁발발 이후의 일본수군은 다소 이상한 행로를 취했다. 일본수군은 남해안을 따라 서쪽으로 항해하다가 섬진강을 거슬러 올라가 하동 두치진豆恥津에 상륙해서 일본군 좌군과 함께 남원성공격에 참전한 것이다. 일본수군은 일본육군을 도와서 양원의 명군 3,000명과 전라병사 이복남의 조선군 1,000명이 방어하고 있던 남원성을 8월 16일에 함락시켰다. 수비군과 양민들 대부분이 전사하거나 학살당했으며, 부총병 양원만이 포위망을 뚫고 탈출에 성공했다. 일본수군은 다시 두치진으로 내려와서 배를 타고 본래의 업무로 복귀했다.[20]

일본수군의 육상전 참전은 칠천량해전의 충격에서 벗어나지 못하고 있던 조선수군이 태세를 정비할 시간을 제공해 주었다. 특히 이순신이 통제사로 임명되어 조선수군에 합류하기 전까지 수군의 상황은 매우 불안정했었다. 칠천량패전 이후 조선수군을 이끌고 있던 배설은 자신감을 완전히 상실한 상태였기 때문에 일본수군이 숨 쉴 틈 없이 바짝 추격해 왔다면, 조선수군은 붕괴될 가능성이 높았다.

8월 20일에 이순신은 함대를 이진梨津으로 옮겼고,[21] 그곳에서 급성위장병에 걸려서 한참 동안 앓다가 24일에 병세가 완화되자 어란포於

조선과 일본은 누구와 싸웠는가

蘭浦로 진을 이동시켰다.[22] 28일 새벽에 일본군선 8척이 기습해 오자 다수의 전함들이 겁에 질려 회피하려 했다. 이순신은 침착하면서도 단호하게 공격을 명령했고 조선수군은 적선을 내쫓았다.[23] 다음 날 그는 진도 벽파진碧波津에 진을 쳤다.[24] 9월 7일에 정탐병이 어란 앞바다에 적선 13척이 도착했으며 적의 공격이 임박했다고 경고했다. 오후 4시경에 일본수군이 공격했지만 조선수군의 침착한 대응으로 어렵지 않게 격퇴시킬 수 있었다. 하지만 일본수군이 이날 밤 10시에 습격을 가해 오자 조선수군은 다시 공포에 질렸다. 이순신은 다시 엄하게 명령을 내렸고, 그의 함선이 앞장서는 모본을 보이고 나서야 적을 격퇴할 수 있었다.[25] 이처럼 조선수군은 여전히 불안해했으며 특히 야간전에 대한 공포심을 숨기지 못했다. 9일에는 어란포에서 조선수군 을 정탐하러 온 적선 2척을 내쫓아 보냈다.[26] 일본함선과의 접촉과 소규모 충돌이 점차 잦아지는 것은 곧 일본수군 본대의 본격적인 침공이 임박했다는 신호와 같았다. 특히 14일에 적선 200여 척 중에 55척이 어란포에 도착했으며, 적에게 포로로 잡혔다가 도망쳐 나온 사람이 그들이 조선수군을 섬멸하고 서울로 쳐들어갈 것이라는 이야기를 들었다는 보고가 올라왔다. 이순신은 수군을 따라서 배를 타고 온 피난선단에 전령선傳令船을 보내어 속히 육지에 올라가도록 했다.[27] 다음 날 그는 전라우수영에 진을 치고 최후의 일전을 준비했다.[28]

이순신이 지휘한 전투 중에 명량해전만큼 극적이며 그 진행과정에 대해 많은 논란과 추측을 일으킨 전투는 없었다. 전투가 벌어진 명량해협은 진도와 본토의 화원반도花源半島 사이에 위치한 약 1.5km의 좁은 수도水道였다. 이 해협의 가장 좁은 곳은 겨우 320m에 지나지 않으며, 이곳에는 현재 진도와 육지를 잇는 다리가 세워져 있다. 명량해협의 가장 큰 특징은 강력한 조류로 밀물 때는 북서방향으로 썰물 때는 남동방향으로 흐르며 좁을수록 조류는 더 빨라져서 최고 유속이 11.5 노트에 이른다. 게다가 이 강력한 조류는 해협의 울퉁불퉁한 해저지형과 부딪쳐 불규칙한 와류를 형성하면서 마치 바다가 우는 것 같은 무시무시한 소리를 내서, 명량해협을 울돌목이라고 부르기도 한다.[29]

명량해협의 이런 독특한 지형과 강력한 조류로 인해 명량해전의 전투개시와 종결시간, 전투가 벌어진 구체적인 장소 등에 대한 많은 이견이 존재한다. 종래에는 명량해협의 좁은 물목에 철쇄를 설치하고 그 위에 함선들을 일자진으로 배치시켰으리라는 의견이 지배적이었다. 하지만 2000년대 초부터 이 해협의 조류가 너무 빠르고 정조(停潮)시간도 너무 짧아서 전투를 벌이기에 적합하지 않으며, 철쇄를 설치하는 것도 당시의 정황적, 기술적 상황을 고려해 보면 사실상 어렵고 믿을 만한 역사적 증거도 없다는 반론이 제기되었다. 반론을 제기한 학자들은 전투가 일어난 장소를 우수영 앞바다의 양도 인근 해역에서 벌어졌을 것이라고 했는데, 이 주장은 점차 설득력을 얻고 있다.[30] 확실한 사실은 이순신이 명량해협처럼 좁은 지형에서 전투를 벌이려 한 이유가 수적으로 압도적인 우위를 점한 일본수군이 조선수군을 포위하지 못하도록 하는 효과를 거두기를 기대했다는 것인데, 이 점은 그가 전투 전날 장수들에게 오자(吳子)를 인용해 "한 사람이 길목을 지키면 천 명도 두렵게 할 수 있다(一夫當逕 足懼千夫)."라고 한 것에서 드러난다.[31]

16일에 벌어진 명량해전의 시작은 "헤아릴 수 없을 정도로 많은 적선이 명량을 거쳐서 곧바로 진지로 향해 온다."는 보고로 시작되었다.

| 기존의 명량해전 상황도 | 최근의 명량해전 상황도 |

일본수군의 총병력은 약 300여 척으로 추정된다.[32] 이를 상대하는 조선수군의 함선숫자는 이순신의 갖은 노력으로 13척까지 늘어났다.[33] 하지만 명량해협과 그 인근의 좁은 해역 그리고 강한 조류로 인해 일본수군은 병력을 축차적으로 진입할 수밖에 없었으며, 게다가 대형 전함인 아다케가 아닌 중형 전함인 세키부네 130여 척을 투입시킬 수밖에 없었다.[34] 일본수군이 모든 전력을 집중시키지 못하고 아다케보다 전투력이 떨어지는 세키부네를 투입하기는 했지만, 130여 척에 달하는 적수군에 비한다면 조선수군은 새 발의 피에 불과했다.

　이순신은 장수들에게 공격을 명령하고 자신을 태운 전함을 전진시켰다. 하지만 적의 압도적인 숫자에 겁을 먹은 장수들이 명령을 무시하고 진격을 거부해 버렸다. 이순신의 기함만이 백 척이 훨씬 넘는 적과 접전을 벌이고 있는 상황인데도 다른 전선들은 가깝게는 1마장馬場: 5~10리 정도의 거리를 이른다에서 멀게는 2마장까지 물러나서 관망만 하고 있었다. 이순신은 분노가 치밀어 올랐지만 자신마저 물러난다면 다른 배들도 더 물러날 것이 확실했기 때문에 얼굴이 새파랗게 질린 기함의 군사들을 진정시키고 용감히 전투하도록 독려했다. 이렇게 먼저 적군과 싸울 만하다는 모범을 보여준 그는 호각을 불고 깃발신호를 보내서 아군 전함들을 불렀다. 거제현령巨濟縣令 안위安衛의 배가 가장 먼저 그의 부름에 다가왔고, 다음으로 중군장中軍將 미조항첨사彌助項僉使 김응함金應誠이 도착했다. 이순신은 이들에게 비겁하게 도망쳐 있었던 것을 큰소리로 책망하며, 군법을 집행하기 전에 맞서 싸우라고 지시했다. 이 두 척의 배는 곧바로 적의 진영에 뛰어들었다. 시간이 지나면서 점차 용기를 얻은 다른 배들도 참전하게 되었고 전세는 점차 조선수군에 유리하게 전개되었다. 특히 바다에 빠진 적군의 주요 지휘관을 건져내서 목을 베고 그 머리를 일본수군에게 보여주어 적의 기세를 꺾었다. 이 와중에 조류의 방향이 바뀌었는데 아마도 조선수군에 유리한 남동류로 변한 것으로 추정된다.[35] 일본수군이 조류에 밀려 퇴각하면서 전투는 끝났다. 그 결과 일본수군은 31척의 배를 잃었지만 조선수군은 별다른 큰 피해를 입지 않았다. 이 전투 이전인 9월 7일에 직산稷山에서 명군에 일격을 당하여 물러나고 있던 상황인 데다가 수군까지 패했다는 소식을 접한 일본군은 점령지에서 점차 퇴각하기 시작했다.

믿을 수 없을 정도로 불리한 상황에서 거둔 값진 승리였지만,『선조실록』에는 이러한 승리에 대해 언급한 경우를 거의 찾아볼 수가 없다. 아마도 민감한 정치적 감각을 지닌 신료들이 선조가 무능하며 불충하다는 이유로 좌천하였던 장군이 몇 달 만에 복직하여 대승을 거둔 일을 공개적으로 칭찬하는 것은, 국왕을 불쾌하게 만들지 않을까 염려

조선과 일본은 누구와 싸웠는가

했던 것으로 보인다. 하지만 제3자의 입장이었던 명군은 그런 감정을 감출 이유가 전혀 없었다. 얼마 후 경리 양호楊鎬는 이순신에게 승전 축하선물을 보내주었으며, 선조 앞에서 이순신을 극찬했다.[36] 객관적인 관점에서 봐도 너무나 훌륭한 승리였기 때문이다.

사실 이순신이 명량해전을 치를 때 그를 괴롭힌 적은 일본 군함만이 아니었다. 그는 아군과 그 동맹군의 비관적인 견해에 끊임없이 맞서 싸워야 했다. 명군의 주요 지휘관인 제독提督 마귀麻貴는 조선수군이 독자적으로 작전을 벌일 수 없는 상태라고 판단하고, 9월 5일에 있었던 선조와의 회견자리에서 조선수군을 강화도江華島까지 물러나게 하며 그곳에서 앞으로 도착할 자국 수군과 합류할 것을 권고했다.[37] 명군보다도 상황을 더 비관적으로 보고 있었던 조정에서는 수군을 해산시키고, 군사들을 육군으로 전환시키라는 명령을 이순신에게 하달했다. 이순신은 그 급박하고도 바쁜 와중에 수군 해산명령을 철회해 달라는 장계까지 작성해야만 했다.[38] 무엇보다도 가장 심각한 문제는 조선수군이 전의를 거의 상실한 상태라는 점이었다. 특히 칠천량패배 이후로 공포감에 사로잡혀서 내내 불안한 심리상태에 있었던 배설의 탈영은 당시 수군의 사기저하가 얼마나 심각했는지 보여주는 가장 단적인 예였다.[39] 배설은 칠천량전투에서 살아남은 수군 무장들 중에서 가장 높은 직위에 있던 인물이었다. 배설 이외에도 다수의 장교들이 탈영하거나 부대 복귀명령을 거부했다.[40] 이순신은 군대의 사기를 북돋기 위해 전투 전날 장수들을 모아 놓고 "반드시 죽고자 하면 살고 살려고 하면 죽는다必死則生 必生則死."는 그 유명한 연설을 했지만,[41] 앞서 언급한 대로 전투가 개시되자 공포에 질린 군사들이 집단적으로 이순신의 진격명령을 거부하는 사태가 벌어졌다. 즉 명군과 조정, 심지어 그가 거느린 수군 장령들조차도 현 상태에서 일본수군과 전투를 벌이는 것은 자살행위나 다름없다고 생각했다. 물론 압도적인 수적우위를 점한 일본수군도 자신들의 승리를 전혀 의심하지 않았을 것이다.

이순신은 과연 안팎의 비관적인 견해를 전혀 모르고 있었을까? 그는 어떻게 이런 압박을 견디고 전투를 벌일 결심을 했을까? 특히 명량해전 초기에 부하들의 집단적인 진격 거부로 인해 자신이 승선한 함선만이 수많은 적선들 앞에 홀로 남겨졌을 때, 그도 사람인 이상 두려움과 절망감을 느끼지 않았을까? 그도 부하들을 따라 도망쳐버리고 싶지 않았을까? 이순신은 이 모든 어려움을 오로지 불굴의 의지와 용기로 극복해냈다. 만약 이순신이 없었다면 조선수군은 명량해전에서 승리하지 못했음은 물론이고, 아예 전투 자체가 벌어지지도 않았을 것이다. 그러므로 이 전투에서 모든 승리의 영광은 이순신 장군에게 돌아가는 것이 마땅하다.

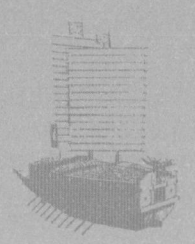

11장

군공과 명군

1598년 7월 18일 이순신은 적선 1백여 척이 녹도를 침범한다는 첩보를 새로이 보금자리를 튼 고금도古今島에서 입수했다. 그는 명군수군도독 진린陳璘과 함께 금당도金堂島까지 갔지만 일본수군은 이미 퇴각한 상황이었다. 이순신은 녹도만호 송여종宋汝悰에게 전선 8척을 맡기고 절이도折爾島에 복병하도록 했고 진린도 전함 30척을 남겨두고 적의 침입에 대비하도록 했다. 같은 달 24일에 이순신이 진린을 위한 술자리를 베풀었다. 흥이 한창 돋워질 무렵 새벽에 절이도에 침입한 적선 11척을 송여종이 공격해서 그중 6척을 나포하고 적군 머리 69급을 취했지만, 명수군은 풍세가 순조롭지 못해서 전투에 가담하지 못하여 아무런 전공도 거두지 못하고 돌아왔다는 소식이 전해졌다. 진린은 그 자리에서 술잔을 집어던지며 크게 화를 냈다. 이순신은 진린의 체면을 세워주기 위해 수급 40급을 진린에게 주겠다고 했다. 진린은 이순신의 호의에 즉시 기분이 풀어져서 다시 흥겨운 주연酒宴을 벌일 수 있었다. 나중에 또 다른 명수군 장수인 유격 계금季金도 수하를 이순신에게 보내 수급을 나눠 달라고 청했고, 이순신은 어쩔 수 없이 그에게도 수급 5급을 내주었다.[1] 이순신이 중국 장수들에게 수급을 보낸 것은 하나의 흥미로운 일화로 보일지 모르지만 여기에는 수많은 배경요소가 내재되어 있다.

이순신이 32세에 처음으로 무관직에 오른 이후로 통제사에 이르기까지 파직당하거나 부친이 죽고 나서 치른 삼년상과 같은 불가피한 상황을 제외하고, 그가 스스로 관직을 버리고 떠난 적은 한 번도 없었다. 그는 얼마 전에 사망한 어머니의 삼년상도 치러야 하는 입장이었지만, 국가의 중책을 맡고 있던 상황을 고려해서 다만 고기를 입에 대지 않는 것으로 간소화해서 추모의 예를 갖추었다.[2] 그가 이렇게 관리생활을 지속했던 것은 부유해지기 위해서나 명예를 드높이는 것과 같은 개인적인 야망을 충족시키기 위함이 아니었다. 그는 국가와 국왕에 대한 충성심을 가지고 헌신적으로 맡은 임무를 수행했다. 한 사회의 엘리트라면 관직에 진출하고 자신의 재능을 펼쳐서 국민의 복지에 이바지해야 한다는 것이 그의 생각이었다. 그의 이러한 소신은 서양의 '노블레스 오블리주'의 개념과 비슷한 면이 있었다. 또한 이순신은 방임적인 국가관을 지향하는 도가사상에 따라 적극적으로 현실에 참여하지 않는 인생관을 배격했다.

예를 들어 이순신이 두 번째 무과시험을 치를 때에 황석공소해黃石公素害:黃石公素書의 잘못된 표기라는 병법서를 강하고 있었는데, 갑자기 시험관이 "장량張良이 적송자赤松子를 따라가 놀았다 하였으니 장량이 과연 죽지 않았을까?"라고 물었다. 황석공소서는 한나라 창업주 유방劉邦의 책사인 장량이 황석공이라는 신령에게서 얻었다고 전해지며, 적송자도 마찬가지로 중국 상고시대上古時代의 전설적인 선인仙人이었다. 그리고 장량이 적송자를 따라갔다는 뜻은 그가 적송자를 따라 신선이 되어 불로불사의 경지에 이르렀음을 의미했다. 황석공소서의 이러한 신비주의적 색채는 한나라 초기에 유행했던 황로학黃老學의 영향인 것으로 추측된다. 이순신은 시험관의 짓궂은 질문에 통감강목通鑑綱目에서 장량이 죽었다는 기록이 있으니, 그가 신선이 되었을 리가 없다고 단박에 답했다.[3] 이순신의 이러한 견해가 담긴 또 다른 기록으로는 그가 송사宋史를 읽고 쓴 독후감 형식의 글에도 잘 드러나 있다.

어허! 이때가 어느 때인데 저 강綱, 이강 李綱은 가려는가. 가면 또 어디로 가려는가. 무릇 신하된 자로 임금을 섬김에는 죽음이 있을 뿐이요 다른 길이 없나니, 이때야말로 종사의 위대함이 마치 터럭 한 가닥으로 천근을 달아 올림과 같아, 정히 신하된 자 몸을 버려 나라의 은혜를 갚을 때요, 간다는 말은 진실로 마음에 생각도 못 낼 말이어늘, 하물며 어찌 입 밖으로 낼 수가 있을까보냐.

그러면 내가 강이라면 나는 어떻게 한다 할고. 몸을 헐어 피로써 울며 간담을 열어젖히고서 사세가 여기까지 왔으니 화친할 수 없음을 밝히 말할 것이요, 아무리 말해도 그대로 되지 않는다면 거기 이어 죽을 것이요, 또 그렇지도 못하다면 짐짓 화친하려는 계획을 따라 몸을 그 속에 던져 온갖 일에 낱낱이 꾸려가며, 죽음 속에서 살 길을 구하면 혹시 만일이라도 나라를 건질 도리가 있게 될 것이어늘 강의 계획을 이런 데서 내지 않고 그저 가려고만 했으니, 이것이 어찌 신하된 자로서 몸을 던져 임금을 섬기는 의리라 할까보냐.

이충무공전서 상권, 124쪽

이강은 남송南宋 고종高宗 때의 인물로 송사 본기本紀 23권에 그 기록이 나온다. 이 당시 남송은 금金의 침입으로 국운이 풍전등화의 위기에 처한 상황이었다. 그는 재상이 되어 금에 대한 저항을 주창했지만, 주화파와의 충돌로 뜻을 이루지 못하자 관직을 버리고 떠났다. 이순신은 이강의 이런 행적을 동정하지 않고 비판한 것이다. 그는 진정으로 충성된 신하라면 주변상황의 유·불리나 성공여부와 상관없이 나라를 위한 일을 추진해야 하며 도중에 관직을 버리고 현실을 외면하는 것은 있을 수 없는 일이라고 믿었다.

이 당시 양반사회에서는 세속을 떠나 초야에 은거하고 지내는 풍조가 만연했다. 이런 풍조는 노장사상과도 어느 정도 연관이 있었다. 이들은 자신들을 산림처사山林處士라 자처하며 어떠한 관직도 맡지 않으려 했다. 적극적인 성격의 소유자인 이순신이 국가를 위한 일에 재능을 펼칠 생각도 없이 산속에 들어가 자기만족에 빠져 사는 인물들을 달가워할 리가 없었다.

평시에는 이순신도 이러한 인사들에 대해 상당히 유연한 태도를 보였다. 관리로 일하기는 했지만 산림에 은거하는 것을 동경하는 경향을 보였던 현덕승玄德升이라는 친척이 있었다. 이순신은 1589년에 현덕승에게 보낸 편지에서 자신을 쓸데없이 바쁜 "속된 관리俗吏"로 묘사했다.[4] 얼마 후에 현덕승에 보낸 다른 편지에서 그는 아름다운 풍경을 이야기하면서 "나 같은 속된 관리야말로 그저 바쁘다는 핑계지만, 함께 감상할 여유가 없으니 어쩌지요. 지난번에 저를 놀리시면서 '신선의 연분은 없다.'고 하셨던 말씀은 참으로 정곡을 찌른 것 같습니다."라고 적기도 했다.[5] 하지만 전쟁이 벌어지고 난 후에 이순신은 더 이상 이런 관용적인 모습을 유지하기가 어려웠다.

이순신에게는 관직에서 물러나서 은거하려 했던 박경신朴慶新이라는 지인이 있었다. 박경신의 경륜과 실력을 높이 평가하고 있었던 이순신은 그가 다시 관리로서 열심히 일하도록 설득하기 위해 1593년 2월에 그에게 한 통의 편지를 썼다. 이 편지에서 이순신은 일본의 침공으로 인한 나라의 어려움을 호소하면서 이런 상황에서 관직에 나아가 출중한 능력을 펼쳐서 기울어지는 국운을 중흥해 달라고 호소했다.[6]

하지만 이에 아랑곳하지 않고 낙향하자 이순신은 분노와 실망의 감정이 고스란히 담긴 편지를 썼다. "형께서 평안히 도를 즐기신다니 반갑습니다. 다만 형께서 관직에서 물러나 동쪽으로 돌아오셔서 운림雲林 사이에 편안히 누우셨다는 것이 사람들을 실망시키고 나라에 불행한 일이라고 한다면 한갓 나라를 위하는 마음이 과한 탓일까요."로 시작된 편지는 말미에서 "형의 처신은 참으로 신중한 터에 어찌하여 신선의 길만 찾아서 일신의 평안함만 지키려고 하십니까."라는 문장으로 비난적인 논조는 절정에 달했다.[7]

이처럼 이순신은 자신의 헌신적인 국가관을 다른 사람에게 강요할 정도로 적극적인 성격의 인물이었다. 그는 군대에서 군사들을 대할 때도 이러한 태도를 고수했다. 이순신은 부하 장수將帥들을 모아 놓고, 국왕이 치욕적인 피난길에 오르고 백성들도 적에게 어육魚肉이 되었다는 점을 상기시키면서 일본군에게 물러서지 말고 용감히 싸울 것을 훈계하기도 했다.[8] 삼도수군 내에서 이순신만큼이나 적극적인 애국심으로 전투에 임했던 대표적인 인물이 녹도만호 정운이었다. 전쟁 초반에 이순신이 원균에게 구원군을 보낼 것인지 말 것인지를 고민하고 있을 때 진격할 것을 단호하게 주장하여 이순신이 1차 출진을 결정하는 데 상당한 영향을 끼치기도 하였다. 또한 전투에 나설 때에는 제 몸을 아끼지 않고 언제나 앞서 돌진하는 사람이었다. 그는 부산포해전에서 결국 이마에 탄환을 맞고 전사했는데, 이순신은 비통한 심정으로 각별히 신경을 써서 장례를 치러주고 왜구와 싸우다 전사한 이대원李大源의 사당에 배향하도록 조처를 취했다.[9]

그러나 전장에서의 오랜 경험을 통해 이순신도 군사들이 모두 이

타적인 동기로 용감하게 싸울 것이라고 기대하지는 않았다. 그는『난중일기』에 날짜를 밝히지 않은 이런 기록을 남겼다.

> 지금까지 여러 장수들이 명령을 내리는 데 마음을 다했는지의 여부를 기회와 사정에 따라 자세히 살펴보면 혹은 먼저 진격하기를 주창하다가도 돌진하여 싸우게 되는 때가 되면 사랑하는 이를 돌아보고 살기를 탐하여 중도에서 빠지는 자가 있었고, 혹은 공로와 이익을 탐하여 승패를 헤아리지 않고 돌진하다가 적의 손에 걸려들어 마침내 나라를 욕되게 하고 몸을 죽게 하는 우환을 만든 자가 있었다.
>
> 난중일기, 136쪽

이 글에서 가장 주목해야 할 사실은 나라를 구하고자 하는 애국심만큼이나 군공軍功이 일반 장수나 병사들의 전의를 북돋아줄 동기가 되기에 충분했다는 것이다. 이순신의 동료나 부하군관들 중에는 정운처럼 오로지 나라를 위한다는 일념 하에 군공을 바라지 않고 전투에 참가하는 사람도 있는 반면에 원균처럼 자신의 이익을 위해서라면 무슨 짓이든 저지를 준비가 되어 있는 인물도 있었다. 하지만 대부분의 군사들은 그 중간 정도의 생각을 가지고 있었다. 즉 나라를 위하는 전쟁에 참여하여 침략자를 몰아내는 공익을 실천하는 동시에 전투에서 정당하게 얻은 전공으로 적절한 포상을 받기 원하는 사익도 충족시키길 원했다. 예전에 군공으로 인해 적어도 두 차례나 분쟁에 휘말렸던 이순신은 논공행상이 얼마나 민감한 사안이 될 수 있는지 이미 잘 알고 있었다.

그 첫 번째는 1583년에 그가 건원보권관乾原堡權管에 부임하던 시절에 있었다. 이순신은 조선에 적대적인 여진족 수장을 유인작전으로 생포하는 전공을 세웠다. 이 일은 뜻밖에 이순신의 상관인 함경북병사의 질투심을 유발시켰다. 그는 이순신이 자신과 상의도 없이 무단으로 작전을 벌였다는 보고를 올렸고 이로 인해 조정에서는 이순신에 대한 포상계획을 철회했다.[10] 두 번째 사건은 1596년 말에 있었다. 1597년 1월 1일에 이순신이 작성한 문서가 조정에 도착했다. 이 문서에서 이순신은 거제현령 안위 및 군관 급제及第 김난서金蘭瑞 등이 모의하여 12월 12일 밤에 부산의 일본군영 지역을 방화하여 적의 가옥 1천여 호와 화약이 쌓인 창고 2개, 군기軍器와 잡물 및 군량 2만 6천여 섬이 저장된 창고, 왜선倭船 20여 적을 태우고, 일본인 24명을 불태워 죽이는 선과를 세웠다는 낭보를 전했다. 특히 김난서는 통신사의 군관으로 자청하여 부산을 오가면서 거사를 도모했다고 하면서 이들을 특별히 포상해 달라고 청했다.[11] 하지만 다음 날 이원익이 이조좌랑 김신국을 통해서 이순신의 주장을 반박하면서 상황이 복잡해졌다. 이원익에 의하면 부산을 불태운 것은 이원익의 군관인 정희현鄭希玄으로 그는 부산을 자유롭게 왕래할 수 있었던 허수석許守石이라는 사람과 함께 일을 성사시켰다고 했다. 그리고 마침 통신사가 쓸 물자를 실은 배를 타고 부산으로 가던 이순신의 부하들이 그 화재를 보았고 군공을 얻을 욕심으로 이순신에게 허위보고를 했다는 것이었다.[12] 선조는 이 소식을 접한 직후에는 아무런 말도 하지 않았다. 그러나 나중에 이순신이 가토를 바다에서 요격하는 작전을 수행해내지 못해서 그에 대한 불만이 폭발했을 때, 선조가 그 사건을 들춰낸 것은 너무나 당연한 일이었다.

선조는 이순신이 군공에 눈이 어두워서 남이 세운 공훈을 빼앗았다고 비난했다.[13]

이 사건의 진실은 과연 무엇이었을까? 이원익의 말대로 이순신이 탐욕스럽고 교활한 부하들에게 속은 것일까? 아니면 이순신도 한패였을까? 만약 이순신의 주장이 옳다면, 이순신의 주요한 정치적 후원자였던 이원익은 왜 그런 보고서를 올린 것일까? 반대로 이원익이 부하들에게 속은 것은 아니었을까? 어쩌면 부산에서 우연히 일어난 화재를 보고 공을 얻고 싶은 욕망에 못 이겨 자신들이 일으켰다는 거짓주장을 한 것은 아니었을까?

사실 1월 1일에 이순신이 보낸 장계에는 부산을 불태웠다는 또 다른 인물이 등장한다. 경상수영慶尙水營 도훈도都訓導 김득金得이라는 인물로 그의 주장에 따르면 당일 부산에 머무르다가 밤에 우연히 화재가 난 것을 보고 혼란을 틈타 부산의 일본군 진영 서북쪽 가에다 불을 놓아 적의 가옥 1천여 호 및 군기와 잡물·화포·기구·군량창고를 잿더미로 만들었다고 되어 있다. 이순신도 "이 말을 믿을 수는 없지만 또한 그럴 리가 전혀 없는 것도 아니라"고 하면서 신빙성에 의문을 가지고 있었다.[14] 어쨌든 김득의 말대로라면 비록 상황에 편승하기는 했지만 이순신과 이원익 측 말고도 부산을 불태웠다는 또 다른 주체가 등장한 셈이었다. 상황의 이러한 복잡함은 조선군이 실제로 부산에 방화를 일으킨 것이 사실인지에 대한 의문점마저 낳고 있다.

부산을 불태운 작전을 실행에 옮긴 것은 이순신 측이라고 주장하는 학자가 있기는 하지만, 조정에서는 진상을 파악하기 위한 조처를 취하지 않아서 양측이 보낸 위의 두 개의 공문만이 이 사건의 유일한

┃ 조선과 일본은 누구와 싸웠는가 ┃

기록이며, 이것만 가지고 진실을 가려내는 것은 사실상 불가능하다. 확실한 점은 이 불미스러운 사건으로 인해 외부에서는 이순신이 도덕적으로 문제가 있는 사람인 것처럼 인식했다는 사실이다.

임진년에 벌어진 해전 동안에 원균이 이순신의 전공을 빼앗으려는 움직임을 보이자 이순신은 격렬하게 반발했다. 이순신이 이를 방치한다면 그 자신만의 손해로 끝날 문제가 아니었다. 이것은 군공을 세워서 승진의 혜택을 얻는 동시에 공신으로 책봉되어 가문의 명예를 드높이기를 갈망하는 부하장수들의 기대를 저버리는 것이나 마찬가지였다. 만약 그렇게 되면 부하들에 대한 이순신의 권위 또한 상당히 실추되었을 것이다. 자신들이 거둔 정당한 전공을 상관이 제대로 지키지 못하고 다른 무관에게 빼앗긴다면 부하들은 그 상관을 따르려 하지 않을 것이다. 이순신은 군대를 제대로 통솔하기 위해서라도 원균의 행위를 결코 묵과할 수가 없었다.

상황이 이러했기 때문에 이순신은 승리한 후에는 부하들의 군공을 정하는 일을 공정하게 처리하기 위해 세심한 주의를 기울였다. 이순신은 휘하 장교들이 적의 수급을 수집하지 못하도록 막았는데, 그 이유는 공로와 이익에 눈이 어두워 서로 다투어 적의 머리를 베려다가 해를 당하거나 작전에 차질을 빚는 경우가 종종 발생했기 때문이었다. 그 대신에 열심히 싸우는 것을 논공의 기준으로 1·2·3등을 정했다. 이 논공문서를 조정에 보고해서 그 공로를 인정받도록 했다. 만약 그 논공문서대로 적절한 포상이 이뤄지지 않은 일이 생길 경우에는 다시 장계를 보내서 포상이 이뤄지도록 힘썼다.[15]

원균은 이순신과 반대로 수급을 최대한 많이 얻으려고 혈안이 되어 있어서 때로는 정상적인 군사작전에 방해가 될 정도였다. 결국 원균이 이순신보다 더 많은 수급을 수집해서 그 보고가 조정에 올라가는 일이 벌어졌다. 이순신은 전투결과를 보고할 때 전라좌수군이 왜 경상우수군보다 참획한 수급이 더 적은지 해명하는 내용을 포함시키기도 했다.[16] 적군의 머리는 전투에 대한 성과를 눈으로 보여줄 수 있는 확실한 증거품이었기 때문에 이순신도 수급에 관심을 가지지 않을 수 없었다.

원균이 수급을 얻으려고 집착한 것은 당시 조선의 정책방향과 무관하지 않았다. 조정에서는 일반 대중들이 일본군을 공격하도록 독려하기 위해 적의 수급을 베어오는 사람에게 공명고신첩空名告身帖을 발급해 주거나 면천免賤, 면역免役을 시켜주는 등의 각종 특전을 부여했다.[17] 그런 혜택 중 가장 특이한 것이 무과의 일종인 참급과斬級科의 시행이었다. 참급과는 말 그대로 적군의 머리를 참하여 가져오는 자에게 관직을 주는 것인데 전쟁 초기인 1592년 5월경부터 설치되었을 것으로 추정된다. 사족과 평민은 일본군 3명 이상의 목을 베어오면 무과에 급제한 것으로 인정하고, 공사천인 경우에는 면천해 주도록 하는 형식이었다.[18] 하지만 부작용을 우려하는 의견이 만만치 않아 시행되지 못하다가 2차 진주성전투로 인해 다시 불안감이 고조된 이듬해 7월 중순경부터 전국에 걸쳐 실시되었다. 이때 시험의 형식은 우선 궁술로 초시初試를 치른 후 합격한 자들 중에서 획득한 수급의 개수와 신분에 따라 차등을 두어 합격시키는 방식이었다.[19] 참급과가 시행되기 직전인 6월 말에 선조는 신료들의 반대를 무릅쓰고, 명종대에 억불정책의 일환으로 폐지된 승과僧科의 일종인 선과禪科를 부활시켰는데 그 합격요건은 일본군의 머리 1급을 베어오는 것이었다.[20] 선조가 선과를 회복시킨 것은 구름처럼 떠돌며 세상사를 등진 승려들을 전쟁에 적극 참여시키려는 목적이었으며, 그 합격조건이 적군의 수급을 가져오는 것이었던 만큼 이는 승려들을 위한 참급과라고 봐도 무방하다. 정부에서 적군 수급 취득자에 대한 혜택을 이처럼 남발하자 시중에서 수급이 비싼 값에 거래되거나 심지어 적의 포로가 되었다가 귀순한 사람이나 굶주린 걸인의 머리를 베어내고, 그것을 일본군 머리인양 꾸며서 상부에 바치는 일이 빈발했다.[21]

이처럼 수급의 가치가 높아진 상황에서 이순신은 진린에게 선심 쓰듯이 수급을 내주긴 했지만, 그 가치를 그도 모르고 있지는 않았을 것이다. 군공에 대한 욕심이 있었던 부하들이 이에 불만을 품을 수도 있었다. 목숨을 걸고 싸워 취한 적군의 머리를 아무런 대가도 받지 않고 누가 내주고 싶어 하겠는가? 하지만 당시 이순신에게 명군과의 관계를 돈독히 하는 것은 군공을 공정히 심사하는 일만큼이나 중요한 업무였다.

일본과의 화의로 일시적으로 조선에서 완전히 철군한 명군은 정유재란이 발발하기 얼마 전부터 다시 조선에 집결하기 시작했다. 명군의 파병을 선조와 중신들도 바라고 있었지만 명의 간섭과 명군으로 발생하는 폐해로 인한 걱정도 동시에 커지고 있었다. 명군으로 인한 민간의 피해는 임란 초기부터 지속되어 왔던 일이었다. 명군이 사용할 군량과 물품의 마련, 그리고 이것들을 운송하는 업무를 수행하는 것만으로도 양민들에게는 매우 벅찬 일이었다. 여기에 군기가 해이해진 중국 병사들이 벌이는 피해까지 더해지자 그 고통은 더 이상 견디기 어려운 지경이 이르렀다. 압록강을 건너 의주에 도착한 중국군이 약탈을 자행하자 성내의 백성들이 모두 산골짜기로 피한 경우도 있었다.[22] 중국 군사들이 길을 가면서 관리를 때리고 하인을 결박하면서 술과 식사를 요구하거나 역참의 쇄마_{刷馬}를 빼앗아가는 등의 피해가 극심해지자 수령들도 견디다 못해서 하인에게 업무를 맡기고 외진 곳으로 피해 버리기도 했다.[23]

명의 지휘부에서 자국 군대가 끼치는 피해를 줄이려는 노력을 하지 않았던 것은 아니었다. 경략 송응창은 국경을 넘기 전부터 휘하 장수들에게 서한을 보내 조선 백성들에게 피해를 주는 일을 엄금하도록 했다. 또 송응창이 제정한 군령30조_{軍令三十條}에는 조선 백성의 인명과 재산을 함부로 빼앗거나 부녀자를 겁탈하는 병사는 참수형에 처할 것이라는 조항이 포함되어 있다.[24] 명군 장수들 중에도 군사들의 군율을 엄하게 유지하여 민폐를 전혀 끼치지 않는다는 평가를 받은 경우도 있다. 하지만 이러한 일은 이례적인 경우였다.

명군은 크게 광녕_{廣寧}, 요동 출신의 병사들로 구성된 북병_{北兵}과 절강_{浙江}, 복건_{福建} 출신의 남병_{南兵}으로 나뉘어 있었는데, 그중에서도 북병이 더 심하게 민폐를 끼치고 있었다. 북병 중에서도 달자_{㺚子}라고 불리는 여진족 출신으로 명군에 투항한 병사들은 특히 조선인의 목을 벤 뒤에 그 머리를 일본군처럼 꾸민다고 할 정도로 악명이 자자했다.[25]

심지어 고위 관직에 있다 하더라도 명군이 가하는 폭력에 대한 안전을 보장해 줄 수는 없었다. 예를 들어 명의 호부주사_{戶部主事} 애자신_{艾自新}이라는 자는 명군에게 군량을 제대로 전달하지 않는다는 이유로 관량관_{管糧官}인 지중추부사 김응남, 호조참판_{戶曹參判} 민여경_{閔汝慶}, 의주목사 황진黃璡에게 장형을 가했다.[26] 경주慶州를 수복하는 공을 세운 박진도 1593년에 중국 장수에게 곤장을 맞는 치욕을 당했다.[27] 그는 몇 년 후에 다시 중국 장수에게 구타를 당했는데 그때 입은 부상이 악화되어 결국 세상을 뜨고 말았다.[28]

유성룡조차도 1593년 4월경에 곤욕을 겪을 뻔한 일이 있었다. 이 당시 일본과 평화협상을 추진하고 있는 명과 이를 반대하는 조선 사이에는 미묘한 긴장감이 형성되어 있었다. 특히 일본과의 강화를 강하게 거부했던 유성룡은 이여송의 눈 밖에 난 상태였다. 그러던 어느 날 유성룡이 말을 타고 개성에서 동파東坡로 가던 길에 명군기병 세 명이 갑자기 나타나서 그의 말에 줄을 묶고 이여송에게로 압송하다시피 해서 끌고 갔다. 무슨 영문인지도 듣지 못하고 끌려가던 길에 다른 명군기병 한 명이 나타나서 세 사람의 기병에게 무엇이라고 수군거렸다. 그러자 세 명은 유성룡에게 읍을 하고 "돌아가도 좋다."는 말을 하고 그를 풀어주었다. 유성룡은 황당해 하면서 길을 돌아섰는데 다음 날에서야 그 이유를 알게 되었다. 이여송은 신임하던 가정家丁으로부터 유성룡이 강화를 방해할 목적으로 임진강의 배를 모두 없애 버려서 강화를 위해 내려온 사신들의 발이 묶였다는 소식을 접하게 되었다. 분노에 휩싸인 이여송은 유성룡을 잡아서 40대의 곤장을 치려고 사람들을 보냈다. 나중에 임진강의 배들이 온전히 운행되고 있다는 정확한 정보를 알게 된 그는 다시 사람을 보내 유성룡을 압송하는 일을 취소시키고, 대신에 그 가정을 잡아서 거짓말을 했다고 하면서 수백 대에 이르는 매를 쳐서 죽음에 이르도록 만들었다는 것이다. 유성룡은 자칫 잘못되었으면 그 가정이 아닌 자신이 장살杖殺당했을 수도 있었다

는 사실을 알고 모골이 송연했을 것이다.[29]

상황이 이러했지만 명나라에서 사신으로 파견 온 행인사행인行人司行人 사헌司憲이 명군 장교 중에서 조선에 폐를 끼친 인물을 대라고 했을 때, 유성룡은 명군 장수들이 단속을 잘해서 피해를 입지 않았다고 했다. 다시 사헌이 "내가 들으니 조선 사람들이 왜적은 얼레빗梳子 같고 명나라 군사는 참빗篦子 같다고 말한다니 사실입니까?"라고 물었는데, 이것은 일본군보다 명군이 조선 백성에게 더 많은 피해를 끼친다는 점을 빗댄 것이었다. 여기에 대해 유성룡은 군사가 주둔하는 곳에서 자잘한 피해가 일어나는 것은 불가피한 일이니 신경 쓸 일은 아니라는 식으로 대답했다.[30]

조선이 명군에게 피해를 입고도 제대로 항의를 하지 않았던 간접적인 이유는 당시 조선의 중화사대주의中華事大主義 사상에서 찾을 수 있다. 수천 년 동안 중국은 한국의 본보기였으며, 조선왕조 이전의 시대부터 중국은 한민족이 수립한 국가의 법, 제도, 사상에 깊은 영향을 끼쳤다. 어린 학생들이 배우는 교과내용과 과거시험장에서 출제되는 문제에서부터 어전회의와 경연에서 국가 중대사를 논의하는 데 이르기까지, 조선의 지식인들은 중국의 경전이나 사서를 인용했다. 조선이 개국하고 유교를 국교로 삼으면서 중국을 존숭하려는 태도는 더욱 심화되었다. 유교사상에는 중국의 역사·문화·관습적 전통이 진하게 녹아들어 있었다. 유교를 받아들이게 되면 중국에 대한 막연한 동경심이 생겨나는 것은 당연한 결과였다. 이러한 사회적 풍토는 중국군의 힘을 빌려 전쟁을 치르고 있기 때문에, 조선이 명군 지휘관에게 민폐를 막아 달라고 당당하게 요청할 입장이 아니라는 직접적인 원인과 결합해서 명군에 피해를 입고도 침묵하는 결과를 불러 일으켰다. 이런 사실을 잘 알고 있었던 명의 관리들은 국가·문화적 자부심에 가득차서 조선의 관리들을 깔보고 함부로 대했다.

　그리고 유성룡이 사헌과 만났을 때 조선과 명의 불협화음은 점차 커져가고 있던 시기였다. 조선은 명이 일본군을 몰아낼 생각은 하지 않고 강화에만 매달린다는 이유로 불만을 가졌고, 이와 반대로 명은 조선이 자강의 노력은 기울이지도 않은 채 명에게만 의지하여 전비가 눈덩이처럼 불어나고 있다고 생각했다. 명은 조선에 더 효율적인 국정 운용을 강요했다. 명의 이러한 움직임은 조선에 대한 내정간섭을 초래했다. 특히 급사중給事中 위학증魏學曾이라는 인물은 조선을 두세 개 지역으로 분할해서 명이 직접 통치하거나 선조를 물러나게 해야 한다는 급진적인 주장을 내세우기도 했다.[31]

　이 사실을 경략 송응창을 통해서 알게 된 선조는 유성룡에게 퇴위 의사를 밝혔다. 명조정에서도 병부상서兵部尚書 석성石星이 위학증의 주장에 반대하면서 의견이 분분해졌기 때문에 사신단을 파견해서 조선의 상황을 시찰하도록 했는데 이 사신단의 수장이 바로 사헌이었다. 사헌은 거만하기로 유명했던 명의 사신들 중에서도 특히 교만하고 방자한 인물이었다. 그는 한양에 도착하기 이전에 의전문제를 제기하여 자신이 남면南面을 해야 한다고 고집했다. 그의 주장은 결국 받아들여져 선조와 만났을 때 자신은 북쪽에 앉아서 남쪽의 선조를 바라보게 되어 마치 신하를 접견하는 듯한 광경이 연출되었다.[32] 사헌은 한양의 관문인 벽제관에서 유성룡에게 "내가 서울에 들어가면 곧 새로운 거조擧措가 있을 것이다."라는 의미심장한 발언을 했다. 다음 날 오후에 선조는 서울에 도착한 사헌을 영접하고 난 후에 명황제의 칙서를 받았는데, 그 대체적인 내용은 조선의 자강을 강조하면서 다시 전쟁이 터지면 명은 더 이상 도울 수 없다는 것으로 거기에는 선조가 오락娛樂에 빠지고 소인배들의 말에만 귀를 기울였기 때문에 일본군에게 형편없이 당했다는 힐난도 포함되어 있었다.[33] 칙서의 선고가 끝난 뒤 선조는 다시 사헌과 회담을 나누었다. 그리고 그날 밤에 선조는 유성룡을 궁으로 불러들여 다음 날 사헌을 만나 퇴위하겠다는 의사를 알리겠다고 말했다. 유성룡은 선조에게 마음을 돌릴 것을 간청했지만, 다음 날 선조는 세자에게 왕위를 양위하겠다는 내용의 서첩을 사헌에게 건네주었다. 얼마 후 유격장 척금戚金은 유성룡에게 필담으로 선조가 가능한 신속히 양위해야 한다는 글을 써 보였다.[34]

이 당시 유성룡을 비롯한 고관들의 주요 업무는 선조가 퇴위하겠다는 의사를 철회하도록 설득하는 동시에 명의 주요 인사들이 선조의 선양이 불가하다는 점을 이해시키는 것이었다. 관리들은 선조가 선양해서는 안 되는 이유를 절절히 적은 정문呈文을 사헌에게 올리기도 했다.[35] 이 당시 유성룡은 사헌이 더 이상 분란을 일으키지 않고 다만 조용히 고국으로 되돌아가기만을 간절히 기원하고 있었다. 사헌이 일본군과 명군을 각각 얼레빗과 참빗으로 비유한 때는 선조의 양위로 인한 소란이 어느 정도 진정된 상태였다. 물론 국민들이 입었던 피해를 생각하고 자신도 이여송에게 목숨의 위협을 받았던 적이 있는 이상 감정에 따라 움직이자면 유성룡도 사실대로 말하고 싶었을 것이다. 하지만 사실대로 고한다고 하더라고 명군의 행실이 고쳐질 것이라고 기대하기 어려운 데다가 자칫 명나라 장수들과 관계가 악화될 가능

조선과 일본은 누구와 싸웠는가

성도 있었으며, 사헌 같이 종잡을 수 없는 인물이 정확히 무슨 의도로 그런 말을 했는지 알 수 없는 상황에서 진실을 이야기하게 되면 또 다른 분란이 일어날 수도 있었다. 무엇보다도 이 당시에 이미 명군이 일으키는 민폐를 참고 넘어가야 한다는 분위기가 형성된 상태였다.[36] 한 예로 1597년 9월 19일에 선조는 명군이 저지르는 폐단을 밀고하라는 경리 양호의 제안을 단호하게 거부했다.[37] 조선을 대표하는 입장에서 중국사신과 회담을 진행하고 있던 유성룡에게 개인적인 견해를 드러내는 것은 불필요한 일이었다.

이 당시 선조와 재신들은 중국 관리들과 돈독한 관계를 유지하기 위해 상당한 공을 들였다. 선조는 조선에 파견 온 경리나 제독과 같은 고위급 중국 관리들만이 아니라 그다지 높은 자리에 있지 않은 중간급 관리들과도 일일이 면담을 하는 일에 많은 시간을 할애했으며, 헤어질 때는 언제나 관례적으로 선물을 줬다. 선조는 몸이 아픈 중국 관리가 있으면 사람을 시켜 병문안을 보내기도 했다. 조정의 고위 관리들도 중국 장수들을 위해서 시를 지어주거나 그들이 지은 시를 차운하여 시를 지었으며 전투에 힘써줄 것을 권면하는 편지를 써 보내기도 했다. 조선이 명의 관리들과 개인적인 친분을 맺으려 한 것에는 분명한 이유가 있었다. 명에 도움을 구할 일이 있을 시에 중국 인사들과의 친분을 이용하기 위한 목적이었던 것이다.

명과 국가문제를 처리하는 데 있어서 인간적인 접근법에 의존하기로 결정한 이상 조선은 우군友軍의 장점만을 부각시키고 단점은 언급하지 말아야 했다. 조선으로부터 폐단을 끼치고 있다는 고발을 당한 명의 관리가 이에 앙심을 품고 보복을 가할 가능성도 있었다. 이와 비슷한 사건이 전쟁 막바지에 명의 병부주사兵部主事 정응태丁應泰에 의해 발생했는데 이것은 나중에 다루도록 하겠다. 명 측에 이의를 제기해야만 하는 일이라면 직접적이거나 공격적인 표현보다는 최대한 간접적이면서 우회적인 표현을 써야 했다. 예를 들어 비변사는 1598년 6월 24일에 이순신의 부단한 노력으로 수군을 재건하고 있으며 가까스로 식량을 자급하고 있는데 명군이 조선의 사정은 헤아리지 않고 끊임없이 군량과 물자를 달라고 독촉해서 조선수군이 궤산해 버리지 않을지 걱정된다고 하면서도, 물자를 풍부하게 공급해 줄 것을 요청하는 어떤 중국 장수에게 회답하는 글에서는 일단 "그대로 따르겠다."고 써 보내야 한다고 했다. 대신에 그 회답에 조선수군의 어려운 상황을 알리고 귀하가 요청한 일은 실제로는 시행하기 어렵다는 느낌이 드는 내용의 글도 함께 기재하도록 했다.[38] 또 다른 예로는 진린이 이순신의 군사 활동을 방해하자 조선에서는 이에 대해 모종의 조치를 취한 적이 있었다. 조선의 군신들은 진린의 입장을 고려해서 명 측에 직접적으로 항의하지는 않았다. 대신에 당시 조선에 우호적이라고 여겨지던 유정이 진린을 대신해서 이순신을 지휘하도록 명군 지휘부를 설득하려 했다.[39] 하지만 어떻게 된 일인지 이 사실이 진린에게 알려졌으며, 기분이 상한 그는 이순신에게 해명을 요구했고 이순신은 어떻게 된 일인지 모른다고 잡아뗐다.[40]

당초 이순신은 명나라 군대가 평양을 함락시키는 등의 전과를 거두자 명군에 대해 큰 기대를 가지게 되었다. 그는 아마도 수륙합동작전에 필요한 병력을 명군이 지원해 줄 것을 희망하고 있었던 듯하다. 하지만 점차 명이 일본과의 강화를 꾀하며 일본군과의 전투를 회피하

조선과 일본은 누구와 싸웠는가

려 하고 중국군으로 인한 조선의 피해가 늘어나는 것을 목도하자 이순신도 명군에 대한 부정적인 인식을 가지지 않을 수가 없었다. 그는 1593년 7월에 있었던 사건에서 명군의 탐욕적인 행위를 직접 목격하게 되었다. 앞서 언급했지만 일본군이 오지도 않았음에도 두치를 방어하는 복병장이 지레 겁을 먹고 도망하면서 적군이 공격한다는 헛소문을 퍼뜨려 혼란이 발생한 적이 있었다. 이 일이 발생한 지 얼마 안 되어 이순신은 명나라 장수의 통첩通牒을 볼 기회가 있었는데, 거기에는 오지도 않은 두치의 적군이 명군에 몰려서 퇴각했다는 내용이 적혀 있었다. 그는 탄식하면서 일기에 "상국上國: 명나라 사람이 이와 같으니 다른 사람들이야 어찌 말하기에 족하리오. 통탄할 일이다."라고 적었다.[41] 수군의 군량부족 사태기 나날이 심각해지던 8월에는 명군이 적군을 공격하지도 않고 식량만 축낸다고 하면서 명군에 지급되는 군량을 기아에 시달리는 수군의 병량으로 전용시키겠다고 한 적도 있었다.[42] 물론 당시 조선과 명의 관계를 보았을 때 이순신의 이러한 주장이 실행에 옮겨질 가능성은 전혀 없다고 단언할 수 있다. 확실한 점은 이순신은 진린과 접촉하기 이전에 이미 명군에 대한 어떠한 환상도 품고 있지 않았다는 것이다.

명군으로 인한 피해는 이순신에게는 오랫동안 남의 이야기일 뿐이었다. 조선에 주둔하는 명군은 오직 육군이었기 때문에 병과가 다른 조선수군과 직접적으로 접촉할 기회는 거의 없었기 때문이다. 하지만 명나라 수군이 국내로 파병되면서 명군이 일으키는 폐단이 노출되기 시작했다. 사실 조선에 들어온 최초의 명나라 수군은 진린의 군대가 아니라 유격장 계금이 거느린 절강수병 3,200명이었는데 조선에 진입한 정확한 시기는 알 수 없지만, 1597년 11월 4일에 그가 선조와 접견했다는 기록이 있는 것을 보면 최소한 11월에는 조선에 도착했을 것이다.[43] 그리고 계금의 부대는 적어도 이듬해 6월 하순에는 이순신의 진영에 합류했다.[44] 계금의 합류로 인해 조선수군이 큰 피해를 입었다는 기록이 없는 것을 보면 계금은 군사들을 잘 단속한 것으로 여겨진다. 하지만 진린이 9천의 수군병력과 함께 이순신의 군대와 합류하려고 하자 상황이 변했다.[45]

진린은 거칠고 사나운 성격이라서 사람들이 그를 두려워한 데다가 그의 군사들은 지방고을의 수령을 구타하고 심지어 관원의 목에 줄을 매어 끌고 다니는 등의 행패를 부리기 일쑤였다. 이러한 행태를 직접 목격했던 유성룡은 이순신의 군대가 명군이 가하는 피해를 견디지 못하고 도산하지 않을 수 없을 것이라고 하며 걱정했다.[46] 게다가 진린은 1598년 6월 24일 남쪽으로 내려가기 전에 선조와 만난 자리에서 자신에게 조선수군의 지휘권을 이양할 것을 요구하였다. 선조는 사태의 심각성을 깨닫고 곧바로 비변사에 이 문제를 어떻게 처리하면 좋을 것인지 의논하도록 했다. 비변사는 중국군으로 인한 아군의 피해가 늘고 있으며 특히 수군은 유랑하는 백성들을 모아서 어렵게 형세를 유지하는 형국인데 진린에게 지휘권이 넘어가게 되면 이순신 이하의 제장들은 군사도 없는 장군들로 전락하게 될 것이라고 걱정하면서도, 진린의 요청을 수락해 주었다.[47] 언제나 상부로부터 제대로 된 지원을 받지 못했던 이순신은 이번에도 통제사라는 제한된 지위와 자신의 재치만으로 이 심각한 위기를 해결해야 했다.

1598년 2월 17일에 이순신은 수군 본영을, 비좁고 전선에서 멀리 떨어진 보화도_{寶花島}에서 강진 앞바다의 고금도로 옮겼다. 고금도는 위치상 호남 해역을 방어하기 유리했고 인근에 높은 고지들이 섬을 둘러싸고 있어서 바깥에서 섬을 보기는 어렵지만, 그 고지에 초병을 배치시켜 놓으면 침입하는 적군의 움직임을 간단히 알 수 있었다. 또한 인근에 농장이 많고 자체로도 넓은 농경지가 있어서 식량을 공급받기에도 용이했다. 이 섬은 수군을 재건하려는 이순신의 의지가 반영된 곳이었다.[48]

이순신은 전투를 지휘하는 재능뿐만 아니라 조직을 구성하고 관리하는 면에서도 천재적인 능력을 가지고 있었다. 그는 수군을 운용할 비용을 충당하기 위한 여러 조치들을 단행했다. 그중에는 해로통행첩海路通行帖을 선박에 발급하는 것도 포함되었다. 이것은 사실상 왕래하는 배들로부터 통행세를 징수하는 것이었는데, 통행첩은 선박의 크기에 따라 차이를 둬서 팔았으며 그 당시 많은 피난선이 적지 않은 식량과 재물을 싣고 다녀서 세금을 내는 것을 크게 어려워하지는 않았다고 한다.[49] 또한 인근의 염전에 관리들을 보내어 염세鹽稅를 부과했다.[50] 여기에 더해 혼란을 벗어나 차츰 제 기능을 되찾아가는 지방 행정력의 도움으로 이순신은 병사들과 전함의 숫자를 점차 늘려나갔다. 명수군의 간섭과 이들이 끼치는 폐해는 이처럼 가까스로 회복하려는 조선수군에 찬물을 끼얹는 것이었다. 하지만 조선수군이 칠천량해전에서 입은 손실이 너무도 컸기 때문에, 단시간에 완전히 복구하기에는 역부족이었다. 이순신으로서는 병력공백을 충당할 확실한 방법이 필요했으며, 파병 온 명수군은 병력부족으로 허덕이는 조선수군을 도울 적절한 대안이 될 수도 있었다. 그런 측면에서 명수군의 합류는 이순신에게 위기인 동시에 기회이기도 했다.

　게다가 이순신은 예전에 이미 명군 지휘관의 명령을 받으라는 문서를 여러 차례 받은 적이 있었다. 1593년 5월경에 이순신은 조정으로부터 경솔히 움직이지 말고 "경략의 분부"를 받아 적을 무찌르라는 내용의 명령서를 받았다.[51] 이순신은 얼마 후 부총병 유정의 지휘를 받으라는 명령이 담긴 문서를 다시 받았다.[52]

　명은 임진왜란에 참전한 이래로 단 한 번도 조선군을 대등한 동맹국 군대로 인정하지 않았다. 조선군은 언제나 명군의 지휘권 아래에서 활동해야 했으며, 중화적 화이華夷사상에서 헤어 나오지 못하고 있던 조선은 이를 당연하게 받아들였다. 상황이 이러했기 때문에 진린이 고금도에 도착했을 때 어느 누가 상급자가 될 것인지와 같은 문제는 그리 중요한 이슈가 되지 못했다. 이순신은 진린이 상급자로 행세하려 할 것을 충분히 예상할 수 있었을 것이고, 명목상 상관의 지휘는 그도 기꺼이 받아들일 용의가 있었다. 이순신에게 정말 중요한 점은 그가 진린 휘하에서 자국 수군에 대해 실질적이면서 자주적인 지휘권을 행사할 수 있느냐는 점이었다.

　이순신은 먼저 진린의 마음에 들기 위해 각별한 노력을 기울였다. 이순신은 진린이 고금도에 도착하기 전에 술과 음식을 넉넉히 장만하고 또 군대의 위의를 갖추고서 멀리까지 나가 맞아들여서 큰 잔치를 베풀었다.[53] 전투에서 얻은 귀중한 수급을 진린에게 내어준 것도 이런 측면에서 보면 그리 나쁘지 않은 선택이었다. 이순신은 진린에게 빚을 지워둘 필요가 있었다. 하지만 수급을 명군에게 빼앗겨서 군공을 받지 못하게 된 부하장수들의 불만은 어떻게 잠재워야 했을까?

사실 이순신은 이 점에 대해서 걱정할 필요가 전혀 없었다. 이순신은 원균이 군공을 빼앗아 갔다는 점을 밝힌 것처럼 이번에도 조정에 절이도전투의 결과와 진린이 수급을 빼앗아 갔다는 사실을 장계에 숨김없이 적어서 보냈다.[54] 중국군의 결점을 말하지 않는다는 관례를 정한 조선조정에서는 이 일을 명군 지휘부에 알리지 않았다. 그리고 진린이 앗아간 수급도 이순신 부하들의 군공으로 인정했다. 즉 똑같은 수급이 군공으로 조선정부와 명군에 이중으로 인정된 것이다. 거기에 더해 조선조정은 이순신에게 명나라 장수를 생광生光스럽게 해 준 것을 가상히 여긴다는 내용의 유서를 내렸다.[55] 이러한 웃지 못할 상황은 이 일로 끝나지 않았다. 나중에 명군감찰관이 조선수군이 확보한 수급을 진린이 가져갔다는 말을 듣고 조선에 이 소문이 사실인지 자문을 구했을 때에도 조정은 사실대로 알리면 진린이 곤란해질 것이기 때문에 거짓장계를 보내기로 결정했다.[56] 명은 진실을 밝혀서 조선에 피해를 끼친 자국 장군을 처벌하려 하고, 피해자인 조선은 반대로 진실을 숨겨서 그를 보호하는 진풍경이 연출되었다. 물론 진린이 조선군 장교였다면 조선정부도 이런 식으로 넘어가지 않았을 것이다. 오히려 진린이 명군이었던 덕택에 군공을 처리하는 면에서 이순신과 진린 둘 다 만족하는 결과를 얻는 것이 가능했다. 그렇다면 이순신은 이런 결과가 벌어질 것을 미리 알고 진린에게 귀중한 수급을 넘겨준 것일까? 이와 관련해서 이순신이 사태의 진행방향을 어느 정도 예측하고 있었을 것이라는 증거가 있다. 『이충무공전서』에 수록된 이식李植이 찬한 「익장諡狀」에 따르면 이순신이 진린에게 절이도해전에서 수집한 수급을 내주자 이 전투를 실질적으로 이끌었던 송여종은 자신의 군공이

제대로 평가받지 못하게 될 것이라 여기고 실망하게 되었다. 이순신은
여유로운 모습으로 웃으면서 송여종에게 이렇게 말했다.

> 적의 머리는 썩을 고깃덩이이다. 명나라 사람에게 준들 무엇이 아까울
> 것이냐. 네 공로는 내 장계 속에 적어 그대로 위에 알리리라.

이충무공전서 하권, 91쪽

　이순신에게 확답을 얻은 송여종은 그제야 안심할 수 있었다고 한다.
　이순신이 진린과 개인적인 친분을 쌓기 위한 노력은 얼마 있지 않
아서 곧 효과를 발휘했다. 진린의 군사들이 고금도에 오자마자 약탈
을 일삼자 이순신은 진린과 담판을 벌여서 중국 병사를 처벌할 수 있
는 권한을 얻어냈다. 이순신이 법규를 위반하는 명군을 엄하게 다스
리자 중국군의 약탈행위가 자취를 감췄다.[57] 이 당시 사료들 중에 조
선군 장수들 중에 중국 병사를 처벌할 권리를 획득한 예는 이순신 장
군밖에 없었다. 이것을 보면 이는 대단한 성과를 거둔 것이었다. 또 기
록에 따르면 진린은 이순신의 탁월한 지휘능력과 인간적인 풍모에 감
동하여 "공(이순신)의 지휘를 받기를 원하고 모든 호령과 지휘를 죄
다 양보하는 것이었고 또 반드시 공을 이야李爺라고" 불렀다고 되어 있
다.[58] 이 기록은 다소 과장된 측면이 없지 않아 보이지만 이후의 자료
를 종합해 보면, 진린이 조선수군에 대한 이순신의 지휘권을 보장해
주고 중요한 순간에 그의 전략적 견해를 따랐던 것은 확실해 보인다.
이 당시 명군에 종속되어 자주적인 지휘권을 거의 상실한 조선 육군
지휘관들에 비한다면 이것도 파격적인 성과를 얻어낸 것이었다. 이순

신이 진린에게서 얻어낸 양보는 결코 적지 않았다.

이순신은 수급을 미끼로 명의 수군지휘관들과 우의를 다지면서도 자국 장교들의 신망도 잃지 않았다. 이처럼 이순신이 두 마리의 토끼를 잡을 수 있었던 것은 그의 탁월한 판단력과 과단성 덕분이었다. 이순신은 진린에게 수급을 내놓아야만 하는 상황에 처하자 과감하게 그것을 포기하여 진린의 호의를 살 수 있었다. 물론 명군의 잘못을 들추는 일을 꺼려한 조정이 이 사건을 묵과해 줌으로 부하들이 명군에 군공을 빼앗기는 상황은 발생하지 않을 것이라는 계산이 분명히 깔려 있었을 것이다.

이순신은 외줄을 타고 아슬아슬하게 균형을 잡고 앞으로 한 발자국씩 나아가는 곡예사처럼, 군공과 명군이라는 어느 깃도 놓칠 수 없는 두 요소들을 적절하게 이용함으로써 어느 누구로부터도 불평을 사지 않고 주어진 환경 내에서 최선의 결과를 얻어냈다. 이 사건은 이순신의 또 다른 일면을 볼 기회를 제공하고 있다. 굳이 표현하자면 그것은 바로 실질적인 유익을 위해 다소 융통성 있는 방식으로 일을 처리하려는 태도라고 말할 수 있다. 진린이 이순신에게 수급을 내놓으라는 암시를 줬을 때 원칙적으로 행동하자면 그는 진린에게 단호하게 항의하고 그의 협박에 결코 굴복하지 말았어야 했다. 하지만 이순신이 그렇게 행동했다면 진린의 성격으로 보건대 아마도 그는 제2의 원균이 되었을 것이다. 그것은 이순신에게 악몽 같은 일이 될 터였다.

이순신의 주 업무는 원칙에 따라 공정한 판결을 내리는 재판관이 아니었기 때문에 시비곡직是非曲直을 따지는 일은 그에게 부차적인 문제에 불과했다. 어디까지나 군지휘관이었던 그에게 가장 중요한 일은 적군을 물리칠 강력한 군대를 형성하는 것이었다. 이 목표에 도달하기 위해서 명수군의 협조는 필수불가결한 것이었다. 비록 원칙에 위배되는 일일지라도 이순신은 양보할 필요가 있었다. 이순신의 노년의 이러한 모습은 고지식할 정도로 원리원칙을 따졌던 젊은 시절의 그의 태도와 상당한 차이가 엿보인다. 이순신은 어쩌면 옛날과 달라진 자신의 현재 모습을 그 시절과 비교하며 쓴웃음을 지었을지도 모른다.

12장
노량해전

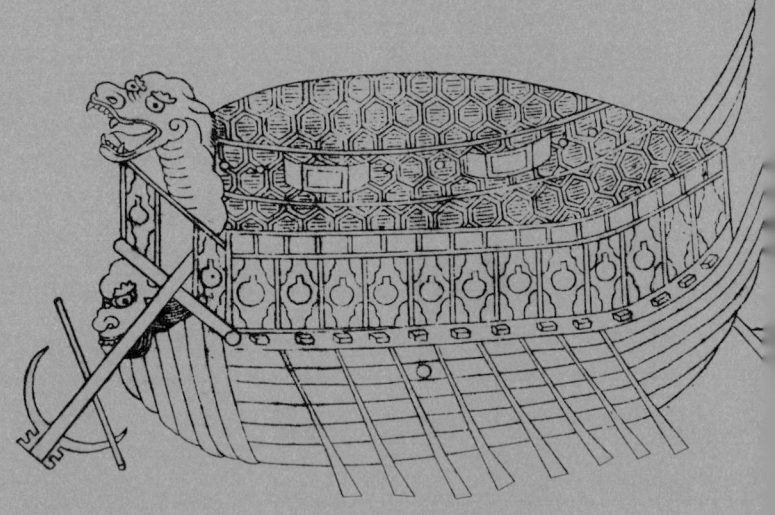

화의교섭의 결렬과 연이어 일어난 일본군의 전면적인 재침은 오랫동안 일본과의 일전을 망설이던 명나라 조정이 적극적인 공략작전으로 방향을 전환시키는 확실한 계기를 제공했다. 정유재란으로 이미 상당수의 병력을 조선에 파견한 명은 여기에 더해서 더 많은 군사를 합류시켜서 주로 해안에 주둔한 일본군을 몰아내는 작전을 벌였다.

그 첫 번째 움직임이 1597년 12월 말부터 이듬해 1월 초까지 진행된 1차 울산성蔚山城전투였다. 울산왜성은 정유재란이 끝난 직후 울산 태화강太和江 연안에 쌓기 시작한 성이었다. 조·명연합군이 공격하기 전에 거의 완성단계에 있던 상황이었지만 그때까지 성에 식량과 식수원을 제대로 확보하지 못했기 때문에 농성군은 금세 심각한 기아와 갈증에 시달렸다. 즉 조·명연합군은 일본군의 허를 찌른 셈이었다. 그러나 일본지원군이 점차 증가하고 이로 인해 오히려 포위당할 위험에 처하자 결국 퇴각하고 말았다.

얼마 지나지 않아 명군은 사로병진四路竝進 작전이라는 새로운 공격작전을 개시했다. 이는 병력을 크게 동로군東路軍, 중로군中路軍, 서로군西路軍, 수로군水路軍 넷으로 분산 배치시켜서 각각 한꺼번에 일본군을 몰아낸다는 전략이었다. 이 작전은 1차 울산성전투의 실패 이후 경리 양호가 발의한 것이었다.[1] 이 전략의 지지자였던 마귀는 울산성 공략전의 패인은 병력을 한곳에 집중시켰기 때문이라고 믿었다. 그로 인해 일본도 도산성에 병력을 집중적으로 배치시켜서 실패했기 때문이다. 그러므로 군사를 여럿으로 나누어 여러 지역의 일본군을 동시다발적으로 공격하는 것이 더 효과적이라는 것이 그의 견해였다.[2] 드디어 9월 초에 발동된 이 작전으로 제독 마귀의 동로군은 울산성을, 동일원

1598년 10월 조·명연합군의 주요 공격목표인 3곳의 일본군 요새

의 중로군은 사천성을, 유정의 서로군과 진린의 수로군은 순천의 왜교
성倭橋城을 향해 각기 진군하기 시작했다. 이 작전의 실행을 위해 임진
왜란이 발발한 이후로 조·명연합군의 작전 중에서 가장 대규모인 약
9~10만 명에 달하는 병력이 동원되었다.[3] 문제는 이에 맞서는 일본군
의 병력과 견고한 방어시설도 이에 못지않았다는 데에 있었다.

　명군 2만 2천여 명에 조선군 6천여 명으로 이루어진 유정이 이끄는
서로군의 병력은 9월 11일에 전주에서 출정식을 가졌다.[4] 출정식 이전
에 평소 협상을 중시하는 고니시가 유정에게 강화요청을 했는데, 유
정은 이를 기회로 고니시를 사로잡을 계획을 준비했다.[5] 9월 20일에
왜교성 인근에서 고니시와 회담을 하기로 한 유정은 그 자리에 변장시
킨 부하군관을 자신 대신 세워 놓고 고니시가 접근하면 포획할 준비
를 해 놓았다. 하지만 고니시가 미처 오기도 전에 명군이 먼저 발포를

하는 실수를 범해서 고니시를 놓쳐버리고 말았다.[6] 더 이상 고니시를 속일 필요가 없게 된 유정이었지만 곧바로 왜교성을 공격하지 않고, 각종 공성무기를 제작하기 위해 열흘 넘게 성을 포위한 채로 머물러만 있었다.[7] 그 사이에 명군 1만 3천과 조선군 7,300명으로 구성된 수로군이 더 큰 활약을 보였다.[8]

왜교성에 고니시가 들어간 것은 1597년 12월이었다.[9] 일본군 1만 3천 명이 주둔한 이 성은 본격적인 일본식 성채로서 서쪽을 제외한 삼면이 바다로 이루어져 있고 땅과 이어진 지역에는 폭 약 9m, 높이 2.73m의 수로水路를 파 놓아서 육지를 통해 공격하기 매우 어렵게 되어 있었다. 그리고 울타리를 치고 배를 안전하게 정박할 수 있는 포구도 마련되어 있었다.[10]

9월 15일에 출진한 조·명연합수군은 유정이 고니시 생포에 실패한 20일에 왜교성에 도착하여 적군을 향해서 처음으로 함포사격을 가하고 왜교성 앞의 작은 섬인 장도獐島에 비축된 일본군 군량을 빼앗고 남은 것은 불태우는 전과를 거두었다.[11] 이순신은 21일과 22일에 왜교성을 재차 공격했지만 바다가 얕아서 제대로 싸우기 어려운 상태였다.[12] 특히 22일에는 조수를 이용해서 대담하게 상륙작전을 벌여 상당한 전과를 거두었지만, 도중에 유격 계금의 배가 얕은 여울에 걸리는 사고가 발생했다. 해안의 일본군은 이 배에 집중사격을 가했고 계금은 이로 인해 총상을 입었다. 일본군 20명이 얕은 물줄기를 건너 계금의 함선이 빠져나가지 못하게 막는 일도 있었지만, 계금이 군사를 독려하여 그중 10여 명을 베고 결국 포위망을 뚫고 탈출하는 데 성공했다. 이날의 전투로 명수군 11명이 탄환에 맞아 사망하고 조선군은 지세포만호와 옥포만호가 총상을 입는 피해를 입었다.[13] 병력손실을 입어 기분이 상한 진린은 다음 날 명령을 제대로 따르지 않았다는 이유로 조선수군 장교급 인물들 5명에게 7에서 15대에 이르는 곤장을 치는 벌을 내렸다.[14] 이후 유정에게 육군의 준비가 갖추어지지 않았다는 소식을 접한 이순신은 수군 단독 작전을 포기하고 육군이 공성무기를 완전히 제작할 때까지 기다리기로 했다.[15] 지루한 기다림 속에서 명수군 전함들이 9월 30일 밤에 추가로 도착했다. 100여 척에 달하는 명군전함이 내뿜는 화려한 등촉(燈燭)을 본 이순신은, 이 광경을 본 일본군의 간담이 서늘해졌을 것이라며 기뻐했다.[16]

10월 1일에 공성장비의 제작을 완료한 유정은 다음 날 2일에 합동 공격을 하기로 수군과 합의했다.[17] 10월 2일 묘시(卯時: 오전 6시경)에 수군이 먼저 공격을 시작했으며, 나중에 유정도 왜교성에 대한 공격을 개시했다. 하지만 무거운 공성장비들을 끌고 성 아래에 도착한 육군은 빗발치는 일본군의 총탄으로 인해 그대로 발이 묶였으며, 성을 공격해야 할 군사들은 공성장비 뒤에 몸을 움츠린 채 숨어 있기만 했다. 이러한 상황인데도 유정은 전투를 독려하지도 않고 그냥 내버려두었다. 이로 인해 사실상 수군은 일본군과 홀로 싸워야 했다. 나중에 이순신은 조정에 "육군이 바라만 보고 진격하지 않음을 알고서 (적군이) 수군을 치기에 전력(專力)하였습니다."라는 불만이 가득한 보고서를 올렸다.[18] 오시(午時: 오후 12시경)에 썰물 때가 되어 바다가 빠지자 수군은 더 이상 전투를 수행할 수 없게 되었다. 여유가 생긴 일본군은 적을 공격하지도 후퇴하지도 않는 어정쩡한 태도를 취하고 있던 육군에 대해 본격적인 공격을 시작했다. 일본군은 대담하게도 성 밖으로 나와서 전의를 상실한 명나라 육군을 공격하고 비루, 포차 등의 공성장비를 불사르기 시작했다. 적군의 역습을 견디지 못한 유정의 전위부대는 결국 퇴각했고, 일본군은 남기고 간 공성장비들을 모두 불태워버렸다. 이날의 전투에서 명나라 육군 800여 명이 사망했다. 이 황당한 광경을 지켜본 우의정 이덕형은 "이미 독전하지도 않고 또 철수도 하지 않아 각 군대로 하여금 반나절을 서서 보내게 하고 다만 왜적의 탄환만 받게 했으니, 제독이 한 짓을 도무지 알 수가 없다."고 했다.[19] 이에 비해 수군은 많은 적을 사살했지만 이순신의 처종형妻從兄인 사도첨사 황세득黃世得과 군관 이청일李淸一 등을 합해 29명의 조선수군이 전사하고 5명의 명수군이 전사하는 피해를 입었다.[20]

이렇게 진투힐 마음이 없이 행동헸던 유정은 진린에게 다시 수륙합동공격을 제안했다.[21] 이를 수락한 진린은 다시 다음 날인 10월 3일에 수군을 이끌고 초저녁부터 나가 성을 공격했지만, 이번에도 유정의 육군은 나팔을 불어 호응할 뿐 나가 싸우려 하지 않았다. 그러나 수군은 육군의 도움 없이도 성공적인 공격을 가했다. 수군이 공격한 곳은 왜교성의 포구지역이었는데 여기에서 조·명수군은 용감하게 돌진하여 적의 배들을 파괴하거나 나포했으며 일본군에게 상당한 수의 사상자를 안겨주었다. 특히 수군은 고니시의 처소를 화포로 맞추는 성과를 올렸다는 기록이 있는데, 고니시가 포구에 별채를 지어 그곳을 주택으로 삼았다는 일본의 사료가 있는 것을 보면 그 일은 사실인 것으로 보인다.[22] 수군의 강력한 공격에 놀란 일본군은 이에 대응하기 위해 동쪽으로 몰렸고, 육지 쪽인 서쪽 방어는 허술해졌다. 그래서 포로로 잡힌 조선 사람이 일본군은 동쪽으로 몰려가서 이쪽은 텅 비었으니 속히 공격하라고 한 일도 있었다. 이덕형, 권율, 김수 등의 조선 장수들은 유정에게 공격할 것을 요청했지만, 전의를 상실한 유정은 조금도 군사를 움직이려 하지 않았다.

삼경三更 밤 12시경 썰물로 물이 빠져나가자 재앙이 닥치기 시작했다. 미처 깊은 바다로 후퇴하지 못한 명수군의 배들이 얕은 바닥에 걸리는 사고가 발생했다. 이 일로 인해 23척의 배들이 좌초된 것으로 추산된다.[23] 이순신은 조수가 빠져나갈 때 진린에게 경고를 했지만 진린이 이를 무시하면서 발생한 사고였다.[24] 기회를 잡은 일본군 병사들은 꼼짝달싹도 못하고 배에 갇힌 명군을 물이 빠진 바다 바닥을 걸어와서 공격했다. 배 위의 명군도 사력을 다해 싸웠고 이순신도 전함 7척을 보내어 구출을 돕게 했다.[25] 140명의 명나라 병사들이 탈출에 성공했지만, 남은 병사들은 전사하거나 포로로 붙잡혔다.[26] 어느 중국 관리는 23척의 승선인원이 800~900명일 것이라고 추측했는데, 이중에 140명만 구출되었다면 좌초된 배에 탄 대부분의 명수군 병사들이 사망하거나 포로로 잡혔던 것으로 보인다.[27]

수군이 왜교성을 공격할 때 적지 않은 전공을 거두었지만 조수 간만의 차이로 인한 지속적인 피해와 시간적 제약은 피하기 어려웠다. 왜교성의 삼면이 바다로 둘러싸였기 때문에 오히려 육군보다는 수군의 운신의 폭이 더 넓었다고도 말할 수 있지만, 밀물 때에만 작전이 가능하다는 사실 즉 자연적인 제약 또한 심했던 것이다. 무엇보다도 해군이 육상에서 할 수 있는 일에는 분명히 한계가 있었다. 여러 번 강조했지만 해군이 적의 육군기지에 피해를 입힐 수는 있지만, 그곳을 함락시킬 수는 없다. 결국 성으로 직접 침입하여 점령하는 군대가 반드시 필요하며 이 역할은 결국 육군이 담당할 일이었다. 이순신은 전쟁이 발발하고 나서 처음으로 대규모 육군의 도움을 받아 제대로 된 수륙양공작전을 전개할 수 있을 것이라고 기대했지만 이러한 기대 또한 유정의 소극적인 태도로 인해 산산이 깨져버리고 말았다.

뜻밖의 피해에 분노한 진린은 다음 날인 10월 4일에 다시 왜교성에 대한 공격을 개시했다. 또한 전날 유정의 배신에 격분한 진린은 유정의 진으로 들어가서 수帥자 기를 찢으면서 그가 배짱이 없다고 비판했다.[28] 유정은 이런 모욕을 당했지만 7일에 철군하기로 결정했다. 그 와중에 수천 석이나 되는 군량과 많은 우마들이 버려졌다.[29] 유정이 이런 결정을 내린 이유는 전투를 할 의지가 없었던 이유도 있었겠지만, 중로군이 10월 1일에 사천성을 공격하다가 참패를 당하고 철군한 상황이었기 때문이기도 했다. 중로군이 사천의 적군을 견제하지 못하면 서로군은 왜교와 사천의 일본군에게 역포위를 당하는 심각한 위기에 처하게 될 수도 있었다. 이순신은 권율로부터 육군이 철수하려 한다는 말을 듣고 분한 마음이 들었지만 어쩔 수가 없었다.[30] 10월 9일에 조·명연합수군도 왜교에서 물러났다.[31] 유정은 부유富有까지 퇴각했다가 명군감찰관이 제지하자 왜교 인근 불우佛隅의 산언덕에 군대를 주둔시켰다.[32]

유정이 군대를 물림으로써 사로군 작전의 실패가 완전히 드러났다. 사로군은 목표로 했던 성들 중 단 한 개의 성도 함락시키지 못했다. 사로군 작전은 1592년 이후 가장 많은 약 10만에 달하는 조선과 명의 수륙군이 동원된 전투였음에도 결국 실패하자 그 충격은 매우 컸다.[33] 1차 울산성 공격실패에 이은 사로병진 작전의 실패로 인해 일본군의 조선주둔이 장기화되는 것은 막아내지 못할 것처럼 보였다.

하지만 이러한 걱정은 사로병진 작전이 발동되기 훨씬 이전인 8월 18일에 적의 진영에서 일어난 일로 인해 기우에 불과한 것이 되고 말았다. 전쟁을 일으킨 장본인인 도요토미 히데요시가 사망한 것이다. 대다수의 다이묘들이 승리가 불가능한 이 전쟁을 지속하는 것에 싫증을 느꼈지만, 히데요시의 고집 때문에 전투를 질질 끌었던 만큼 그의 사망은 곧 전쟁의 종료를 의미했다. 히데요시의 죽음 이후 일본은 이른바 다섯 다이로大老라는 그의 측근 실력자들이 이끌어 나가게 되었다. 혼란을 염려한 그들은 히데요시의 죽음은 숨기고 곧바로 철군 계획을 작성하였다. 철군에 대한 자세한 내용을 설명해 주기 위해 도쿠나가 도시마사德永壽昌와 미야기 도요모리宮木豊盛가 조선에 파견되었다. 당시 계획에 의하면 화의를 성사시키라고 되어 있는데, 그 조건은 조선의 왕자를 인질로 삼든가 아니면 조선이 공물을 바치도록 해서 철군에 대한 일본의 대외적 위신을 세우고, 그럴 듯한 명분을 얻은 후 철군하여 11월 15일까지 부산에 집결하라는 것이었다.[34] 일본이 철군을 해야 하는 불리한 상황이었기 때문에 조선 측에 양해를 구해야 했음에도 마치 조선이 일본에 평화를 구걸하는 듯한 요구를 화의의 조건으로 제시한 것은 이해하기 어렵다. 이러한 굴욕적인 화의에 조선이 응할 리가 없었다.

11월 8일에 이순신은 도독부로 가서 위로연을 베풀고 밤에 돌아갔는데 얼마 있지 않아 진린이 와서 10일 사이에 왜교의 적들이 철수할 것이라는 기별을 받았으니, 빨리 진군해서 일본군의 퇴로를 막자고 했다.[35] 다음 날 곧바로 조·명연합수군은 활동을 재개했다. 11일에 왜교

인근의 묘도에 도착했으며 다음 날 장도로 옮겨 진을 치고 고니시의 퇴로를 완전히 봉쇄했다.[36] 조·명연합수군의 이러한 움직임은 철수시한이 며칠밖에 남지 않은 고니시의 뒤통수를 때렸음에 틀림없다.

하지만 14일부터 이순신은 심상치 않은 움직임을 감지했다. 일본선 2척이 건너와서 진린에게 검과 물건들을 보내며 강화를 요청했다. 저녁에 다시 왜교에서 배가 건너와서 돼지와 술을 진린에게 보냈다.[37] 16일에는 진린이 부하장수 진문동陳文同을 일본군 진영에 보냈고, 고니시는 답례로 말과 창, 칼 등의 선물을 보냈다.[38]

고니시의 이러한 평화공세는 유정을 상대로 이미 결실을 맺은 상태였다. 수군이 묘도에 도착하기 이전에 고니시는 유정에게 사람을 보내 일본으로 평화롭게 퇴각하는 자신들을 막지 말 것을 요청했다. 유정은 고니시의 요청을 수락하고 이를 보증하기 위해 부총병 오광吳廣을 인질 40명과 함께 보냈다. 왜교에 들어온 오광은 고니시의 환대를 받은 후 인질들을 남기고 돌아왔다.[39] 『난중잡록』에 있는 이 기록은 비슷한 시기에 『선조실록』의 기사 곳곳에서 유정이 고니시에게 인질을 보냈다는 내용이 발견됨으로 그 신뢰성을 높이고 있다.[40] 유정은 고니시와 평화협상을 벌이고 있다는 사실을 조선에 숨기지도 않았다. 다만 조선에는 이러한 행동이 적들을 속여 안전한 성곽에서 나오게 해서 바다를 건널 때 공격하기 위한 술책이라는 궁색한 변명을 늘어놓았다.[41]

더욱 놀라운 사실은 유정과 고니시 간의 화의성립 이전에 중로군 사령관 동일원과 사천의 시마즈 간에 강화교섭이 있었다는 점이다. 동일원이 신임하던 장수 중에 모국기茅國器라는 인물이 있었다. 그리고 모국기는 일본의 사정에 밝은 사세용史世用이라는 사람을 참모로 삼아 사천으로 보내면서 시마즈와 화의를 모색하고 있었다. 조선 측 기록에 의하면 협상이 결국 결렬되었다고 묘사하고 있다.[42] 하지만 일본 측의 기록은 이와 전혀 다르다. 여기에 따르면 시마즈군이 중로군에 대승을 거두고 일주일 뒤에 도쿠나가 도시마사와 미야기 도요모리가 사천에 도착해서 11월 15일까지 제군諸軍을 부산에 집결시키라는 방침이 전달되었다. 10월 13일에 모국기의 참모 두 명이 사천으로 와서 시마즈 요시히로와 강화를 체결했으며, 마침 그곳을 방문한 고니시와 데라자와 마사나리寺澤正成 등과도 만나 이들과도 화의를 성립시켰다.[43]

이 당시 명과 일본은 각각 대표단을 꾸려서 공식적인 평화회담을 가지진 않았다. 그러나 서로군과 왜교의 고니시군 그리고 중로군과 사천의 시마즈군과의 강화체결은 조선의 각 지방에 흩어진 채 철군을 바라고 있던 일본 장군들과 이를 막을 수 있는 지역에 주둔했지만 더이상 전투를 바라지 않았던 명군 장군들 사이에 자연스럽게 합의점이 도출되었던 것으로 볼 수 있다. 지나치게 섣부른 결론일 수도 있지만 이 시점에서 명군은 본국으로 떠나는 일본군을 막을 의지를 완전히 상실했는지도 모른다. 일본군의 침략으로 나라가 초토화되고 부모형제가 살해된 조선의 일반적인 감정과 과정이야 어찌되었든 적군을 몰아내는 것만이 목적이었던 명군의 생각이 이와 같을 리가 없었다.

유정과의 평화협정 체결 이후 왜교에서 배 10척이 바다로 나갔는데 조·명연합수군이 이들을 모두 격침시켰다. 고니시는 항의의 표시로 유정이 보낸 인질 중 2명의 팔을 잘라서 유정의 진으로 보냈다. 이에 유정은 고니시에게 진린과 협상할 것을 권했다.[44] 이때까지 고시니는 유정과 평화협정이 체결되면 수군과도 자동적으로 화의가 성립되는 것으로 착각하고 있었다. 유정도 가만히 있었던 것은 아니었다. 유정은 진린에게 사람을 보내어 고니시에게 길을 터주라고 했다는 기록이 있다.[45] 하지만 유정은 진린에게 이래라저래라 할 입장이 아니었다. 고니시는 진린과 따로 강화협정을 조인해야 했다.

『이충무공전서』 등의 기록에 의하면 진린은 고니시의 뇌물에 혹해서 그의 부탁을 들어주려 했다고 한다. 하지만 이순신의 강한 반대에 부딪쳤다. 진린은 고니시 측에 이순신의 반대로 어렵다고 하자, 고니시는 사람을 보내어 이순신에게 총과 칼을 선물로 보내어 돌아갈 길을 틔어 달라고 간청했다. 이순신은 그동안 적을 무수히 사로잡아 총과 칼을 산너미처럼 쌓아뒀으니 필요 없다고 **호통**을 쳤다. 직의 뇌물을 많이 받은 진린은 다시 이순신에게 고니시를 놓아주자고 했고 이순신은 완강히 거부했다. 진린은 성을 내며 "우리 황제께서 내게 긴 칼을 주셨소."하고 위협했지만, 이순신은 끝내 굴복하지 않았다고 한다.[46] 하지만 일본 측의 기록은 이와 상당히 다르다. 먼저 진린은 고니시의 뇌물공세에 넘어가지 않았다. 진린이 진정으로 원했던 것은 일본군이 물러난 후 왜교성의 니노마루二の丸 영역을 접수하는 것이었다. 하지만 고니시는 귀국을 보장하는 조건으로 왜교성을 유정에게 넘겨주기로 이미 약조를 했다고 하면서 대신에 소 요시토시가 주둔하고 있던 남해도의 성을 주겠다고 제의했다. 여기에 진린과 부총병 등자룡鄧子龍은 불만을 품었다. 그래서 왜교성을 공격할 때 유정은 아무 일도 하지 않고 가만히 있었지만 자신들은 그 성을 함락하기 위해 사력을 다해 싸웠는데, 왜교성은 유정이 차지하고 자신들은 그보다 못한 남해도의

성을 넘겨받고는 해로를 열어줄 수 없다는 것이었다. 결국 협상은 타결되지 않았다.[47] 진린이 고니시의 퇴로를 열어주지 않았던 이유가 단순히 협상조건이 맞지 않았기 때문이라는 일본 측의 사료는 매우 흥미롭다. 이것은 협상결렬의 이유가 이순신의 강력한 반대에 부딪혔기 때문이라는 조선의 기록들과 상반된 내용이다. 일본 측도 당시 협상의 모든 과정을 상세히 알고 있었다고 생각되지는 않으므로, 이 자료가 이순신의 반대가 결정적인 영향을 끼쳤다는 조선 측의 기록을 무시할 근거는 되지 못한다. 하지만 이순신의 반대만으로 진린이 고니시를 보내줄 것을 단념했다는 기존의 학설과는 또 다른 역사적 시각을 제공하고 있다.

협상 와중에 고니시는 진린에게 여러 진영에 사람을 보내 함께 본국으로 돌아가는 것을 약속할 수 있도록 작은 배 한 척을 보내게 해 달라고 했는데 진린이 이를 허락했다. 역사가들은 이것이 커다란 실책이었다고 한결같이 지적하고 있다. 그 배에는 사천의 시마즈에게 구원군을 보내줄 것을 청하는 임무를 띤 사람들이 타고 있었다는 것이다. 일본 측에도 이와 비슷한 이야기가 담긴 연구자료가 있다. 시마즈에서 고니시 진영으로 시키네 유타카敷根瀨豊라는 인물이 사자使者의 임무로 간 일이 있었다. 그러나 조선수군이 고니시의 진영을 봉쇄하고 있어서 다시 시마즈 측으로 돌아갈 수 없게 되었다. 고니시는 가는 것을 만류했지만 시키네 유타카는 배를 타고 조선수군에게 당당히 가서 자신의 선박이 사자선使者船이라는 점을 밝히고 통과했다고 되어 있다.[48] 하지만 일본에 대해 유화적이었던 진린과 달리 강경한 태도를 취하고 있던 이순신이 적선을 보내줬다고는 믿기 어렵다. 아마 진린이 배를 보내줬는데 이순신이 한 일로 착각한 것으로 보인다.

　적의 구원군이 올 것을 예감한 이순신은 상당히 위험한 상황이라는 점을 깨달았다. 왜교의 일본군도 상당수의 선박을 보유하고 있었는데, 일본의 구원군이 조·명연합수군을 공격할 때 왜교의 일본군이 배를 타고 호응한다면 장도에 주둔한 조·명연합수군은 적을 앞뒤에서 맞이할 수도 있었다. 그래서 이순신은 위험한 장도를 떠나서 일본 구원군이 지나게 될 확률이 높은 노량해협으로 병력을 옮기기로 했다. 이순신은 그때까지도 화의에 대한 미련을 버리지 못하고 있던 진린에게 상황의 급박함을 알렸고 진린은 그제야 일전을 벌일 결심을 굳혔다.[49] 원래 고니시군은 사천 남쪽의 창선도昌善島를 중간 집결지로 정해서 시마즈 요시히로, 소 요시토시의 군내와 이곳에 합류한 후 부산으로 철수하기로 사전협의한 상태였다. 시마즈군은 철수시한을 넘긴 11월 16일에 창선도에 도착했다. 소 요시토시의 군대도 창선도에 도달했지만 고니시군은 오지 못했다. 조·명연합 함대에 의해 퇴로가 막힌 고니시가 올 수 없게 됨을 알았던 시마즈 요시히로는 거제도의 다치바나 무네시게立花宗茂군과 부산의 데라자와 마사나리군의 지원을 받아 500여 척에 이르는 고니시 구원군을 급편했다.[50]

　조선수군은 남해도 관음포觀音浦에, 명군은 곤양의 죽도竹島에 각각 매복하여 노량해협을 지나는 일본 구원군을 기다리고 있었다.[51] 18일 새벽 2시경에 노량해협에 들어선 일본 구원군을 이순신과 진린은 매복지역으로부터 나와 좌우에서 기습했다. 일본수군은 조·명수군의 기습을 받기는 했지만, 전투가 야간에 벌어졌던 만큼 해 볼 만하다고 생각했을지도 모른다. 캄캄한 밤은 백병전에 자신이 있었던 일본수군이 조·명수군에 접근하기 용이했던 데에 비해 장거리 공격무기를 보유한 조·명수군은 일본수군을 포착하기 어렵게 만들었다. 결국 대규모 백병전과 대혼전이 벌어졌다. 조·명수군 병사들은 화공과 포격을 가하는 동시에 배로 침투해 들어오는 일본 병사들과 치열한 백병전을 치러야만 했다. 명군은 배 위로 올라오는 일본군을 낮은 자세에서 창으로 찔러 바다에 빠뜨리는 전술을 사용해서 상당한 효과를 보았다.[52]

진린이 일본수군에 둘러싸였을 때에는 이순신이 진린을 구출했으며, 그 반대로 이순신이 포위되었을 때에는 진린이 구출해 준 적도 있었다. 일본수군의 수장인 시마즈 요시히로도 조·명 수군에 포위되어 위험에 빠진 적이 있었는데, 그의 아들인 시마즈 타다츠네島津忠恒의 도움으로 간신히 빠져나왔다는 일본 측 기록이 있다.[53] 이 와중에 부총병 등자룡의 배에 화재가 발생했고 불을 피하려고 소란해진 틈을 타 적군이 등자룡을 죽이고 그 배를 완전히 태워버렸다.[54]

흥미로운 점은 등자룡이 타고 있던 배가 판옥선이라는 사실이다. 등자룡뿐만 아니라 진린도 판옥선을 타고 전투에 임했으며, 왕원주王元周와 복일승福日昇이라는 명수군 장수들도 전투 도중에 명나라 전함에서 판옥선으로 갈아탔다.[55] 당시 조선으로 출진한 명수군 전함은 주로 사선과 호선이라는 배로 구성되었는데 그 제원은 잘 알려져 있지 않다. 다만 이덕형이 "당선唐船은 선체가 작아 큰 바다에서는 좋지 않으나 작은 포구에 드나들며 탄환을 쏘고 칼을 쓰는 데에는 매우 신통하였습니다."라고 하거나 노량해전에서 "중국 배는 선체가 작은 데다 뒤쪽에 있으므로 그저 성세聲勢만 보였을 뿐"이라고 말한 것을 보면, 명수군 전함이 조선군함에 비해 작고 성능도 떨어졌기 때문에 이로 인해 조선수군이 전투의 중심적인 역할을 했음을 짐작할 수 있다.[56]

대혼전이기는 했지만 역시 화력에서 앞서는 조·명수군이 일본수군을 압도하기 시작했다. 날이 밝자 일본수군은 조·명수군의 압박을 견디지 못하고 퇴각하기 시작했다. 도망치던 일본수군은 관음포를 큰바다로 가는 수로라 착각하고 진입해 들어갔다. 나중에 육지에 막힌 포구라는 사실을 깨달은 일본수군 중 일부는 배를 버리고 육지로 도주했지만, 나머지는 조·명수군의 포위를 뚫기 위해 치열한 싸움을 전개했다.[57]

이 와중에 군사들을 몸소 독려하던 이순신이 흐르는 적의 유탄을 맞고 쓰러졌다. 사천해선에 이은 두 번째 총상이었지만, 이번에는 그때와는 달리 치명상이었다. 이순신은 흐려지는 의식을 간신히 붙잡고 자신의 죽음을 알리지 말라는 유명한 유언을 남기고 절명했다. 이순신의 유언은 그의 측근들에 의해 충실히 수행되었다. 이순신의 죽음을 몰랐던 병사들은 끝까지 전투에 집중할 수 있었다. 전투에서 승리한 이후에야 이순신의 죽음을 알게 된 장병들은 애도를 표했다.

노량해전에서 일본수군은 200여 척이 침몰당하는 피해를 입었다.[58] 하지만 고니시군은 혼란을 틈타 배를 타고 남해도 외해를 통해서 부산으로 탈출할 수 있었다. 일본군은 상당한 피해를 입기는 했지만 소기의 목적을 달성했다. 그러면 고니시가 철군할 때 인근에 있던 유정은 대체 무엇을 하고 있었을까? 유정이 육상에서 왜교성을 공격하거나 견제하는 척이라도 했다면 고니시군은 왜교성을 떠나기가 쉽지 않았을 것이다. 유정의 진영에 있었던 이덕형의 보고서에 의하면 명군은 일본군이 완전히 철수하고 나서 왜교성에 들어갔으며, 그곳에는 조선인 3명과 우마牛馬 4필만 있었다고 되어 있다.[59] 하지만 15,000여 명에 달하는 대군이 배를 타고 철수하는데 한 명도 빠짐없이 도망칠 때까지 유정이 알아채지 못했다는 것은 납득하기 어려운 일이다. 유정이 고니시의 철수를 알아채지 못했다기보다는 그가 이전에 고니시와 맺은 '화의조약'을 충실하게 수행한 것으로 보인다. 유정은 약속대로 왜교성을 피 한 방울 흘리지 않고 얻었으므로 기분이 좋았을지는 모르지만, 조선이 그의 이러한 불성실한 태도를 모를 리가 없었다. 『선조실록』에는 이런 기록이 남아 있다.

> 정원이 아뢰기를, "삼가 군문의 당보수塘報手가 전한 것과 도원수 등의 장계를 보니, 유제독劉提督이 끝내 일을 그르쳐 왜적을 놓아주고 토벌하지 않은 작태가 극히 분합니다."
>
> 선조실록, 31년 11월 23일 6번째 기사

노량해전에서 조·명수군의 피해는 상세히 알려져 있지 않다. 하지만 조·명수군도 상당한 피해를 입었을 것이라는 증거가 있다. 조선군은 통제사 이순신을 필두로 가리포첨사加里浦僉使 이영남李英男, 낙안군수樂安郡守 방덕룡方德龍, 흥양현감興陽縣監 고득장高得蔣 등 10여 명의 지휘관급 인물들이 전사했다.[60] 이순신이 특별히 신임했던 송희립과 남해현감 유형柳珩 등도 이 전투에서 부상을 입었다. 진린이 적군에 포위당하는 위기에 처했고 부총병 등자룡과 부장 진천陳蠶의 중군 도명재陶明宰도 전사한 것을 보면 명수군에도 적지 않은 사상자가 발생한 것으로

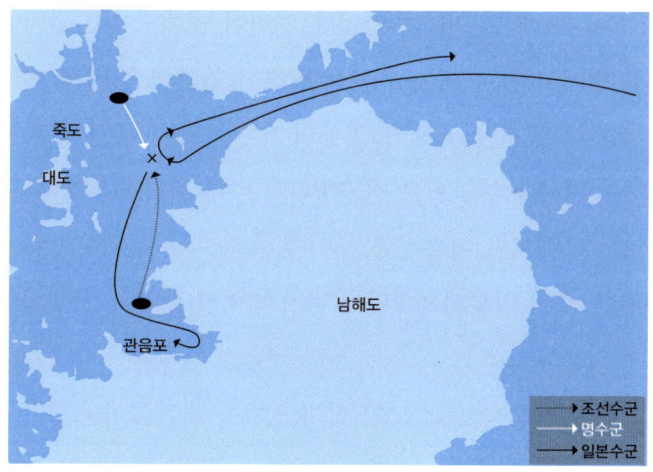

노량해전 상황도

보인다.[61]

　이순신의 죽음 이후 조·명수군의 군통수권을 완전히 쥔 진린은 승리의 여세를 몰아 퇴각하는 일본군을 추격하는 것이 아니라 남해도에 상륙했다. 그런데 남해도의 소 요시토시군은 모두 철수한 상황이라서 성에는 단 한 명의 적도 남아 있지 않았다.(예전에 고니시가 왜교성 대신에 남해의 성을 그에게 넘겨주겠다는 제의를 한 것을 염두에 두고 한 행동은 아니었을까?) 수군들이 성에서 본 것은 철수한 일본군이 미처 수습하지 못하고 산더미 같이 쌓아둔 곡식과 군수품들이었다. 남해도에 잔존한 일본군은 노량해전에서 낙오한 패잔병들뿐이었다. 진린은 산에 숨어 있는 패잔병들을 잡아내려고 나무에 불을 질렀는데 조선 사람들도 화재로 인한 피해를 입었고, 전투에 휘말려서 잘못 죽은 조선 사람들도 많았다.[62] 진린이 남해도에서의 벌인 군사행동은 당시 전략적 상황에 비추어 볼 때 별 의미가 없었다. 진린이 남해도에서 무의미한 군사작전을 벌이고 있을 때에 부산에 집결한 일본군은 비록 계획한 시한보다 늦기는 했지만, 11월 24일부터 26일까지 아무런 방해도 받지 않고 질서정연하게 본국으로 철군했다.[63] 비록 퇴각하는 일본군을 전멸시키지는 못했지만 이순신 장군이 목숨까지 바쳐가며 노량에서 대승을 거둠으로써 일본과의 7년에 걸친 피비린내 나는 전쟁의 대미를 장식하게 되었다.

하지만 이순신의 전사는 그가 살아 있었을 때만큼이나 많은 논란거리를 불러일으켰다. 이순신이 자살했다거나 사망으로 위장하고 은둔했다는 설 등이 그것이다. 사람들이 이런 추측을 하는 주된 배경은 선조가 조선의 전쟁영웅 이순신을 질투하고 있었다는 점에 있다. 선조의 마음을 읽고 있었던 이순신은 이것을 눈치 채고, 만약 선조가 자신을 역모죄로 몰아넣는다면 자신뿐만 아니라 일가친척들과 부하들까지 희생될 것이라 염려해서 그런 극단적인 선택을 했다고 주장하고 있다. 이순신의 죽음에 대한 음모론을 제기하는 사람들은 선조가 이순신을 공개적으로 비난하고 파직시킨 것을 두고 이러한 이론의 근거로 삼고 있다.

하지만 앞서 살펴보았던 대로 이순신 파면의 주된 요인은 임진년 이후 수군의 부진 원인이 이순신이 무능하고 게을러졌기 때문이라는 잘못된 믿음과, 선조 자신이 직접 세운 가토 암살 작전을 이순신이 제대로 수행하지 않았던 것에 기인하고 있다. 여기에 더해 당시의 정치적 상황 또한 이순신에게 호의적이지 않았던 것도 주요한 요인 중 하나다. 많은 기록들을 보면 선조는 수군의 승리를 그 누구보다도 기원하고 있었다.

전 국민적인 사랑을 받았던 영웅이 갑자기 죽고 나서 슬픔에 잠긴

대중들이 그가 어딘가에 살아 있다고 믿는 일은 한국에서만 국한되는 일이 아니라 전 세계적으로 흔히 벌어지는 현상이다. 이순신의 은둔설도 이러한 범주에서 벗어난다고 보기는 어렵다. 하지만 이순신이 사망했던 시기에 그를 둘러싼 정치적 여건이 악화된 것은 사실이었다. 유성룡은 체직과 파직에 이어 삭탈관작까지 당해서 더 이상 조정에 설 수 없는 지경이 이르렀던 것이다.

유성룡의 탄핵은 조선의 외교적 실책에서 기인한 것이었다. 1차 울산성전투에서 조·명연합군은 일본군을 궁지에 몰아넣은 적도 있었지만 결국 실패한 작전이었다. 하지만 경리 양호는 전투가 성공적이라고 보고 했으며 아군 사상자도 축소했다. 병부주사 정응태는 그 사실을 알아내어 양호가 사실을 은폐했다는 내용의 고발문을 작성했다. 이 일로 인해 양호는 관직을 박탈당했다. 하지만 조선조정은 양호를 좋게 생각하고 있었기 때문에 그를 변호하는 주문을 명에 보냈다. 조선이 양호를 두둔하고 나서자 정응태의 입장이 난처해지고 말았다. 정응태는 이에 앙심을 품고 이번에는 조선이 일본과 내통하고 있다는 고발장을 작성했다. 원래 명군 장수들이 전공을 과장하는 것은 흔히 있는 일이었다. 정응태가 양호를 고발한 것은 명관원들 사이에 드러나지 않은 내부적인 알력 때문이었을 것이다. 그런데 조선정부가 양호를 옹호함으로써 이러한 다툼에 끼어들고 말았다. 또한 이것은 명나라 관리의 장점만을 부각시키고 단점은 드러내지 않는다는 원칙을 만들었던 조선정부가 그 원칙을 스스로 깨뜨린 결과이기도 했다. 이 사건으로 조선조정은 불필요한 위험을 감수하게 되었다.

명의 고급 관원이 조선을 무고誣告하고 나서자 조선도 명에 이를 해명하는 사신단을 파견하지 않을 수 없게 되었다. 선조는 사안의 중대성을 고려해서 진주사陳奏使로 유성룡을 보내고 싶어 했다. 하지만 유성룡은 건강상의 이유로 이를 거절했고 결국 진주사에는 이항복이 임명되었다. 관료들 내에서 국가가 무고를 당해서 위기에 처했음에도 유성룡은 자청해서 가기는커녕 진주사로 지목되었는데도 가지 않았다는 비판이 형성되기 시작했다. 지평持平 이이첨을 비롯한 북인들이 유성룡의 이러한 행동을 비난하면서 이를 공론화했다.[64]

유성룡에 대한 탄핵논의가 점차 고개를 들자 일단의 홍문관 관원들이 유성룡을 옹호하는 글을 선조에게 올렸다. 하지만 유성룡이 진주사로 가지 않았던 것에 기분이 상해 있던 선조는 이번 일은 유성룡이 잘못했다는 점을 분명히 했다.[65] 그리고 사헌부가 유성룡과 그를 옹호한 홍문관 관원들을 탄핵했을 때 선조는 유성룡을 제외한 홍문관 관원들의 체직 또는 파직을 간단하게 승인했다.[66] 이것으로 선조는 거센 탄핵요구를 받고 있던 유성룡에게 결정타를 날렸다. 유성룡은 10월 6일에 영의정에서 체직당했고, 우연치 않게 노량해전에서 이순신이 전사한 11월 19일에는 파직당했다. 그는 파직된 다음 날 곧바로 한양을 떠나 안동으로 낙향했다.[67] 고향으로 돌아온 유성룡은 다시는 관직에 복귀하지 않았다. 같은 남인이었던 이원익이 이듬해 진주사와 같이 명에 다녀오고 나서 유성룡의 재등용을 주장했지만, 이미 북인이 실권을 잡은 상황에서 그의 주장이 받아들여질 리가 없었다. 이원익도 병을 핑계로 사직서를 제출하고 관직에서 물러났다.

역사에는 만약이란 있을 수 없지만 이순신이 노량해전에서 살아서 돌아왔다면 어떠한 일이 벌어졌을까? 그의 지지자인 유성룡과 이원익

| 조선과 일본은 누구와 싸웠는가 |

이 축출되고 북인이 정권을 장악한 상황에서 그가 설 자리가 있었을까? 사소한 실수나 잘못에 꼬투리를 잡혀 탄핵을 받아서 불명예스럽게 관직을 내놓거나 유배나 극형을 당하지는 않았을까? 물론 그가 명량과 노량에서 거둔 전공으로 인해 이전과 달리 높은 평가를 받고 있었기 때문에, 그 능력을 인정받아 조정으로부터 계속 중용되었을 가능성도 있다. 하지만 고위급 문신의 도움을 받지 못하는 무관은 실에서 떨어져 허공을 표류하는 연과 같았다. 이 시기 이순신은 정치적으로 사망한 것이나 다름이 없었으며 그 신변의 안전 또한 장담할 수 없었다.

이순신이 노량해전에서 전사한 것은 확실하다. 그러나 이순신의 자살설 또는 은둔설이 나도는 이유는 의외로 정치적 감각이 뛰어났던 당시 민중들이 이순신 주변의 정황을 이해하고 그러한 의혹을 품었을 가능성도 있다.

이 책의 원래 제목은 '이순신의 행동결정과 당시 조선의 정치·경제·군사·외교적 배경'이다. 지나치게 길고 딱딱한 이 제목이 독자들에게 친근감을 줄 수 없을 것이라는 판단이 서면서 지금의 제목을 채택하게 되었다. 하지만 이전의 제목이 이 책 내용을 전체적으로 또한 명확히 정의하고 있다.

내가 이 책에 위와 같은 제목을 붙인 것에는 이전의 전통적인 역사관에 대해 비판하기 위함이었다. 여기에서 말하는 전통적인 역사관은 유교적 역사관이다. 그리고 유교적인 견해에 의하면 한 국가나 사회의 성패는 그 집단의 지도자 한 사람의 역량에 의해 좌우된다. 유교의 이러한 견해는 유교의 창시자인 공자孔子의 언행에서 잘 드러난다. 그는 "누가 나를 써준다면 나는 그 나라를 동쪽의 주나라로 만들겠다."라고 하면서 자신의 정치적 이상을 채택할 군주를 찾기 위해 제자들과 함께 오랜 기간 중국 전역을 유랑했다. 공자만큼이나 유교의 형성에 큰 영향을 주어서 아성亞聖으로 불리는 맹자孟子도 일생 동안 여러 나라를 돌아다니면서 자신의 '왕도王道'정치를 펼칠 군주를 찾으러 떠돌았다. 맹자가 위魏나라 양왕襄王을 만나고 나서 "멀리서 바라보니 임금 같지 않았다." 거나 "임금에게 큰 허물이 있으면 간해야 하고, 이를 반복하여도 듣지 않는다면 왕위를 바꾸어야 한다."고 말한 것도 그가 국가지도자의 역할을 대단히 중요한 것으로 여기고 있었다는 점을 알려준다.

유교주의자들은 하夏나라 이전에 고대 중국의 백성이 태평성대를 누린 것은 요堯와 순舜이라는 어진 임금이 나타났기 때문이고, 주周가 은殷을 대신해서 천명을 차지할 수 있었던 이유는 오로지 문왕文王과 무왕武王이라는 훌륭한 정치지도자가 주나라에 나타났기 때문이라 생각했다.

유가 학자들은 성선설을 기반으로 인仁 또는 의義를 갈고 닦은 도덕적 위인인 군자君子가 덕으로 아랫사람들을 감화시켜 사회를 다스려야 한다고 생각하고, 지도자의 인격 수양을 대단히 강조했다. 유가 학자들의 이러한 믿음은 수신제가치국평천하修身齊家治國平天下라는 말로 요약이 가능하다. 즉 심신心身을 바로 닦고 집안을 정제한 다음 나라를 다스리고 천하를 평정平定한다는 것으로, 이 사상을 역으로 추리해 보면 국가가 파국에 이른다면 그 이유는 국왕 개인의 부덕함 때문이라는 결론에 이르게 된다. 유교의 이러한 영웅주의 사관으로 인해 전통적인 역사가들은 국가지도자들의 포폄을 매우 중시했다. 그래서 옛날의 사학자들은 국가를 성공으로 이끈 군주나 국가지도자들은 도덕적으로 훌륭한 성현으로 묘사한 반면에 망국亡國의 군주들에 대해서는 하나같이 동정적이지 않았으며, 이들은 주색에 빠졌다든가 사치가 심하다는 식으로 매도당했다.

조선수군이 1593년부터 부진에 빠지게 되자, 선조가 이것을 이순신의 개인적인 문제로 본 것도 전통적인 역사관에서 영향을 받은 바가 크기 때문일 것이다. 조선수군이 제대로 힘을 쓰지 못한 것은 일본수군의 소극적인 방어전략 때문이었다. 선조가 상황의 개선을 원했다면 육군을 지원해줘서 상당한 희생을 감수하고서라도 인근의 일본 수군 기지를 손에 넣어야 했는데, 이것은 이순신 개인이 결정하고 처리할 수 있는 문제가 아니었다. 이처럼 조선수군이 부진에 빠지게 된 것은 단지 군사기술적인 문제였지만 선조는 이것이 총지휘관 개인의 게으름이나 무능 또는 도덕적 결함 때문이라 여기고 이순신을 파직시켰다. 그리고 그 자리에 원균을 대신했는데, 단지 최고 책임자만 바꾸면 사태가 물이 높은 곳에서 낮은 곳으로 흘러내리듯이 원활히 진행될 것이라 믿었으니, 현대적인 관점에서 보면 이는 지나치게 단순하고 편협한 생각이었다. 이 시기 이순신은 파직당하고 조정에 압송되어 심문받던 도중에 육체적인 고문까지 당했는데, 이순신에게서 통제사직을 넘겨받은 원균도 이와 크게 다르지 않았다. 원균도 기대만큼 성과를 거두지 못하자 무능하다는 비판에 직면했고, 상관들이 무리한 작전을 시행시키는 것을 거부하다가 곤장을 맞는 치욕을 당한 후에야 억지로 작전을 감행했지만 결국 패사敗死했다. 그러므로 비록 원균이 많은 잘못을 지었다고 하더라도 칠천량에서의 패전 책임을 그에게 전적으로 지우는 것은 공정한 평가라 할 수 없을 것이다.

물론 한 국가가 멸망했을 때 그 국가의 수장은 비판을 받기 마련이고 전쟁에서 패배하면 패배한 군대의 총사령관에게 책임을 묻지 않을 수 없다. 하지만 파멸의 책임이 모두 최고 책임자의 부덕함에 있다고 믿는 것은 지나친 억측이다. 현대의 사학자들은 역사에 대해 연구할

조선과 일본은 누구와 싸웠는가

때, 당시 지도자급 인물들의 성격도 평가하지만 행정체계, 군사기술, 사회상황, 산업구조 등 다양한 요소들을 살피며 심지어 기후 환경적 요소까지 고려하는 경우도 있다.

사람들이 어떤 행동을 할 때 우리는 그 행동은 오로지 그 사람의 인격과 개성에 의해 결정된다고 생각한다. 하지만 어떤 중요한 인물이 결정을 내렸을 때, 실상을 제대로 이해하려면 그 개인의 성격만이 아니라 그 당시의 여러 배경들을 충분히 이해해야 할 필요가 있다. 예를 들어 명나라 사신이 유성룡에게 "왜군은 얼레빗이고 명군은 참빗"이라는 말이 떠돌고 있는데 그것이 사실인지 물었을 때, 유성룡이 별일이 아니라는 식으로 대답한 것으로 그를 비판하는 사람이 있을 수 있다. 하지만 유성룡이 그런 대답을 한 것은 당시 조신이 명에 제 목소리를 내지 못하는 외교적 상황 때문이었지 유성룡 개인의 인격과는 전혀 상관없는 일이다. 기존 역사책에서는 이순신을 모든 일에서 성공을 거두는 초인으로 묘사해 놓았지만, 그도 당시 조선의 정치·경제·군사·외교적 요소들의 제약을 받고 있었다. 이순신의 천재성은 이러한 배경 내에 최대한의 성과를 이끌어낸 것일 뿐이지, 그런 제약을 완전히 벗어나서 일을 처리한 적은 한 번도 없었다.

나는 '이순신의 행동결정과 당시 조선의 정치·경제·군사·외교적 배경'이 이 책의 적절한 제목이라는 것을 다시 한 번 강조하고 싶다. 이순신의 행동에 대해 생각하기 전에 당시 조선의 정치·경제·군사·외교적 상황에 대한 면밀한 연구와 이해가 필요하다. 이순신과 마찬가지로 오늘날의 우리들도 이러한 배경에서 일탈해서 행동하는 것은 불가능하며 알게 모르게 우리가 내리는 결정은 그러한 요소들의 영향을

받고 있다. 그러므로『성서』의 이 구절로 이 책의 결론을 요약하는 것
이 적절하다고 생각한다.

자기 발걸음을 인도하는 것은 걷는 사람에게 있지 않습니다.

예레미야, 10장 23절

12 이충무공전서 상권, 212쪽

13 선조실록, 26년 12월 19일

14 난중일기, 1593년 9월 3일

15 이충무공전서 상권, 225쪽

16 이충무공전서 상권, 175 · 188쪽

17 난중일기, 1593년 5월 28일

18 이충무공전서 상권, 211쪽

19 이충무공전서 상권, 209~211쪽

20 이충무공전서 상권, 227쪽

21 이충무공전서 상권, 228쪽

22 이충무공전서 상권, 214~215쪽

23 선조실록, 27년 10월 16일

24 난중일기, 97년 12월 25일

25 이충무공전서 상권, 210쪽

26 이충무공전서 상권, 228쪽

27 이충무공전서 상권, 239 · 247쪽

28 선조실록, 27년 12월 27일

29 조선후기 지방통치행정연구, 67~70쪽

30 이충무공전서 상권, 215쪽, 220~221쪽

31 이충무공전서 상권, 198쪽

32 이충무공전서 상권, 54쪽

33 완역 난중일기, 82쪽

34 조선후기 지방통치행정연구, 29쪽

35 이충무공전서 상권, 173~176쪽

36 난중일기, 1594년 2월 5일; 이충무공전서 상권, 179 · 208쪽

37 선조실록, 26년 7월 15일; 난중일기, 1593년 7월 8~11일, 13~14일; 서애집 1권, 194쪽; 이충무
공전서 상권, 195 · 231쪽

38 이충무공전서 상권, 195쪽

39 이충무공전서 상권, 245~246쪽

40 이충무공전서 상권, 231쪽

41 이충무공전서 하권, 28쪽

42 난중일기, 94년 4월 9일; 이충무공전서 상권, 245~246쪽

43 이충무공전서 상권, 247쪽

44 난중일기, 94년 7월 5일; 조선후기 지방통치행정 연구, 39~40쪽

45 선조실록, 27년 10월 3일, 28년 2월 27일

46 난중일기, 1595년 3월 11 · 13 · 15일; 선조실록, 28년 5월 19일

47 난중일기, 1595년 9월 6일

48 난중일기, 1595년 2월 19일, 11월 21일, 12월 4일, 1596년 1월 6일

49 난중일기, 1595년 5월 19 · 24일, 1596년 2월 11일; 이충무공전서 하권, 27쪽; 완역 난중일기
236쪽

50 용사일기, 1593년 11월 19 · 23일

51 난중일기, 1594년 3월 3일
52 난중일기, 1593년 6월 8일, 1594년 1월 6·8일, 1594년 9월 15일; 선조실록, 30년 1월 27일; 이충무공전서 상권, 221쪽
53 이충무공전서 상권, 220~221쪽, 246쪽
54 난중잡록, 1597년 2월 22일
55 선조실록, 27년 8월 23일
56 이충무공전서 상권, 246쪽
57 선조실록, 27년 9월 14일
58 난중일기, 1595년 5월 21일, 1596년 6월 24일, 7월 18~19일
59 선조실록, 29년 10월 5일
60 난중일기, 1596년 윤8월 14일
61 난중일기, 1596년 윤8월 17일

3장_ 세 가지 이야기

01 이충무공전서 하권, 12쪽
02 이충무공전서 하권, 13쪽
03 이충무공전서 하권, 16쪽
04 조선의 사회와 사상, 205~206쪽
05 조선의 사회와 사상, 143~144쪽
06 조선후기 지방통치행정연구, 67~70쪽
07 이충무공전서 하권, 15쪽
08 국조보감 19권, 중종조 2, 중종 13년 8월
09 조선의 사회와 사상, 216~217쪽
10 이충무공전서 하권, 11쪽
11 이충무공전서 하권, 13쪽
12 이충무공전서 하권, 14쪽
13 이충무공전서 하권, 15쪽
14 이충무공전서 하권, 17쪽
15 선조실록, 22년 1월 21일
16 선조수정실록, 16년 12월 1일
17 선조실록, 20년 10월 10일; 선조수정실록, 20년 9월 1일; 징비록, 25~26쪽
18 이충무공전서 하권, 18~19쪽
19 선조실록, 20년 10월 16일
20 선조실록, 21년 1월 27일; 선조수정실록, 21년 1월 1일; 조선중기 이일의 관방정책, 216쪽
21 이충무공전서 하권, 20쪽
22 선조실록, 24년 2월 16일
23 선조실록, 30년 1월 27일
24 이충무공전서 하권, 12쪽
25 충무공유사, 81쪽; 서애선생별집 1권, 月夜遊友人李汝沃園亭(유성룡과 이은신이 교류가 있었음을 보여주는 시)

26 난중일기, 1595년 2월 25일, 11월 1일, 1596년 2월 18일

27 이충무공전서 상권, 120쪽

28 16세기 조선 양반관료의 사환과 그에 따른 수입, 102~105쪽

29 조선중기 양반관료의 '칭념'에 대하여, 53~57쪽

30 16세기 조선 양반관료의 사환과 그에 따른 수입, 124~134쪽; 16세기 李文楗家의 수입과 경제활동, 63~75쪽

31 16세기 조선 양반관료의 사환과 그에 따른 수입, 114~118쪽

32 16세기 조선 양반관료의 사환과 그에 따른 수입, 119~123쪽

33 16세기 조선 양반관료의 사환과 그에 따른 수입, 94~102쪽

34 동호문답, 83쪽

35 서애집 2권, 196쪽

36 조선중기 양반관료의 '칭념'에 대하여, 63~64쪽

37 조선중기 吳希文家의 상행위와 그 성격, 64~67쪽

38 난중일기, 1593년 9월 4일, 1595년 9월 17일

39 난중일기, 1594년 7월 12일

40 이충무공전서 하권, 12·17쪽

41 징비록, 26쪽

4장_ 갈등

01 난중일기, 1593년 2월 28일

02 난중일기, 1593년 3월 2일

03 난중일기, 1593년 2월 22일

04 난중일기, 1593년 5월 27·30일

05 난중일기, 1594년 4월 12일

06 난중일기, 1594년 6월 4일

07 이충무공전서 상권, 142쪽

08 이충무공전서 상권, 150·153쪽

09 이충무공전서 상권, 161쪽

10 이충무공전서 상권, 171쪽

11 이충무공전서 상권, 238쪽

12 이충무공전서 하권, 29쪽

13 선조실록, 27년 11월 12일

14 선조실록, 27년 11월 28일

15 선조실록, 27년 12월 1일

16 6장 참고

17 선조실록, 27년 10월 23일, 11월 6일

18 선조실록, 27년 11월 19일; 난중일기, 1594년 10월 1일

19 선조실록, 27년 11월 19·21일

20 선조실록, 27년 11월 22~23일

21 조선후기 비변사연구, 106~107쪽

22 조선후기 비변사연구, 67쪽

23 선조실록, 30년 1월 27일

24 선조실록, 27년 6월 4일

25 선조실록, 27년 12월 19·22일

26 충무공유사, 67쪽; 선조실록, 28년 2월 4·6일

27 서애집 1권, 252쪽

28 난중일기, 1594년 9월 7일, 10월 25일; 선조실록 27년 10월 4일

29 난중일기, 1595년 2월 27일

30 징비록, 178쪽

31 선조실록, 29년 11월 7일

32 선조실록, 29년 11월 7일

33 난중일기, 1596년 윤8월 22일

34 난중일기, 1596년 윤8월 24일

35 난중일기, 1593년 5월 12일

36 난중일기, 1595년 1월 21일

37 이순신이 훈련원 봉사로 재직하던 시절에 서익과 인사문제로 마찰을 빚은 적이 있었으며, 이후에 그가 발포만호로 부임했을 때 우연히 군기 경차관으로 파견된 서익에 의해 파직당한 사건(3장 참고)

38 난중일기, 229쪽

39 조선중기 이일의 관방정책, 216쪽

40 선조실록, 24년 2월 4일

41 선조실록, 27년 12월 1일 5번째 기사

5장_ 한계

01 이충무공전서 상권, 182쪽

02 이충무공전서 상권, 179~180쪽

03 이충무공전서 상권, 183쪽

04 난중일기, 1593년 2월 22일

05 이충무공전서 상권, 183쪽

06 이충무공전서 상권, 181~182쪽

07 이충무공전서 상권, 67~69쪽

08 선조실록, 26년 4월 26일, 5월 1·3일

09 이충무공전서 상권, 189~190쪽

10 선조실록, 26년 6월 3일

11 난중일기, 1593년 5월 23·27일

12 난중일기, 1593년 6월 16일; 이충무공전서 상권, 192~193쪽

13 난중일기, 1593년 6월 24일; 이충무공전서 상권, 192쪽

14 난중일기, 1593년 7월 2일

15 이충무공전서 상권, 191쪽

16 임진왜란과 도요토미 히데요시, 252쪽

17 이충무공전서 상권, 234~238쪽
18 이충무공전서 상권, 234쪽
19 이충무공전서 상권, 235쪽
20 이충무공전서 상권, 235~237쪽
21 이충무공전서 상권, 121쪽

6장_ 거제도 공략 실패

01 선조실록, 26년 10월 2일
02 선조실록, 26년 1월 9일
03 임진왜란과 한중관계, 31~38쪽
04 임진왜란과 한중관계, 43~44쪽
05 선조실록, 26년 4월 1일
06 임진왜란과 도요토미 히데요시, 242~244쪽
07 도요토미 히데요시의 조선침략, 137~138쪽
08 임진왜란과 한중관계, 73쪽
09 선조실록, 26년 2월 2일, 27년 8월 21일
10 선조실록, 26년 8월 6일
11 임진왜란과 한중관계, 50~53쪽
12 선조실록, 26년 12월 27일, 27년 1월 2일
13 선조실록, 26년 12월 18일 4~5번째 기사
14 선조실록, 26년 12월 19일
15 선조실록, 29년 12월 16일, 30년 1월 28일
16 선조실록, 26년 9월 6·17일
17 선조실록, 26년 9월 19일
18 선조실록, 26년 윤11월 26일
19 선조실록, 26년 12월 4일
20 이충무공전서 상권, 232·238쪽
21 이충무공전서 상권, 206쪽, 221~222쪽, 241~243쪽
22 선조실록, 27년 7월 21일
23 선조실록, 27년 8월 14일
24 선조실록, 27년 9월 10일
25 선조실록, 27년 9월 19일
26 선조실록, 26년 12월 19일
27 선조실록, 27년 8월 21일
28 선조실록, 27년 9월 19일
29 선조실록, 27년 3월 18일, 4월 17일
30 이충무공전서 상권, 242~243쪽
31 난중일기, 1594년 9월 22일
32 난중일기, 1594년 9월 25일
33 난중일기, 1594년 9월 26일

18 선조실록, 27년 11월 28일

19 선조실록, 27년 12월 1일

20 선조실록, 28년 4월 3일

21 선조실록, 28년 8월 15일

22 선조실록, 28년 8월 16~18일

23 선조실록, 29년 1월 12일; 죽계일기, 1596년 1월 12일

24 선조실록, 29년 7월 9일, 8월 11일

25 선조실록, 29년 10월 5일

26 선조실록, 29년 10월 21일

27 오리선생문집, 622쪽

28 죽계일기, 1596년 6월 9일

29 선조실록, 29년 5월 7일, 30년 1월 27일

30 선조실록, 28년 3월 18일, 9월 3일; 오리선생문집, 509~511쪽

31 오리선생문집, 516~519쪽, 728쪽, 805쪽

32 오리선생문집, 621쪽

33 선조실록, 28년 7월 28일, 11월 2일; 난중일기, 1595년 7월 17~18일, 9월 3일

34 선조실록, 29년 6월 26일

35 선조실록, 29년 11월 1일

36 선조실록, 29년 11월 7일

37 선조실록, 29년 11월 9일

38 선조실록, 29년 11월 13일

39 선조실록, 29년 11월 17일

8장_ 이순신의 실각

01 선조실록, 30년 1월 21일

02 선조실록, 30년 1월 22일

03 선조실록, 30년 1월 23일

04 선조실록, 30년 1월 27일 1번째 기사

05 선조실록, 30년 1월 27일 2번째 기사

06 선조실록, 30년 1월 27일 3번째 기사

07 선조실록, 29년 3월 1일

08 오리선생문집, 38~40쪽, 61~62쪽

09 오리선생문집, 530쪽

10 선조실록, 30년 1월 28일

11 선조실록, 30년 2월 4·6일; 죽계일기 1597년 2월 4·5·7일

12 선조실록, 30년 4월 21일

13 선조실록, 30년 2월 23일

14 선조실록, 27년 2월 25일

15 선조실록, 27년 8월 27일

16 선조실록, 27년 11월 1·18일

17 선조실록, 27년 11월 7일

18 선조실록, 27년 11월 7 · 8 · 18일

19 선조실록, 27년 12월 7일

20 임진왜란과 한중관계, 53~54쪽

21 선조실록, 27년 5월 5일, 10월 5일

22 선조실록, 29년 4월 23일

23 선조실록, 29년 11월 17일

24 선조실록, 28년 3월 1일, 4월 25일 3번째 기사

25 선조실록, 28년 4월 25일 4번째 기사

26 선조실록, 28년 5월 1일

27 선조실록, 28년 5월 3일

28 선조실록, 28년 5월 10일

29 난중일기, 1595년 7월 7일

30 선조실록, 29년 12월 8일

31 오리선생문집, 522~523쪽

32 선조실록, 26년 3월 8일

33 역주 난적휘찬, 83쪽

34 선조실록, 27년 8월 30일, 9월 4일 2~3번째 기사, 10월 13일

35 선조실록, 27년 9월 6일

36 선조실록, 28년 2월 29일 6~7번째 기사

37 선조실록, 28년 2월 30일

38 오리선생문집, 523 · 531쪽

39 선조실록, 30년 1월 2일 5번째 기사

40 선조실록, 30년 1월 2일 1번째 기사

41 선조실록, 30년 1월 2일 2번째 기사

42 선조실록, 30년 1월 2일 3번째 기사

43 선조실록, 30년 1월 2일 4번째 기사

44 선조실록, 30년 1월 2일 5번째 기사

45 선조실록, 30년 1월 2일 6번째 기사

46 선조실록, 30년 1월 21일

47 선조실록, 30년 1월 22일

48 선조실록, 30년 1월 23일

49 선조실록, 29년 11월 6일

50 선조실록, 30년 1월 27일

51 오리선생문집, 522~524쪽

52 오리선생문집, 521쪽

53 오리선생문집, 530쪽; 선조실록, 30년 1월 27일 3번째 기사(겨울이 다가오는 10월이 되면 으레 격군을 풀어준다는 내용이 있음)

54 난중잡록, 1597년 2월

9장_ 칠천량(漆川梁) 전투, 자초한 재앙

01 징비록, 184쪽, 도요토미 히데요시의 조선침략, 186쪽

02 선조실록, 30년 3월 20일 3번째 기사

03 난중일기, 1593년 2월 13일, 7월 11일; 이충무공전서 상권, 139쪽

04 난중일기, 1593년 2월 18일

05 이충무공전서 상권, 165~168쪽

06 선조실록, 30년 4월 19일

07 선조실록, 30년 4월 13일

08 선조실록, 30년 4월 22일

09 선조실록, 30년 1월 22일

10 선조실록, 30년 5월 8일

11 선조실록, 26년 12월 1일

12 선조실록, 26년 12월 4일

13 선조실록, 29년 2월 19일

14 선조실록, 27년 4월 17일, 28년 1월 22·26일, 6월 28일, 7월 5·7일

15 임진왜란과 한일관계, 198~199쪽

16 선조실록, 27년 4월 17일, 28년 2월 20·22일 2~3번째 기사; 선조수정실록, 28년 6월 1일

17 오리선생문집, 509쪽; 선조수정실록, 29년 2월 1일; 선조실록, 29년 3월 4일

18 선조실록, 29년 11월 16일

19 선조실록, 29년 11월 17일, 30년 1월 27일

20 선조실록, 29년 11월 26일

21 선조실록, 29년 12월 25일

22 오리선생문집, 522쪽; 선조수정실록, 30년 1월 1일

23 오리선생문집, 532~533쪽

24 선조실록, 30년 3월 20일 4번째 기사

25 선조실록, 30년 3월 24일

26 선조실록, 30년 3월 25·30일, 4월 19일

27 선조실록, 30년 5월 12일

28 오리선생문집, 532~533쪽, 539~540쪽

29 선조실록, 30년 6월 11일

30 선조실록, 30년 5월 15일

31 선조실록, 30년 6월 14일

32 선조실록, 30년 6월 26일

33 선조실록, 30년 6월 28일; 오리선생문집, 541~542쪽

34 난중일기, 1597년 6월 17일

35 선조실록, 30년 6월 15일

36 선조실록, 30년 6월 29일; 오리선생문집, 542~544쪽

37 선조실록, 30년 7월 14일

38 난중일기, 1597년 7월 14일

39 난중일기, 1597년 7월 16일

40 난중일기, 1597년 7월 15일

41 난중잡록, 1597년 7월 7·11일

42 오리선생문집, 533~539쪽; 선조실록 30년 6월 12일

43 선조실록, 30년 7월 9일

44 임진왜란시기 일본수군의 활동과 관련 자료의 검토, 25쪽

45 난중잡록, 1597년 7월 16일

46 임진왜란 해전사, 331쪽

47 해소실기, 56쪽

48 임진왜란 해전사, 202~203쪽

49 도요토미 히데요시의 조선침략, 193쪽

50 선조실록, 30년 7월 22일 2번째 기사

51 징비록, 185쪽

52 징비록, 183쪽

53 선조실록, 34년 1월 17일

54 징비록, 185쪽

55 해소실기, 58쪽

56 임진왜란 해전사, 169~175쪽

57 선조실록, 28년 3월 18일, 29년 6월 26일

58 선조실록, 29년 12월 21일

59 임진왜란 해전사, 203~204쪽

60 선조실록, 29년 4월 9일

61 임진왜란시기 일본수군의 활동과 관련 자료의 검토, 28쪽

62 선조실록, 30년 7월 22일 3번째 기사

63 선조실록, 30년 7월 22일 4번째 기사

64 선조실록, 30년 7월 22일 5번째 기사

10장_ 굴욕에서 영광으로, 명량해전

01 이충무공전서 하권, 183쪽

02 난중일기, 1597년 4월 12~13일

03 난중일기, 1597년 4월 16·17·19일

04 난중일기, 1597년 5월 12일

05 난중일기, 1597년 6월 4일

06 난중일기, 1597년 6월 16·24일

07 난중일기, 1597년 6월 11·12일

08 9장 참고

09 난중일기, 1597년 6월 25일

10 난중일기, 1597년 7월 18일

11 난중일기, 1597년 7월 21일

12 난중일기, 1597년 7월 22일

13 난중일기, 1597년 7월 23일

14 난중일기, 1597년 8월 3일

15 도요토미 히데요시의 조선침략, 186쪽

16 이충무공전서 하권, 33쪽

17 난중일기, 1597년 8월 7~8일

18 난중일기, 1597년 8월 19일

19 이충무공전서 하권, 33·77쪽

20 임진왜란사, 226~229쪽

21 난중일기, 1597년 8월 20일

22 난중일기, 1597년 8월 24일

23 난중일기, 1597년 8월 28일

24 난중일기, 1597년 8월 29일

25 난중일기, 1597년 9월 7일; 이충무공전서 하권, 33쪽

26 난중일기, 1597년 9월 9일

27 난중일기, 1597년 9월 14일

28 난중일기, 1597년 9월 15일

29 명량해전 초기 전투에서의 지형과 전투대형의 공간, 252~254쪽

30 임진왜란 해전사, 229~233쪽

31 난중일기, 1597년 9월 15일

32 이충무공전서 하권, 34쪽

33 선조실록, 30년 11월 10일

34 도요토미 히데요시와 조선침략, 211쪽

35 징비록, 194쪽

36 난중일기, 1597년 11월 16일; 선조실록 30년 10월 20일

37 선조실록, 30년 9월 5일

38 이충무공전서 하권, 33~34쪽

39 난중일기, 1597년 8월 27·30일, 9월 1일

40 난중일기, 1597년 10월 10·21·23일; 선조실록, 31년 2월 9일, 4월 20일

41 난중일기, 1597년 9월 15일

11장_ 군공과 명군

01 이충무공전서 상권, 39쪽; 선조실록, 31년 8월 13일; 충무공유사, 113쪽

02 난중일기, 1597년 12월 5일

03 이충무공전서 상권, 12쪽

04 이순신 한묵첩, 30쪽

05 이순신 한묵첩, 32쪽

06 이순신 한묵첩, 93·94쪽

07 이순신 한묵첩, 95쪽

08 이충무공전서 상권, 125쪽

09 이충무공전서 상권, 171쪽

10 이충무공전서 상권, 17쪽

11 선조실록, 30년 1월 1일

12 선조실록, 30년 1월 2일

13 선조실록, 30년 1월 27일

14 선조실록, 30년 1월 1일

15 이충무공전서 상권, 172·230쪽

16 이충무공전서 상권, 153쪽

17 선조실록, 25년 11월 2일, 27년 5월 8일

18 임진왜란중 무과의 운영실태와 기능; 88~89쪽

19 선조실록, 26년 7월 16~17일

20 선조실록, 26년 4월 6·29일

21 선조실록, 26년 12월 1일, 27년 4월 18일

22 선조실록, 25년 6월 22일

23 서애집 1권, 190쪽

24 임진왜란과 한중관계, 126~127쪽

25 임진왜란과 한중관계, 129~130쪽

26 선조실록, 26년 2월 1일

27 선조실록, 26년 7월 18일

28 선조실록, 30년 5월 29일

29 징비록, 159~161쪽

30 서애집 2권, 127쪽

31 선조수정실록, 26년 윤11월 1일

32 임진왜란과 한중관계, 58~59쪽

33 선조실록, 26년 윤11월 12일

34 선조가 유성룡에게 처음으로 퇴위의사를 밝힌 내용부터 척금이 유성룡에게 선조가 퇴위해
   야 한다고 한 내용까지는 따로 주석을 달지 않는 한 서애집 2권 118~128쪽 참고

35 서애집 2권, 304~307쪽

36 임진왜란과 한중관계, 132~133쪽

37 선조실록, 30년 9월 19일

38 선조실록, 31년 6월 24일

39 선조실록, 31년 9월 8일 1~2번째 기사

40 선조실록, 31월 9월 10일 3번째 기사

41 난중일기, 1593년 7월 20일

42 이충무공전서 상권, 195~196쪽

43 선조실록, 30년 11월 4일

44 선조실록, 31년 6월 24일

45 선조실록, 31년 5월 16일

46 징비록, 195~196쪽

47 선조실록, 31년 6월 26~27일

48 선조실록, 31년 3월 18일; 임진왜란 해전사, 242쪽

49 징비록, 194~195쪽

50 난중일기, 1598년 10월 20일

51 이충무공전서 상권, 68쪽

52 이충무공전서 상권, 69쪽

53 이충무공전서 하권, 38쪽

54 선조실록, 31년 8월 13일

55 이충무공전서 상권, 39쪽

56 선조실록, 31년 10월 4일

57 이충무공전서 하권, 38~39쪽

58 이충무공전서 상권, 39쪽

12장_ 노량해전

01 임진왜란 해전사, 260쪽

02 선조실록, 31년 8월 15일

03 임진왜란사, 225쪽; 선조실록, 31년 10월 12일 7번째 기사

04 상촌집 56권, 天朝先後出兵來援志(중국이 시종 군사를 내보내 도와준 것에 관한 기록)

05 선조실록, 31년 9월 7일

06 선조실록, 31년 9월 26일; 상촌집 56권, 天朝先後出兵來援志; 난중잡록, 1598년 9월 20일

07 상촌집 56권, 天朝先後出兵來援志

08 명군이 1만 3천 명이라고 추산한 것은 임진왜란 해전사 249~251쪽의 내용을 참고하였으며, 조선수군이 7,300여 명으로 추산한 것은 선조실록 31년 9월 28일 19번째 기사와 31년 10월 12일 7번째 기사를 참고

09 도요토미 히데요시의 조선침략, 244쪽

10 도요토미 히데요시의 조선침략, 245쪽

11 난중일기, 1598년 9월 20일; 이충무공전서 하권, 39~40쪽

12 난중일기, 1598년 9월 21일

13 난중일기, 1598년 9월 22일; 상촌집 56권, 天朝先後出兵來援志; 선조실록, 31년 10월 1일

14 난중일기, 1598년 9월 23일; 선조실록 31년 11월 13일

15 난중일기, 1598년 9월 25~26일

16 난중실록, 1598년 9월 30일

17 난중잡록, 1597년 10월 1일; 난중일기, 1597년 10월 1일

18 선조실록, 31년 10월 13일

19 선조실록, 31년 10월 12일 5번째 기사

20 선조실록, 31년 10월 13일; 난중일기, 1598년 10월 3일(이 전투의 대체적인 상황은 이충무공전서 하권 40쪽; 상촌집 56권 天朝先後出兵來援志; 난중잡록 1598년 10월 2일에 기반했으며, 수군이 묘시에서 오시까지만 전투를 벌인 것은 난중일기 1598년 10월 2일에, 수군이 물러가자 육군이 집중공격을 받았던 것은 선조실록 31년 10월 12일 5번째 기사와 상촌집에 실려 있다.)

21 난중일기, 1598년 10월 3일; 난중잡록, 1598년 10월 3일

22 도요토미 히데요시의 조선침략, 245쪽

23 하지만 몇 척의 명수군 함선들이 좌초된 것인지는 많은 이견이 있다. 난중잡록 1598년 10월 3일에는 당선(唐船) 43척, 난중일기 1598년 10월 3일에는 사선(沙船) 19척과 호선(虎船) 20여 척, 선조실록 31년 10월 10일과 상촌집에는 당선 23척, 이충무공전서에서는 사선 19척이라고 되어 있다.

24 이충무공전서 하권, 40쪽; 상촌집 56권, 天朝先後出兵來援志

25 이충무공전서 하권, 40쪽

26 선조실록, 31년 10월 10일; 상촌집 56권, 天朝先後出兵來援志

27 선조실록, 31년 10월 24일

28 난중잡록, 1598년 10월 4일

29 난중잡록, 1598년 10월 7일

30 난중일기, 1598년 10월 6일

31 난중일기, 1598년 10월 9일

32 난중잡록, 1598년 10월 11일

33 선조실록, 31년 10월 12일 7번째 기사

34 도요토미 히데요시의 조선침략, 240~241쪽; 임진왜란사, 252~253쪽

35 난중일기, 1598년 11월 9일

36 난중일기, 1598년 11월 11·13일

37 난중일기, 1598년 11월 14일

38 난중일기, 1598년 11월 14일

39 난중잡록, 1598년 10월 16일

40 선조실록, 31년 11월 23일 6번째 기사, 12월 8일

41 선조실록, 31년 11월 11일

42 상촌집 56권, 天朝先後出兵來援志

43 도진사료로 본 사천전투, 19쪽

44 난중잡록, 1598년 11월

45 선조실록, 32년 2월 2일

46 이충무공전서 하권, 253~254쪽

47 도요토미 히데요시의 조선침략, 251쪽

48 도진사료로 본 사천전투, 20쪽

49 이충무공전서 하권, 254쪽

50 임진왜란사, 264~265쪽; 도요토미 히데요시의 조선침략, 254쪽

51 난중잡록, 1598년 11월 19일

52 상촌집 56권, 天朝先後出兵來援志

53 도진사료로 본 사천전투, 20~21쪽

54 상촌집 56권, 天朝先後出兵來援志

55 상촌집 56권, 天朝先後出兵來援志

56 선조실록, 32년 2월 2일

57 임진왜란 해전사, 272쪽

58 선조실록, 31년 11월 27일, 12월 4일

59 선조실록, 31년 11월 23일 4번째 기사

60 선조실록, 31년 11월 27일

61 임진왜란 해전사, 275쪽

62 선조실록, 31년 12월 2·7일, 난중잡록, 1598년 11월 19일

63 임진왜란사, 267쪽

64 선조수정실록, 31년 9월 1일

65 선조수정실록, 31년 9월 1일
66 선조실록, 31년 10월 4일 4번째 기사
67 서애집 2권, 238쪽

| 참고문헌 |

• 연대기
『국조보감』
『명종실록』
『선조실록』
『선조수정실록』
『성종실록』
『태종실록』

• 문집류
김시양, 『부계기문』(민족문화추진회, 1971)
김완, 『해소실기』(영천전통문화연구소, 1987)
신흠, 『상촌집』(민족문화추진회, 1990)
유성룡, 『국역 서애집』1·2권(솔출판사, 1997)
유성룡, 『징비록』(하서출판사, 1999)
이원익, 『오리선생문집』(여강출판사, 1995)
이이, 『동호문답』(책세상, 2005)

• 일기류
도세순, 『용사일기』(새박, 2009)
이순신, 『난중일기 완역본』(동아일보사, 2005)
조경남, 『난중잡록』(민족문화추진회, 1971)
조응록, 『죽계일기』상·하(태학사, 1999)

• 국내 저서
국방부전사편찬위원회, 『임진왜란사』(1987)
방상현, 『조선초기 수군제도』(민족문화사, 1991)
이민웅, 『임진왜란 해전사』(청어람 미디어, 2004)
이성무, 『조선의 사회와 사상』(일조각, 2004)

이은상, 『완역 이충무공전서』상·하(성문각, 1989)
이재철, 『조선후기 비변사연구』(집문당, 2001)
이희권, 『조선후기 지방통치행정 연구』(집문당, 1999)
한명기, 『임진왜란과 한중관계』(역사비평사, 1999)
KBS 역사스페셜, 『역사스페셜』6권(효형출판사, 2003)

• 국내 논문

강신엽, 「조선중기 이일의 관방정책」, 『한국사연구휘보』제120호(육군사관학교 육군박물관, 1997)
김두일·최형진, 「명량해전 초기 전투에서의 지형과 전투대형의 공간」, 『육사논문집』61-3호(육
　　군사관학교 2005)
김재근, 「임란수군활동논총」, 『임진왜란중 조·일·중 군선의 특성』(해군군사연구실, 1993)
심승구, 「임진왜란중 무과의 운영실태와 기능」, 『조선시대사학보』1권(조선시대사학회, 1997)
이성임, 「조선중기 양반관료의 '칭념'에 대하여」, 『조선시대사학보』29집(조선시대사학회, 2004)
이성임, 「조선중기 吳希文家의 상항위와 그 성격」, 『조선시대사학보』8집(조선시대사학회, 1999)
이성임, 「16세기 李文楗家의 수입과 경제활동」, 『국사관론총』97집(국사편찬위원회, 2001)
이성임, 「16세기 소선 양반관료의 사환과 그에 따른 수입」, 『역사학보』세145집(역사학회, 1995)
차철욱, 「임진왜란시기 일본수군의 활동과 관련 자료의 검토」, 『한국민족문화』27집(부산대학교
　　한국민족문화연구소, 2006)
한일관계사연구논집 편찬위원회, 『임진왜란과 한일관계』(경인문화사, 2005)

• 국외자료

北島万次, 『도요토미 히데요시의 조선침략』(경인문화사, 2008)
村井章介, 「도진사료로 본 사천전투」, 『경상대학교 남명학연구소』8집(남명학연구, 1998)

• 기타

국립진주박물관, 『임진왜란과 도요토미 히데요시』(부키, 2003)
문화재청 현충사관리소, 『충무공유사』(문화재청 현충사관리소, 2008)
신흠, 『역주 난적휘찬』(역락, 2010)
윤국일, 『신편 경국대전』(신서원, 1998)
이인섭, 『이순신 한묵첩』(이화문화출판사, 2000)

조선이 뒤흔든 이순신의 바다
조선과 일본은 누구와 싸웠는가

1판 1쇄 펴낸날 2012년 10월 15일

지은이 최우열
펴낸이 서채윤
펴낸곳 채륜
책임편집 정나영
표지·본문디자인 Design窓

등록 2007년 6월 25일(제25100-2007-000025호)
주소 서울 광진구 군자동 229
대표전화 02-6080-8778 | **팩스** 02-6080-0707
E-mail chaeryunbook@naver.com
Homepage www.chaeryun.com

© 최우열, 2012
© 채륜, 2012, printed in Korea